JN302212

An Uncommon
History of
Common Courtesy
How Manners Shaped the World

マナーと
エチケットの
文化史

世界のあいさつと作法

ベサニー・パトリック　上原裕美子 訳

原書房

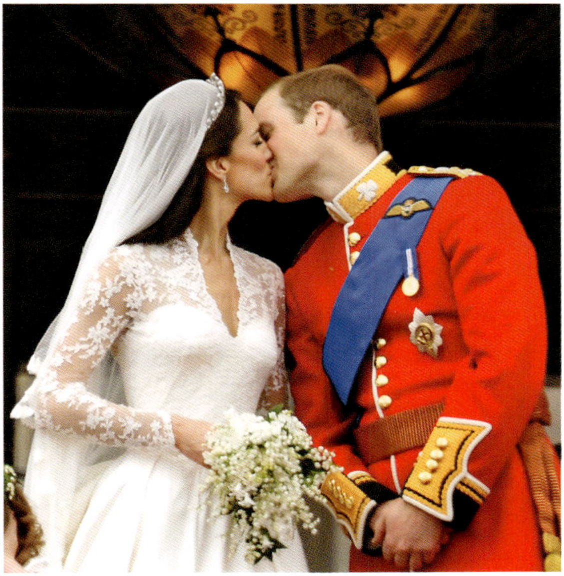

マナーとエチケットの文化史

1930年代アメリカ（オハイオ）フェデラル アート プロジェクトのポスター
前頁：結婚式当日――英国ウィリアム王子とキャサリン妃のバルコニーでのキス

CONTENTS

序文によせて（ジューディス・マーティン） 6 　　はじめに 9

CHAPTER ONE　12
あいさつの作法　**1**
握手 / おじぎ / キスとハグ / 言葉でのあいさつ / 敬称と名前 / ジェスチャー

CHAPTER TWO　46
魔法の言葉　**2**
「お願いします」/「ありがとう」/「どういたしまして」/「こんにちは」/「お元気ですか？」/「さようなら」

CHAPTER THREE　80
テーブルに肘をつかないで　**3**
人をもてなす / 客人 / 食卓 / 食事のための道具 / 食べ物 / 飲み物

CHAPTER FOUR　114
序列というピラミッド　**4**
外交儀礼 / ビジネスを円滑に / 時はめぐる / 言わぬが花 / 衣服は語る / 流行とルール

CHAPTER FIVE　148
すべては家庭のなかに　**5**
誕生 / 子ども時代 / 親戚 / 祭事 / 宗教儀式 / 義務

CHAPTER SIX　182
人生というゲーム　**6**
スポーツ用具 / トレーニング / 競争 / 小学校 / 大学 / 職業

CHAPTER SEVEN　216
旅に出る理由　**7**
陸の旅 / 車の旅 / 海と空の旅 / 国境を越える旅 / 境界を越える旅 / 旅の荷物

CHAPTER EIGHT　250
お金とビジネス　**8**
通貨 / サービス / 交渉 / 仕事人生 / 同僚 / 競争関係

マナーの権威たち　285 　　言語別「お願いします」「ありがとう」　292
写真クレジット　296 　　Index　299

序文によせて

　この本を読むにあたっては心構えが必要になります。世界各地のさまざまな慣習を見比べて住む者の視線で読み、自分の習慣が世界のどこかでは受け入れられると思って安心する——そんな目的のために、どうかこの本を使わないでください。それはまるで、「つねに世界のどこかでは晩酌(カクテルアワー)どきなんだから、一日中お酒を呑んでいたっていいんだ」と言い張るようなものです。どちらの場合も、周囲に迷惑をかけることにしかならないでしょう。

　異国の地でどんな生き方が選ばれているのか、それを見つけていくのは、もっと洗練された楽しみなのです。知らない国の人たちの毎日の仕草、争いを避ける方法、装いにこめられた意味、誕生・結婚・死に向き合う儀式……。ページをめくれば、椅子やソファに座ったまま世界旅行の魅力を堪能することができますし、異国の身ぶり手ぶりの意味を知っていれば、実際に旅をするときもはるかに充実した体験になるでしょう。

　世間を知るというのは、こうした慣習が文明にとってなにより重要であると理解することです。慣習は必ずしも「自然」なふるまいでも「論理的」なふるまいでもないかもしれません。エチケットを嫌がる人が指摘するとおり、エチケットとは人為的で特殊な約束事です。社会ごとに学ばなければならないどころか、その社会での多様な状況に応じてそれぞれ学ばなければなりません。そのうえ、各文化が一番大事にしている原則を知ったとしても、それですべてを推察することはできないのです。

　具体的なエチケットは、世界でまちまちですが、一方でそのルールは、3

つ普遍的なマナーの基本理念に基づいています。

　第1に、法を補助する役目をにない、互いの和を維持する目的で、法よりも柔軟に（そして安上がりに）日々の行動を規制すること。

　第2に、シンボルの役目をにない、仕草や服装を通じて自らのステイタスを一瞬で伝えたり、他者への友情や敵意を表現すること。

　そして第3に、儀式の役目をになって、文化の結束を表現したり、激しく感情の動く場面でコミュニティが道に迷わないようにするための手引きとなること。

　どんな慣習も同じように意味があり、同じように機能しています。それぞれの社会がおかれた状況の中で、何を最適と思うかが多様性をもたらしているのです。一方で悲しいことに、敬意と尊厳を示すはずのマナーの大原則でさえ、つねに社会のエチケットとして守られてきたわけではないことがわかります。アメリカの歴史も例外ではありません。先進国は高度に文明的な行動をすると謳いながらも、人種、性別、階級などを理由に、特定の集団をひとくくりにしてエチケットの対象外とみなし、自らの矛盾を正当化してしまうのです。

　エチケットを実践するなら、ぜひマナーの本質的な価値に沿って実践したいもの。そのためには、まだまだあらゆる場面で努力が必要です。でも、楽しみもたくさんあるはず。それは、さまざまなマナーを調べたこの本の中にも詰まっています。

　　　　　　　　　　　　　　　　　　　　——ミス マナーズ
　　　　　　　　　　　　　　　　　　　ジューディス・マーティン

レディの手をとって礼儀正しくあいさつをする兵士

はじめに

表現は違っても、誰もが知っている人生のルールがある——「自分がしてもらいたいことを、他人にもしてあげなさい」。ユダヤ＝キリスト教に根ざした西洋文化の黄金律(ゴールデンルール)として有名だが、特定の宗教が編み出した概念ではないと聞けば、驚く人もいるかもしれない。「自分が望む扱いを他人に」という発想は、互恵の精神とも呼ばれ、生きていくうえでのルールとして、古代から世界中で存在している。

　自分が他人に見せる態度が、自分に対する他人の態度になる。よく「自分が先にお手本を見せなさい」と言われるのも、同じ理屈だ。人はまずお手本から学ぶ。お手本から学ぶのが一番よくわかる。人間はもともと真似をする生き物なのだ。礼儀を示すというのは、地位や富、学歴、性別、年齢などを問わず、わけへだてない敬意を払うことを意味している。でも、この本に出てくる礼儀は、あなたや私にとって常識の作法とは限らない。文化、地域、時代によって、礼儀の実践は大きく違ってくるからだ。

　私はマナーやエチケットを教えてくれる本に昔から心を惹かれてきた。宝物は何かと聞かれたら、エミリー・ポストが著した『エチケット』を挙げる。1943年、戦時中に出版された特別版で、青いカバーがついている。稀少本だし、私が陸軍士官の夫と結婚したときの贈り物だった点でも特別な一冊といえるが、この本を古書店で見つけた親友は、書き込みのサインから、前の持ち主が私と同じ苗字、名前も同じイニシャルだと気づいてプレゼントに選んでくれた。奇跡的な巡り合わせというより、人と人とがマナーや習慣を通

じてつながっている証拠だと思っている。

　時代遅れになってしまったマナーでも、その由来を知るのは楽しい。「在りし日のマナー」と題したコラムで紹介している古いマナーは、当時の文化では当たり前に信じられていたことなのか、需要と供給によって成立していたルールなのか。それとも、それが基本的な人間のやさしさなのか。読者の皆さんも驚かないと思うが、やさしさに根ざすマナーは、時が流れても効果は変わらない。コラム「マナーに生きた人々」で示したとおり、古代文明でも現代社会でも、シンプルなルールこそ一番大事だ。文句ばかり言わないこと。家族と客人が心地よく過ごせるように、身の回りを清潔にすること。真実を話すこと。年長者を敬うこと……。

　もうひとつ重要なポイントは、互恵精神では「満たされるのは後から」だということ。親切に対して、即座に見返りがあることなど滅多にない。誕生会や結婚式に知り合いを招いたとしても、自分がおかえしに招かれるのは数週間後、数ヵ月後、もしかしたら数年後にお祝いの理由ができたとき。人間は何世紀も昔から、さまざまな——合理的なものも、そうでないものも——しきたりに従って生きてきた。コラム「エチケットの小道具」では、古いマナーにまつわる小物などを紹介している。そうは言っても、過つは人の常。コラム「マナー違反で名を馳せる」では、ルールを守り損ねた例もいくつか紹介している。

　フォークの使い方、ファッションのお約束、上司や義理の家族に対する言葉づかい。場面に応じた礼儀を教える便利なエチケット本はたくさん出ているけれど、この本では、世界の別の場所では人々がどうふるまっているか、私たちのマナーの発想はそもそもどこから来ているか、そんな話を紹介していきたいと思う。世界各地で礼儀が進化してきた経緯を読んでいると、驚か

されるし、面白いし、ときには少し安心する。体系的にマナーを学びつつ、偶然の発見も味わう——そんなふうにこの本を読んでもらえれば、と思っている。

　私にとって、この本の執筆は、尊敬する礼儀作法の権威が書いた本を読み直す機会になったと同時に、その著者と一緒に仕事をする機会も与えてくれた。その人とは、もちろん"ミス マナーズ"として有名なジューディス・マーティン。彼女の序文で冒頭を飾ることができて、本当に嬉しい。

ベサニー・パトリック

バージニア州アーリントンにて

2011年6月

1

あいさつの作法

相手の存在に気づき、認識していることを示す動作をしたり、音をたてたりするのは、そもそも自分の身を守る行為だったのかもしれない。敵か味方かわからない場合でも、互いの距離が縮まっていることをはっきり意識していれば、相手が驚いたり怯えたりして、とっさに攻撃してくる事態は避けられる。昔からの暮らしを守り続けている先住民族社会、たとえばスリランカの狩猟採集民族ワンニヤレットでは、今もあいさつの儀式で、長老の住む小屋には平和的な意思表示をしながらゆっくり近づく定めになっている。長老のほうが小屋を出て迎えるときは、両手を差し出してまっすぐに目をあわせ、互いの尊厳を確認する。

相手の存在に意識を払うこと、敬意を示すこと。現代のあいさつの習慣も、本質的にはそこに端を発しているはずだ。

今の私たちが他人と出会うのは、小屋ではなくてマンション、オフィスビル、学校。一緒に住むのは一族どころか核家族。でも、この章で見ていくとおり、そうしたさまざまな場を円滑に行き交うためには、やはり作法やあいさつが欠かせない。複雑な紹介儀式を交わす時間はなくても、人と会うとき、別れるとき、私たちはあいさつや握手やおじぎをするものなのだ。

1880年代のアメリカにおける男性同士の理想的な握手

握手

単純に思える握手というあいさつにも、実はさまざまな不安を伴うことがある。相手の汚れた手にバイ菌がついていやしないか。相手の信仰する宗教では、男女の手を重ねることが禁じられてはいないか。ひどい関節炎で、握手をすると痛いときは、どうしたらいいだろう。

拒む理由はいろいろある。それでも握手は世界各地の社会で一般的かつ重要な仕草なので、知らないふりをしていいことにはならない。ミス マナーズはこう記している。

「握手という仕草は広く知られているのですから、拒むならきちんと断らなくてはなりません（恐縮ですが、私は握手ができません、と）。握手の拒否は軽蔑の表れになるからです（そう考えれば、暴君やならず者に対してはふさわしい応対になるでしょうが）」

握手は、お互いに武器を持っていないことを示す目的で始まったという説もあるが、真偽のほどは定かでない。はっきりしているのは、紀元前5世紀のギリシャの壁画にも握手の様子が描かれているということ。現代の握手は、あいさつや自己紹介の一部として、相手に心を開いていると態度で示すために行うので、2人の男が武器を置く仕草から始まったという説は筋が通る。

では、右手を使う理由は？ 正確な由来は不明だが、一部の文化で左手を悪魔と結びついた「邪悪な手」ととらえたり、生活の不衛生な部分に関連する「不浄の手」ととらえたりする傾向に由来するのかもしれない。

> 他者の許し、笑顔、握手、愛情あるまなざしを求めない人間などいない。
>
> アクトン卿（イギリスの思想家）

> 握りこぶしで握手はできません。
> インディラ・ガンジー（インド初の女性首相）

固い握手

弱々しい握手は誰も望まない。強くしっかりと握っているかどうかが、その人物を判断する材料になる。弱くてだらっとした握手は、「一緒に仕事するのは危険だな」とか「問題があるな」といった印象を与えかねない。

理由は、握手が信頼を表す仕草だからだ。強く固い握手をしながら攻撃してくる可能性は低いし、自分も構えを解いて向き合うことになる。戦士が互いの手をつかみ、前腕を軽く叩いて武器を隠していないか確かめる慣習が進化して、握手が生まれたと考える歴史家もいる。手を強く握って、敵が、鎧の胸当てやブーツからナイフを引き出せないようにした、

武器から手を放して握手をする古代アッシリア人という説もある。

アメリカ、カナダ、イギリス、そしてEU加盟国などでは短い握手を好む。アメリカとイギリスでは固く握るのが一般的だが、ほかの国々では軽めに握るほうがよいとされる。欧米では数秒で手を放すが、中国では強く力を入れすぎずに固く握って、わりと長めに上下させ続ける。

相手がアラブ出身なら、宗教的な制約があるかもしれない。イスラム人男性の多くは女性と握手をしない。男性同士の握手は、軽くやわらかく握ってから、互いの手首や前腕を包む仕草をする。

どんな形式であれ、握手の基本は善意を示す意図で交わす仕草だ。それを覚えておけば、険悪になりそうな会議に出るときも、きっと少しは凌ぎやすくなる。

政治的な協力関係を示す握手

第1章

戦争、法案、声明よりも、秘密の握手から多くの歴史が作られた。
ジョン・バース（米国の小説家）

片手の握手、両手の握手

ムスリムの土地を旅していると、あいさつに差し出した左手を、相手が両手で包み込む場面に出会う。外国人旅行者でも、丁寧かつ心をこめた中東のもてなしの仕草として、しばしばこの握手で歓迎を受ける。

コーランには、「ムスリム同士は出会ったときに握手しない。別れ際の握手は許されている」という預言者ムハンマドの言葉があるが、あいさつの握手はムハンマド誕生前から行われていた。同じ宗教を信奉する者同士の握手は、いわばイスラムのエチケット。単なる文化的義務でなく、大切な宗教の約束事だ。

しかし、世界の宗教の例にもれず、この慣習にも対立する見解がある。握手は片手が正しいのか、両手が正しいのか。

フェナキストスコープ（円板に絵が描いてあり、回転させると動いているように見える玩具）に描かれた握手

イスラム教の権威には、両手の握手は「慣行（スンナ）」に反するという意見もある。この問題には論拠が多数あって、両手こそが唯一正しく、聖典で認められた作法と信じる聖職者や学者もいる。そして、どれだけ厳密に論じるかにもよるが、ここで議論している握手は、あくまで男性同士。正統派イスラム教では、結婚していない男女の身体的な接触は禁じられている。

とはいえ中東諸国は実に多様な地域だ。旅していれば老若男女を問わず、信仰する宗教を問わず、差し出した右手を両手で握る歓迎を受けることもあるだろう。重要なのは伝統を尊重しつつ、その場その場で柔軟に応えること。そうすればきっと真の歓迎を受けられる。

在りし日のマナー：レイバーデーが過ぎたら白い服は着ない　9月の第1月曜のレイバーデーを過ぎたら、白い服（夏服）を着ないというルールは、季節ごとに衣替えと洗濯をする経済的余裕のある者と、そうでない者を区別する慣習だったのかもしれない。今でも守っている人もいるが、平等が謳われ、汚れ落ちのいい洗剤が普及している現代では、一般的とは言えない。

> 握手をすれば、その人の目のきらめきが見えます。
> ヘレン・ケラー（米国の社会福祉事業家）

合図としての握手

　グループや活動内で、限られた仲間だけが知っている合図を、なかば比喩的に「秘密の握手」と呼ぶ。文字どおり握手を合図にしている団体も多く、一番有名なのが、フリーメイソンという集団だ。

　フリーメイソンの握手は「グリップ」や「トークン」と呼ばれていて、公式なものだけでも５種類以上。階級、支部、出身地などに応じて、さらに多くの握手が存在するらしい。「ボアズ」「ヤキン」「シボレス」「トバルカイン」「マハーボーン」など、聖書を思わせる古めかしい名前が、その謎めいた雰囲気をいっそう強めている。

　名前は印象的だが、違いはごくわずか。特定の関節を合わせる、ここで親指を立てるなど、フリーメイソンのメンバーでなければ、そばにいても見分けられないに違いない。メイソンリーにまつわるエピソードには真偽が怪しい話も多いが、この握手には明確な起源がある。初期のフリーメイソンは石工（ストーンメイソン）の集まりだった。「フリー」という言葉がついたのは、彼らが特定のギルドや地域に縛られず、働く場所を自由に変えることを許されていたからだ。

　ところが、近代以前の時代は身分証などを持たない人がほとんどで、雇い入れた石工が訓練を受けた職人か否か、判断がつきにくい。城や聖堂といった巨大な石造物の建築は、厳密さが要求される危険な仕事なので、素人を雇ったりすれば惨事になりかねない。だからこそ、熟練した石工かどうかを確認することが重要だった。秘密の握手は、いわば石工の名刺がわり。工事の監督者は石工と握手を交わし、即座にその腕前を把握したという。

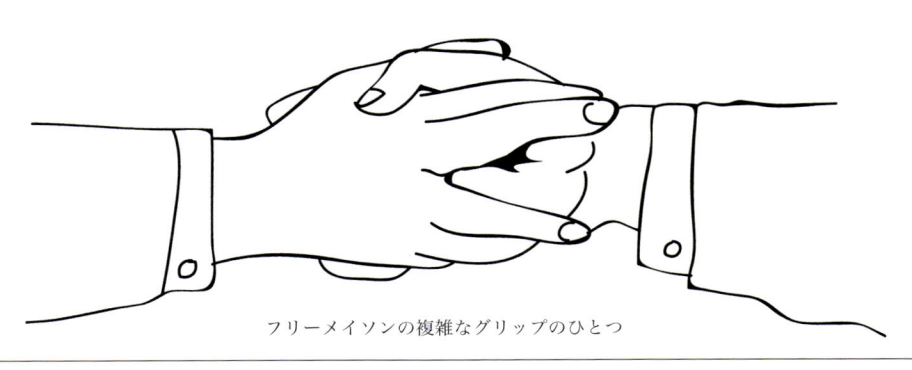

フリーメイソンの複雑なグリップのひとつ

第1章

> 郵便配達人がサインを欲しがる。タクシー運転手が写真を撮りたがる。
> ウェイトレスが握手をしたがる。誰もが、きみの一部を欲しがるんだ。
> ジョン・レノン（英国のアーティスト）

手のひらやこぶしのあいさつ

第44代米大統領バラク・オバマは、2008年の候補指名受諾宣言の直前、夫人とこぶしを突き合わせる仕草をして、メディアで大きな話題になった。この仕草は「フィストバンプ」「ダップ」とも呼ばれ、過激な人種政策のシンボルだと信じる人もいて、物議をかもしたのだ。

おかしな意見だ。これはむしろ紳士的な所作として始まっている。クリケット選手が分厚いグローブでタッチし合ったのが最初という見方もある一方で、ベトナム戦争中の米軍の伝統から、「軽快に、機敏に」を意味するdapperが転じてdapになったという説もある。現在のdapは「尊厳と誇り Dignity And Pride」の象徴で、アフリカ系米国人のコミュニティでその表現として使われている。80年代のヒップホップやラップ音楽の流行とともに一般にも広まったのだ。

最近のヒップホップ界では、シンプル

誇らしげにフィストバンプを交わすオバマ夫妻

にこぶしを突き合わせる「フィストバンプ」「ナックルタップ」のほかに、ピシャッと手を打って、絡めて握り合うといったパターンもある。後者は音楽業界よりスポーツ界に端を発しているらしい。手を叩き合う「ハイファイブ（ハイタッチ）」「ローファイブ」のあいさつは、50年代のアメリカで、畏まった握手が古くさいと感じたスポーツ選手が交わすようになった（左の写真）。

こぶしを軽く突き合わせて、滑らせて、絡めて。目的は、仕草に慣れた友人同士で温かなエールを交換すること。大統領であれ私人であれ、このはつらつとした仕草に目くじらをたてる理由などなさそうだ。

おじぎ

21 世紀を迎えた今、欧米文化圏で伝統的なおじぎを目のあたりにするのは、現実生活よりもステージのほうが多くなった。役者、ダンサー、音楽家などが、演技や演奏の終わりに深々と頭を下げる、あの仕草だ。

かつてのおじぎはもっと一般的で、しかも基本的には男性の所作とみなされていた。最近では女性の役者も、男性の共演者と同じように腰から身体を折っておじぎをする。一方で、昔ながらの女性専用のおじぎ「カーツィー＝跪礼(きれい)」を好む場合もある。腰ではなく膝を折り曲げて、頭を少し傾けるポーズだ。由来は不明だが、襟ぐりの深い服を着た女性がうっかり胸を露出しないための工夫だったとも考えられる。

スポットライトを浴びて披露するカーツィーは優美ではあるものの、これはそもそも目上の人物に対してへりくだる意図がある。女性は、男性のほうが立場が上だと暗に認める仕草で、数百年にわたって跪礼をしてきたことになる。

> 最後、一緒におじぎをするとき、私たちはみんな平等。
> ジュディ・ジョーンズ（役者）

幸いにも、多くの文化圏では現在、社会や職場で基本的に男女平等であり、法的に等しい権利を持っている。だからこそビジネスの場ではふつうの握手が一般的だ。それでも握手の仕方しだいで「女っぽい」といわれるし、「女はおじぎをするもの」などという言い草も消えたわけではない。男女平等が実現しても、正しいエチケットとして男女で違うおじぎをすることもある。

舞台でおじぎをする理由は、観客が時間を割いて、演技を注視してくれたことへのお礼だ。すべてのおじぎは本質的に敬意を表している。

強情な膝を曲げるんだ。
ウィリアム・シェイクスピア（英国の劇作家）戯曲「ハムレット」の台詞

古代のおじぎ

　古代のおじぎは、雷雨やオーロラというまれな天候への敬意だったという記録がある。英語のおじぎを意味する「bow（ボウ）」の語源を探ると、5〜12世紀に使われていた古英語bugen、8〜14世紀の古ノルド語biugenに行き着く。4世紀頃のゴート語にはbugaの言葉がある。16〜19世紀半ばのインド・ムガル帝国時代の絵にもその様子が描かれている。

　起源は不明でも、実例はいくつかわかっている。古代の人々は日の出は神聖なもの、天災は人への罰と考えて、屈服のしるしとして頭を下げた。腰から身体を折るあいさつの所作をto bowと言うのは、古英語で「降伏して身体を曲げる」意味のbugenから来ている。この言葉も、そもそも古ノルド語で「曲げる」を意味するbjugrが語源だ。

かつらをつけた廷臣が敬意を表して頭を下げる

　この2つの古語も、古い高地ドイツ語のbioganも、現代の西欧言語の基盤になったといわれる印欧祖語のbheugに由来する。bheugはおじぎの意味ではなく、強いて現代語に訳せば、「釈明するために向きを変える」。つまりは自分の分（ぶ）が悪いことを認める言葉だった。

　時が経ち、現在の西欧地域にバイキングやゴート族などが定住すると、部族が生き残るために各首長の権威がきわめて重要視されるようになった。bheugから生まれた言葉は、リーダーの意思への服従を示す動詞となり、最終的に、同じ意味で頭を下げる仕草を示すようになった。

悪党と無垢な少女がおじぎを交わす、芝居の一場面

あいさつの作法

> 私は言葉のうえでも行動のうえでも決して不寛容の社に頭を垂れることはない。
> また、他者の宗教的意見を審問する権利を認めたりもしない。
> トーマス・ジェファーソン（第3代米国大統領）

どこまで低く？

額を地面にこすりつける仕草や、こびへつらう態度を英語でkowtowと言う。中国語の「叩頭（こうとう）」から来た言葉で、政治・外交上の紛争を報じるニュースでこの言葉を見たり、会話でも否定的なニュアンスで耳にすることがあるかもしれない。「彼の要求にはkowtowしない」と言えば、応じるつもりがない、権威にたてつくつもりという意味だ。

しかし、もともとの中国語「叩頭」や「磕頭（かいとう）」の背景には儒教哲学があって、譲歩というよりも敬意と服従のニュアンスがこめられていた（叩頭は敬意を示して額で地面を打つ、磕頭は地面に頭をつけるので、意味はやや異なる）。儒教を生んだ哲学者の孔子（紀元前551～479年）は、肉体の動作が精神に反映すると考えていた。深々とおじぎをすることで謙虚な気持ちを思い出す、と。

伝統的な叩頭は、まずひざまずき、そのまま腰から身体を折って額を床につける。相手や敬意の深さに応じて、この仕草を1度、2度、ときには3度繰り返す。

叩頭の慣習が一番普及していたのは漢の時代。皇帝の前では、「三跪九叩頭の礼（さんききゅうこうとう）（3回ひざまずき、9回頭を下げる）」をするのが決まりだった。今ではほとんど行わ

王にひれ伏す臣下たち

れないが、武道の訓練など一部の儀式で残っている。新婚夫婦が結婚式で両親に叩頭の礼をしたり、墓地を訪ねて祖先に頭を下げることもある。

欧米で叩頭に対して否定的なニュアンスが生じたのは、中国の宮廷儀礼を目にした外交官が宗教儀式の一種と受け止めたせいかもしれない。儒教も叩頭も宗教ではない。叩頭は、格式ばってはいるものの、あいさつの一形式にすぎないのだ。

第1章

モスクでおじぎする、寺や神殿でひざまずく、教会で祈りを捧げるといった姿は美しい。
あなたも私も、信仰というひとつの宗教の子どもたちだ。
ハリール・ジブラーン（レバノンの詩人）

社交界デビューの登竜門

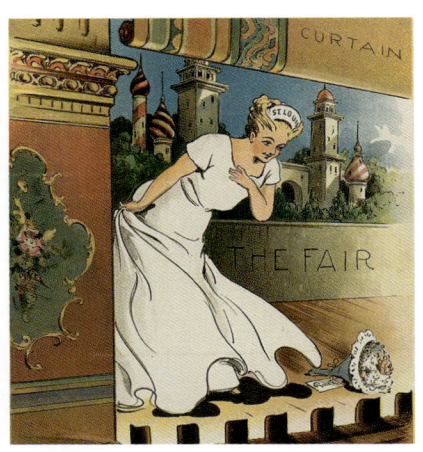

カーテンコールでカーツィーをする女優

法的に男性に依存していた時代の女性は、カーツィー（跪礼）と呼ばれるおじぎであいさつをする場面が少なくなかった。「curtsey」とは、「courtesy＝礼儀正しさ」から来ていて、敬意と恭順の意味がこめられている（男性が女性におじぎをするのも、敬意を示す点では同じはずなのだが）。

ヨーロッパ宮廷文化で、カーツィーは儀式として深く根づいていた。女性は君主の前でカーツィーをして初めて、社会的立場を認められ、社交界へのデビューが許された。カーツィーをする女性は髪型から姿勢まで品定めされた。

アメリカでは若い女性のデビュタントパーティで、この古い伝統を模倣している。このお披露目には、求愛や結婚の申し込みを受ける年齢に達した良家の娘であることを示す意味があった。

現在では18歳で結婚する女性のほうが少ないが、舞踏会やパーティを開く慣習は残っている。カーツィーをする女性が品評の対象になるのも同じ。凝った所作に発展した例もあって、「ダラス ディップ」「テキサス ディップ」というおじぎは、脚が震えるほど深く身体を折るというもの。床すれすれで頭を左へ傾け、衣装に口紅がつかないようにする。

カーツィー風のポーズをとるバレエダンサー

マナーに生きた人々

古代エジプトのプタハヘテプ

礼 儀作法を語る専門家が初めて登場したのは、エミリー・ポストよりもはるか昔、エジプト第5王朝（紀元前2400年頃）の時代。ただし時期には諸説があって、すでに紀元前2800年頃にはエチケットガイドがプタハヘテプという名の人物によってまとめられたと伝えられる。ジェドカラー・イセシ王の宰相だ（ギリシャ語ではタンカレス）。プタハヘテプの孫息子が『宰相プタハヘテプの教訓』という本を編纂しており、現存する最古の版はプリス・パピルスと呼ばれる版で、パリのルーブル美術館に所蔵されている。

「生きている限り自分の心に従いなさい」「割り当て以上を望んではいけない」「弱い者の心を苦しめてはいけない」……プタハヘテプの言葉は驚くほど現代的だ。その一方で、男女の役割や、目上の者と接する際の決まりなど、この時代特有のものもある。今の感覚から見れば当たり前で、あえて注意喚起する必要があるとは思えない内容のものもある。たとえば、他人の家を訪問することについては、こんな具合だ。

「目上の者、友人、その他いかなる知人の家であっても、訪問先で敬意を払ってもらいたいなら、決して女性に言い寄らないこと。いいことはひとつもない」

現代的でない部分もあるとはいえ、プタハヘテプの教訓は、基本的には虐げられている者や弱い者に主眼が置かれている。女性、病人、被災民、奴隷、子どもなどだ。

自宅にプタハヘテプの教訓を記したパピルスを飾っている人がいるとは思えないが、人の親ならば、ぜひ手の届くところに置いておきたい最古のアドバイス集と言えるのではないだろうか。この古代エジプト宰相のような行動をしていれば、古きよきマナーは決して「古き」ではないと実感するかもしれない。

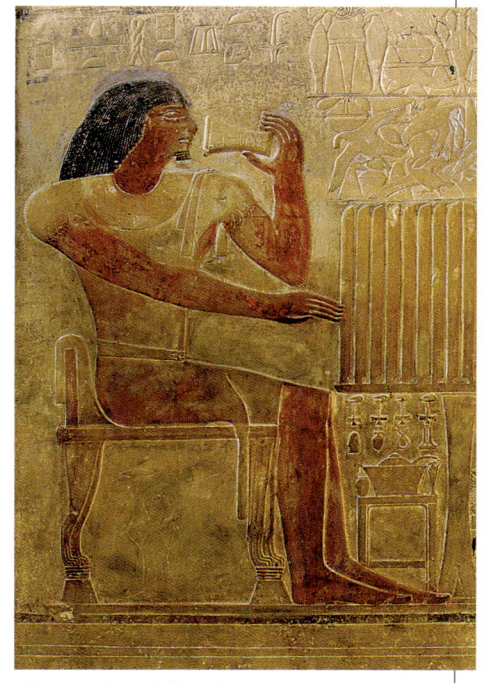

古代エジプトの宰相、プタハヘテプは、マナーのガイドラインを執筆した。

> 未開人は木や石の偶像に頭を下げる。
> 文明人は血と肉の偶像に頭を下げる。
>
> ジョージ・バーナード・ショウ（アイルランドの劇作家）

不服従の証

　昔むかし……王や女王へのおじぎは鉄則だった。きちんとおじぎをしないと、中国漢の時代では、打たれるどころか処刑される可能性もあった。

　現代の多くの文化圏では、特定の階級が神のごとき権力を持つことはない。天に代わる支配者など存在しないし、「神授王権（神から付託されて王になる）」という発想も、グリム童話と同じおとぎ話になった。おじぎしないという理由だけで人を処刑していい権利は誰にもない。

　人間は歴史のさまざまな場面で、絶対的な権力に立ち向かってきた。1773年、愛国者と自称するアメリカ開拓者がイギリス王権への服従を拒否した最初の抵抗活動が、「ボストン茶会事件」だ。紅茶の税金に反発し、輸入されてきた茶葉の箱を次々とボストン港へと投げ捨てたのである。

　愛国者たちにとって、権威への服従を拒むというのは、文字どおり権威に頭を下げない意味だった。独立宣言の文書では、アメリカはすべての人間が平等な国家であると正式に記述された。

　誰にも等しく敬意を払われる尊厳があるのなら、あいさつはシンプルな握手がふさわしい。こうして、外国の君主に対しても米大統領は決して頭を下げるべきではないという考えが、アメリカに深く根づくこととなった。

1773年、アメリカの愛国者たちはボストン港に紅茶の箱を投げ捨て、イギリスへの反発を示した

キスとハグ

キスやハグを交わすタイミングは、甘くてロマンチックな瞬間がほとんど。ときには人前で交わすことだってある。ほかのあいさつやジェスチャーと同じく、キスとハグにもふさわしい時と場所、方法、理由、相手を判断するルールがある。

ほかのあいさつと違うのは、相手ときわめて近い距離で接触することだ。当然、マナー上の疑問もいろいろ生じてくる。この人とはハグしてもいい仲だろうか。息が臭かったらどうしよう。

身体を近づけ顔を寄せるのだから、匂いや感触からは逃げられない。でも、唇には神経の末端が集まっているからこそ、近づけることで素敵な情報のやりとりにもなる。

キスへの本能がどこから発するのか(そもそも本能か、学習か)、という議論は人類学者に任せるとして、最初にキスをする相手は、おそらく母親、父親などの保護者だ。保護者の愛情に満ちたキスを受けて、あたたかな感覚を覚える。やがて大人になってからロマンチックなキスをすると、脳がドーパミンの放出を促す。

キスを交わす動物がほかにいるかどうかはわからないが、科学者によれば、ハグをする動物はいる(四肢を使った仕草を支配のしるしと解釈する動物も多いので、ペットを飼う人は要注意)。ハグをして、お互いに毛づくろいをして、蚤をとって、耳を掃除しあう。人間がそこまで真似するのは、相手をよく確かめてからにしたほうがよさそうだ。できれば、ハグにとどめておこう。

> 男は見かけにだまされる —— ごくごく単純な真実。なのに何歳になってもだまされる、少年でも、賢人でも。だまされてなお、われわれは詐欺師を腕に抱くのだ。
>
> ナサニエル・コットン (医師、詩人)

第1章

> 「キスのしかたがわからないの。わかれば、したいんだけれど。だって鼻はどうすればいいの?」
> イングリッド・バーグマン(女優) 映画『誰が為に鐘は鳴る』(1943年)の台詞

20種類のキス

一部の文化圏では人前でキスをする習慣がない。英米も最近まではそうだった。一般的なあいさつは握手で、たまにハグをする程度。

一方、数百年前からあいさつがわりのキスが定着している文化圏も多い。ほとんどは頬へのキスで、古代ローマではこの口づけを「オスキュラム」と呼び、唇へのキスを「バシウム」、ディープキスを「サヴォリウム」と区別する。

グスタフ・クリムトの絵画「接吻」は、オスキュラムを描いている。

キスは20種類あるという歴史家もいるが、それは接触の仕方でなく、目的別らしい。なかでも頬へのキスは友情、あいさつ、なぐさめ、敬意の意味がこめられている。フランスでは片頬ずつのキスを「フェールラビーズ」というが、キスの回数は地域、国によってもまちまちだ。

ブラジルでは2回が一般的。3回目は相手が未婚の場合に幸運を祈ってすることがある。回数が決まっている国はオランダで、友人や親戚同士なら必ず3回。女性ならば、相手が男性でも女性でも続けて3回するが、男性はふつうは女性としかキスをしない。男性同士は握手がルールだ。頭を入れ替え3回ものキスは不格好な踊りにも見えるが、断るのは非常に失礼だ。

なぜ断りたいの? 「なぜって、なんか変だし」。ちょっと待って。片頬ずつ3回キスをするのは、エジプト、ロシア、スロヴェニア、セルビア、ボスニア・ヘルツェゴビナ、マケドニア、モンテネグロの伝統でもある。そう考えれば、あながち「変」ではないかもしれない。

マナー違反で名を馳せる:第43代大統領ジョージ・W・ブッシュ、エリザベス女王にウインク
2007年、英国女王訪米の歓迎スピーチで、ブッシュは西暦を言い間違え、まるで女王が200年前の人物のような言い方をした。そしてマナー違反を埋め合わせようとして恥の上塗りをしている。女王に向かってウインクをしたのだ。女王は厳しいまなざしで見返した。大統領はのちに、「母親が子どもを睨むときしかしないような目で見られてしまった」と言っている。

> キスはカンマにもなるし、クエスチョンマークにも、エクスクラメーションマークにもなる。女性なら誰でも知っておくべき文法よ。
>
> ミスタンゲット（女優）『シアター・アーツ』誌（1955年）

公共の場でキスをした罰

アートの世界で有名な構図といえば、PDAの光景ではないだろうか。PDAとは「公共の場の愛情表現（Public Display of Affection）」のこと。戦争の終結を祝って水兵と看護師がタイムズスクエアでキスをしている写真や、クリムトの絵画「接吻」が有名だ。

オープンなキスやハグが受け入れられているパリでは、あちこちで恋人たちがキスをしている。あまりにも過激な行為は不快だが、幸せそうなカップルならば、たいていは温かく見守れる。現代の多くの国々では、性別を問わずカップルが手を取り合って歩いたり、レストランのボックス席で寄り添っていても、白い目で見られることはない。

一方、今も一部の文化圏では、人前で男女が軽く頬に唇をつけるだけでも大顰蹙を買う。顰蹙どころではない場合もあって、2010年初頭には、サウジアラビアの男性がショッピングモールで女性にキスをして、鞭打ち90回と懲役4年の罰を受けた。同年後半には、ナイジェリアの大学副学長が、女子学生を抱擁した者全員に厳罰を与えると警告した。2009年には、英国人カップルがドバイのリゾート地でキスをして逮捕された。

イスラム圏の一部では、現在でも厳しい性差別的な法律がある。しかしほかの国でも、PDAに厳罰を科していた時代もあった。17世紀頃のピューリタン社会では、軽い気持ちで抱擁をした女性が何時間も足枷につながれた。作家オスカー・ワイルドは詩人A.ダグラスにキスをして、レディング監獄に送られた。公共の場での許容範囲は常に変化する。罰を受ける前に、よく考えたほうがいい。

1945年のタイムズスクエアで、第2次世界大戦の終結を喜ぶ水兵と看護師。「勝利のキス」というタイトルで、『LIFE』誌の表紙を飾った。

男らしい抱擁

> ハグって、ブーメランに似てる。
> すぐに返ってくるから。
> ビル・キーン（漫画家）作品『ファミリー・サーカス』の台詞

相手の身体に腕を回す仕草は、友情、なぐさめ、愛情と、さまざまな気持ちを伝えられる万国共通のジェスチャー。しかも健康にいい。研究によれば抱擁(ハグ)にはストレスの緩和、ホルモンの放出、血圧の降下などの効果もある。

そう考えれば、人間という動物が身体的な接触をしたがるのも当然かもしれない。抱きしめたり手を握ったりする頻度は、文化によって異なる。抱擁の健康効果を調べた科学者によれば、パリのカップルが身体的に接触する回数は、米国人カップルより最大で3倍も多かった（ナミビアのヒンバ族など、まったく抱擁をしない文化もある）。

親友やわが子をぎゅっと抱きしめた経験がある人ならわかるとおり、抱擁が恋愛感情や性的な意味合いの所作とは限らない。根本はあくまであいさつだ。

少し変わっているのは、「アブラソ」と呼ばれるラテンアメリカのハグ。頬へのキスをは友人でも知人でもするが、これは親しい相手に限られる。特に男性は男女問わず友人や親戚を豪快に抱きよせ、包み込む「ベアハグ（熊のような抱擁）」をして、1分ほど抱きしめ続ける。「ウンアブラソ ムイ フェルテ」はきつい抱擁のこと。かなり身体が密着する動作で、タンゴのポジションのひとつに「アブラソ」という名がついている。

> 会釈はベールごしのキスのようなもの。
> ヴィクトル・ユーゴー（フランスの小説家）小説『レ・ミゼラブル』の中の言葉

指輪への口づけ

2010年、ローマカトリック教会のアイルランド・ケリー教区司教ウィリアム・マーフィーが、教皇（法王）の指輪へのキスは「恥ずかしい」と語り、話題になった。司教はこの慣習を「近代の考え方とはかけ離れている」とも述べた。

教皇の指輪に口づけをする儀式は、確かに近代的ではないかもしれない。これにははっきりした由来があって、新約聖書に、キリストの弟子たちへの言葉として「聖なる口づけであいさつを交わしなさい」と書かれている。現在のキリスト教会でも、「平和のわかち合い」といって礼拝出席者同士で頬にキスをしたり、短い抱擁や握手をしたりする。相互の許しのしるしという意味もある。

教皇や司教の指輪へ口づけをするのは、

在位期間がもっとも長かった（1846～1878年）ローマ教皇ピウス9世

きらびやかに宝石で飾られた教皇の指輪

もちろん相手の権威を認める仕草だが、その権威と許しはキリストの権威、キリストの許しの象徴だ。つまり教皇の指輪へのキスは教皇への敬服というわけではない。とはいえ「漁師の指輪」――漁をする使徒の姿が刻まれている――に口づけをする伝統を続けるべきだとも限らない。マーフィー司教をはじめとして一部の聖職者たちは、教皇の役割は尊重しながらも、指輪への口づけはないほうがいいと考えている。

在りし日のマナー：手の甲へのキス　紳士が淑女の手をとって口づけをする仕草は、かつては最高に上品なマナーの表現とされていた（北米の人間は、これを「大陸的すぎる」と言うこともある）。現代ではもっと平等主義的な握手のほうが好まれる。「大陸的」なマナーは両頬へのキスで代用することが多い。

言葉でのあいさつ

あいさつとは、相手を認識していますよ、とサインを送ること。それは国や時代を問わない自然な行動なので、あいさつを欠くと最悪の侮辱になってしまう文化圏も多い。ただし、サインを送ること自体は万国共通でも、その方法は本当にさまざまだ。赤ちゃんが母や父を理解した様子を見せるのも、ひとつのサイン。ただ手を振るのも、昔の中国で額を地面につけて礼をするのも、外交の複雑な駆け引きも、人の存在を意識していることを示すサインだ。あいさつの仕草や言葉があれば、世界の交流ははるかにスムーズに回る。

> この世界で、人がとるべき行動とは何か。
> この混沌の中で行き交う者同士で、どのようなあいさつを交わすのか。
> (仏陀)

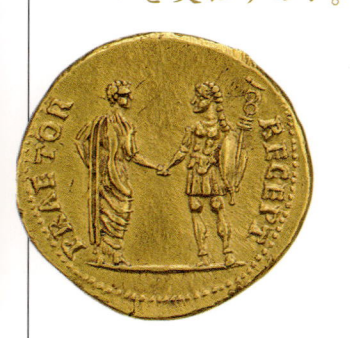

あいさつのコミュニケーションにもいくつかのパターンがある。直接会う場合、文書の場合、電話の場合、それからテキストメッセージやメールといったデジタルなコミュニケーションをとる場合。顔を合わせているときは、言葉とジェスチャーと表情が総合されて意味を作るので、たとえ同じ言葉でも、電話や手紙や画面ごしでは違った解釈をされることもある。

とはいえ、どんな手段でも重要なポイントは同じ。あいさつの言葉を交わすこと、それ自体に互いの意見のズレや衝突をやわらげる目的、コミュニケーションを円滑にする目的がある。体調をたずねる単純なコミュニケーションでも、契約交渉のような複雑なコミュニケーションでも、出だしの言葉と態度が礼儀正しければ、きっとスムーズに進む。そもそも、マナーを守るというのはそういうことだ。

あいさつの作法

ハワイにいるときは、気楽(ハングルース)にしていればいいんだよ。
ハマナ・カリリ

アロハ スピリットのあいさつ

　ハワイに行ったことがなくても、「シャカ」というサインは知っているに違いない。手を握り、親指と小指だけを立てて左右に振る仕草。「こんにちは」から「大丈夫だよ」「じゃあね」まで、何でも伝えられる万能のジェスチャーだ。

　ハワイ諸島に住む人々は、人生にも仕事にもおおらかでのんびりだ。島々の多様性を受け入れている。その精神をアロハ スピリットと呼び、シャカはそのシンボルだと考えている。オアフ島ポリネシア文化センターの解説によれば、このジェスチャーが生まれたのは、ホノルルから北へ約60キロの町ライエに住んでいたハマナ・カリリ（1882～1958年）という男性がきっかけだった。

　カリリは真ん中の指3本がなかった。魚を狙うサメと格闘したためという説もあれば、爆薬を使った漁のときに吹き飛ばしてしまったという説もあるが、働いていた砂糖工場での事故のせいという説が有力らしい。地元紙『ホノルル スター』が取材した甥の話によれば、カリリはある日、サトウキビから粗糖(そとう)ジュースを抽出する強力な機械のローラーに指を引きこまれてしまった。親指と小指だけが残った手を振ってあいさつするカリリの仕草が、のちに定着したという。

　ライエの中心にはモルモン教会があり、カリリは足繁く通っていた。そこで知り合った若者たちが、彼の屈託のない性格を愛し、手を同じ形にして振った。リッピー・エスピンダという地元の自動車セールスマンがテレビCMでこの仕草をすると、たちまちハワイ諸島中の人々が年代を問わず親指と小指だけを立てて振るようになった。やがてサーファー文化を通じてフロリダにも、ラテンアメリカの一部にも広まったのだ。

第1章

> 「うんざりするような人にも馬鹿丁寧に接していると、つきまとわれてしまう」
> と言いますが、悲しいことにそれは事実です。
> エミリー・ポスト（米国のマナー専門家）著書『エチケット』より

ごきげんいかが

「How are you? お元気ですか」というあいさつの仲間に「How do you do? ごきげんいかが」という言い方がある。かつて英国の上流階級ではこれが正しく、単なる「Hello ハロー」は平民の言葉だった。

「Hello」は古英語 Hallo に由来し、心をこめたあいさつというより一方的な声かけに近い。だが過去には「ハロー」よりも問題視された表現があった。19〜20世紀初頭に使われ始めた「Pleased to meet you お会いできて嬉しい」だ。

現代人には瑣末（さまつ）に思えるが、エミリー・ポストのような当時の礼儀作法の権威によれば、初対面の人に「お会いできて嬉しい」と言うのはおこがましく、あいさつとして間違っていると考えられていた。初対面でこの台詞を使える例外について、ポストはこう説明している。

「共通の知人を介して知り合い、立派な方だと以前から伝え聞き、相手も自分について承知している場合」

面白いことに、この専門家の指摘が、別の言語や文化圏であてはまるとは限らない。

たとえば「知り合いになれて光栄です」は仏語で Enchanté de faire votre connaissance アンシャンテ ド フェール ヴォートル コネサンス、独語では Es freut mich, Sie kennen zu lernen エス フロイト ミッヒ ズィー ケネン ツー レルネン。votre や Sie という二人称がフォーマルなので、これは失礼にあたらない。仏語と独語では二人称を区別できるが、英語では You という二人称を使うしかなく、上下関係を区別できないのだ。

もちろん現代の英語では、「Hello」や「How are you?」などのあいさつが一般的に使われている。ただし、もしもポストの子孫と会ったら、うっかり「お会いできて嬉しいです」と言わないように！

お行儀のよい子供たち

在りし日のマナー：結婚式の招待状は花嫁の両親が出す　昔、王女が王子のプロポーズを受けたときは、王女の両親である王・女王が盛大な式典の費用をすべてまかない、招待状でも筆頭に名前を記した。現代の庶民は結婚式の費用を折半し、招待状にも一緒に名前を書くことが多い。要するに、主催者が招待状を出すのが決まりということ。

> 男はいつもさよならの言い方を知らない。
> 女はいつもさよならの言いどきを知らない。
> ヘレン・ローランド（ジャーナリスト）

また会いましょう

「こんにちは」というあいさつが初対面の人にも親しい人にも気軽に使えるように、別れのときも、よく会う人とは毎度毎度、正式なあいさつなど交わさない。バス停で会う相手にも、会議室で席を立つ際にも、スーパーで卵を買いレジから離れるときも、私たちは手を振って「さよなら」「じゃあね」「では」と軽く済ませる。

大昔はそんなに気軽ではなかった。猛獣や天災に襲われる、闘いに巻き込まれる、病気になる、家庭で事故に遭うなど、いつどんな危険に遭遇するかわからなかったので、つねに厳粛かつ真面目に別れの言葉を交わしていた。希望や幸運を祈ることもあった。

英語の「Good bye さようなら」は、「God be with you 神のご加護を」から派生した表現で、厳密には「再会まで、神のご加護を」と続くらしい。スペイン語の「アディオス」も神にまつわる言葉。ラテンアメリカでは「アディオス」を手短なあいさつとして使っていて、ハローとグッバイ以外に、文字どおり「神に捧ぐ」という意味で使うときもある。道ですれ違った近所の人に言ったり、二度と会わない通りすがりの他人に呼びかけたりすることもある。一方で、当面会わない状況を想定して、神の存在を口に出してはっきり別離を告げる場合もある。言語によっては神の介在に代わる別の言い方があって、たとえばグアテマラの先住民族マム族の言語では「強くあれ」、トルコ語では「平穏であれ」といった意味の言葉で別れを告げる。

現代でも不測の事態が起こる可能性はあるが、たいていは「また明日」は文字どおりの意味だ。チェチェン語、ハウサ語、ウズベク語など、「明日まで」と別れのあいさつをする言語も多い。

武運を祈って別れのあいさつをする

第1章

別れの口づけは、むしろ始まりのあいさつのようなもの。
愛に満ちた最後のまなざしが、何よりつらい苦しみに変わる。
ジョージ・エリオット（英国の小説家）小説『ダニエル・デロンダ』より

肉料理との別れ

　世界には少なくともひとつ、「別離」を伴うお祭りがある。晩冬、初春に開催されるファットチューズデー（謝肉祭〈マルディグラ〉）と呼ばれるイベントだ。お祭り自体はキリスト教が確立する前からあったものの、教会の主導で、イエス・キリストが十字架にかかる前に40日間を荒野で過ごした「四旬節（受難節）」と結びついたお祭りになった。

　「カーニバル」の語源は、ラテン語のcarne valeだったといわれる。意味は「肉との別離」。敬虔なキリスト教信者は、復活祭〈イースター〉前40日間、こってりした食事、脂肪を含む食材、肉料理を断たなくてはならない。ユダヤ教信者が過越祭のあいだは発酵したパンを家に置かないのと同じで、四旬節前に家の食料庫からすべての油脂食品、砂糖、肉、乳製品を排除する。そこで、「灰の水曜日〈アッシュウェンズデー〉」と呼ばれる四旬節初日までに地域ぐるみでありったけの食品を食べ尽くし、そのうえで節制期間を迎えることにしたというわけだ。

　灰の水曜日の前日は、もちろん火曜日。その日が脂肪の火曜日〈ファットチューズデー〉（仏語でマルディグラ）だ。イギリスではこの日を「懺悔の火曜日〈シュロブチューズデー〉」と呼び、教会で懺悔をして罪の赦しを受ける。ドイツでは「断食の前夜〈ファストナハト〉」と言って、断食に備えて同名の揚げ菓子を食べる。

　面白いのは、どのお祭りでも、イースターの日曜がやって来た瞬間、肉や油脂食品やこってりした菓子がテーブルに戻ってくること。別離といっても、永遠の別れとは限らない。

四旬節を祝う
リオのカーニバルの
コスチューム

敬称と名前

位や爵位だけが敬称ではない。名誉や敬意を表現するために、名前の前後に加える名詞（まれに形容詞）も敬称だ。一部の文化圏では、この敬称が複雑な階層をなし、言葉づかいの区別とも結びついている。韓国では伝統的に7段階の言葉づかいがあり、一部は今も使われている。

社会によっては、敬称の制度をわざと前面に出さず、下位の者に知らせないことがある。たとえば英国貴族には爵位とは別に階級特有の称号があり、これをファーストネームもしくはフルネームの前につけて呼ぶ。

近代以前、人々は基本的に生まれ故郷から離れず、流動性の低いコミュニティで一生を過ごした。そのため、同じ名前の権力者と平民を敬称で区別する必要があった。ウェールズの鉱山都市のように類似した名前が多く、階級差がほとんどない場所では、技能で呼び分けることもあった。「彫刻のエヴァン」と「歌のエヴァン」というように。

現代では、一族が集結して住んでいないケースも多く、敬称の考え方や付け方が違う者が混じり合い、その威光は薄れてきている。昨今の大人が子どもに「ジェーンと呼んでいいわよ」などと言い、ファーストネームで呼ばせたがる傾向も見られる。これに対しては、大人の希望を子どもに理解させるべきという意見と、目上の人を呼び捨てにさせず、ちゃんと敬称をつけて呼ばせるべきという意見がある。私は後者だが、マナーの専門家は、大人が好む愛称で呼ばせることで柔軟性を教えるようアドバイスしている。規則に固執せず、相手の希望を尊重することの方が重要だ、と。

> 彼女には、人の名前を覚え、顔を忘れるという、すばらしい才能がありますね
>
> オスカー・ワイルド（英国の劇作家）
> 戯曲『つまらぬ女』（1893年）の台詞

第1章

顔に泥を塗りたくないなら、顔の下半分をしっかり閉じておくこと。
アン・ランダース（米国のコラムニスト）

橋渡し

　西洋のビジネスエチケットでは、なれなれしいのは論外としても、基本的にダイレクトなやりとりが好ましい。状況にもよるが、ある国の企業幹部が異国の企業幹部と会う必要が生じた際は、自分で、もしくは秘書を通じてメール・電話・文書で先方に連絡をとる。

　ところが中国のビジネス文化では、習慣がかなり違う。中国では「顔（面子（メンツ））」という概念に名誉や評判の意味も含み重視するので、ビジネスにおけるすべての議論や手配では、その点に充分注意しなければならないのだ。中国人は仲介を挟んだ交渉や紹介を好む。同意できる条件が整ってから、初めて直接顔を合わせようと考える。この仲介者が相手の外国人の信用情報を確かめる。事前に膨大な情報を入手し、次に名刺や推薦状など、必要な書類を提出させるのだ。

　外国の企業や個人も、たとえば決済方法の詳細など、直接は聞きにくい質問については仲介者に問い合わせる。仲介を通じて、新しい取引先と会ったり、既存の取引先との複雑で難しい交渉を円滑に進めたりする。

　そしていざ中国の取引先と対面する際には、きわめて格式ばった紹介がなされ

「顔」を守る国、中国の京劇の仮面

る。ただし、必ずしも高い役職から先に紹介されるとは限らない。年長者を優先するのがならわしだ。

　商談では、手短な握手を除いて身体的な接触は避け、感情表現ゆたかなやりとりもしない。笑顔も見せず、笑い声も立てず、フレンドリーすぎる態度は見せない。目を合わせるのも避ける場合がある。何より重要なのは、実際に顔を合わせた場で、不快そうな表情をしないこと。敬意に欠ける態度（否定的な態度をとる、なれなれしくする、冗談を言いすぎるなど）は相手に身内の前で恥をかかせることになってしまう。

あいさつの作法

言葉とは、簡単に言えば、複雑だ。
スティーブン・ピンカー（米国の心理学者）著書『言語を生み出す本能』より

未婚の女性

　1970年代初期、米国で『Ms.（ミズ）』という雑誌が創刊されたとき、誌名に反感を覚えた人は多かった。未婚なら「Miss」、既婚なら「Mrs.（ミセス）」。どうしてそれ以外に女の呼び方が必要なのか、と。

　誌名の是非に対する意見は置いておくとして、男性ならば未婚既婚にかかわらず、呼び方は1種類だ。英語なら「Mr.（ミスター）」、仏語なら「Monsieur（ムッシュ）」、オランダ語なら「Mijnheer（ムーニア）」、伊語なら「Signor（シニョール）」…。

　これらの言語には、いずれも未婚女性を特定する呼称がある。独語なら「Fräulein（フロイライン）」、スペイン語なら「Señorita（セニョリータ）」。反対に、未婚男性を特定する呼称の言語はほとんどない。英語では少年に「Master（マスター）」をつけることもあるが、たいてい12歳以下に使う呼び方だ。

　女性の新たな敬称として、男女同権主義者が「ミズ」を提案してから30年以上も経つが、「ミズ」を嫌う人は今もいる。一方で20世紀後半から、世界各地で、成人女性が未婚であることを特定する呼称は徐々に消え始めている。独語の「Fräulein（フロイライン）」はもう滅多に聞かれない。18歳以上の女性はみな「Frau（フラウ）」だ。

　この論争で興味深いのは、「Ms.（ミズ）」が現代の造語ではないということ。「Ms.（ミズ）」はそもそも「Mistress（ミストレス）」の短縮形で、男性の「Mr.（ミスター）」と同様、未婚既婚がわからない女性の敬称に使われていた。

『ミズ』誌を創刊したグロリア・スタイネム（左）とパット・カービン。編集部にて、1980年

> 方言に陸軍と海軍を加えれば、それが「国語」だ。
> マックス・ヴァインライヒ（言語学者）

フォーマルな呼びかけ、くだけた呼びかけ

　20世紀半ばの仏大統領シャルル・ド・ゴールは、妻と40年以上にわたって連れ添った。だが2人がお互いに使っていた呼びかけは、少なくとも公共の場においては、つねにフランス語のフォーマルな二人称「あなたvous（ヴー）」だった。

　第2次世界大戦直後なら当然かもしれないが、こうした慣習は過去の遺物ではない。近年ではシラク大統領も、同じく妻と「あなたvous」で呼び合っていた。

　フランス人は、仕事の同僚や知人に対して、今もフォーマルな二人称を使う。親しい友人同士の二人称「きみtu（テュ）」を使うときも、たいていは「フォーマルでなくてもいい？」とたずねてからにする。

　ファーストネームで呼び合う文化圏でも、ごく親しい友人や親戚にしか、くだけた二人称を使わない国もある。一方、友人だと思う相手からフォーマルに呼ばれると、冷たくされたと感じる国もある。古英語に「そなたにthee（ズィ）」「汝はthou（ザウ）」という表現があるが、意外にも昔は敬服の意味はなく、theeは目的語、thouは主語と、あくまで文法上の区分だったのだ。

　二人称の区分を、言語学者は「親称(T)と敬称(V)の区別」という。ラテン語のtuとvosのことで、もともとtuは単数、vosは複数だった。スペイン語では二人称としてtuとvosotrosの両方を使い、ラテンアメリカでは、友人や家族にvosと呼びかける。フランスの子どもは基本的にはtuで呼びかけられるが、16歳頃からは大人や教師にvousで呼びかけられるようになる。とはいえ、家族は子どもがいくつになってもtuで呼ぶことが多いのだが。

ド・ゴール夫妻は、公式の場ではフォーマルな二人称で呼び合っていた

スペイン人は、友人同士でtuとvosの両方を使う

マナーに生きた人々

孔子

　中国の哲学者である孔子のことを、欧米では「Confucius(コンフューシャス)」と呼ぶ。ルネサンス期の哲学者デジデリウス・エラスムスを「エラスムス」、第3代アメリカ大統領トーマス・ジェファーソンを「ジェファーソン」と呼ぶのと同じ言い方のように思われているが、実はそうではない。孔子の本来の名前である「孔丘　Kong Qiu」の漢字と、師を意味する「夫子　Fuzi」を組み合わせた「孔夫子」が、コンフューシャスという読みになった。今では、師という肩書とは関係なく、コンフューシャスという言葉が中国哲学の知恵と事実上の同義語として使われている。

　孔子は紀元前6世紀に生まれた。記録によれば、著名で裕福な一族だった生家が没落し、貧しい家庭で育った。家畜の管理（司職吏）や会計（委吏）といった職務を経ながら生涯勉学を続け、礼節、音楽、弓、馬術、書道、数学の六芸を身につけた。

　自己を伸ばすには勉学が一番であり、そうした自己鍛錬こそが真の高潔と社会的地位に結びつく一番の道筋である——自身の学習を踏まえて、そう確信するに至った孔子は、30代からは弟子を集めて、また自ら中国各地を旅して教育を施すようになった。各地の首長たちからは、外交術の専門家と見られていた。

　儒教（Confucianism(コンフューシアニズム)）——孔子が広めた学問を、宗教だとみる意見もある。世界の主な宗教と違うのは、儒教は信仰について語るというよりも、行動や知識について語る哲学だということ。それでいて、孔子の言葉を集めた『論語』には、人間の命は地球上で何より重要であるという信念など、多くの宗教や哲学の体系に通じる価値理念の構築と実践のモデルが盛りこまれている。

博識な中国の哲学者であった孔子は、マナーについて多くの言葉を遺した

> 名前が何だというの？ 私たちが薔薇と呼ぶものは、
> たとえ別の名前で呼んだとしても、甘い香りがするはずよ。
> ウィリアム・シェイクスピア（英国の劇作家）戯曲『ロミオとジュリエット』より

名前に残る父親

アイスランド人はファーストネームにとても厳しい。子どもの名前はアイスランド命名委員会が認めた一覧から選ぶか、申請して承認を得る必要がある。アイスランド文法に則った名前か、委員会が判断する。最近では、赤ん坊にMagnusと名づけた両親の申請が却下された。Magnúsなら大丈夫。単なるアクセント記号の違いではなく、これは伝統に則った決まりなのだ。

実はアイスランド語では、ファーストネームの付け方が、その子孫のラストネームに影響を与える。この社会では各人が、父親か母親のファーストネームに自分の性別を加えたラストネームをもっているのだ。父がJon（ヨーン）だとすると、息子のラストネームはJonsson（ヨーンソン）、娘はJonsdottir（ヨーンスドティル）になる。母の名前を選んだ息子がSigridsson（シグリドソン）だとしたら、娘はSigridsdottir（シグリドスドティル）だ。

かつてはほかの北欧諸国でも同じ伝統があったが、現在では父方の姓を受け継ぐ慣習を採用している。古い伝統を守っているアイスランドでも、昔は父のファーストネームを継ぐのが一般的だったが、最近では半々で母称の名付けも増えている。まれに、父母の両方を使うこともある。首都レイキャヴィークの元市長ダーグル・ベルグソルソン・エッゲルトソンの名前がそうだ。

この仕組みは混乱を招きやすく、アイスランド人はMr.やMrs.の敬称は使わないので、たいていはお互いにフルネームで呼びあったり、名前のあとにラストネームの短縮形をつけて呼んだりする。エイナルという男性が2人いたとしたら、「エイナル・オラフソン」「エイナル・シグルソン」などと呼びあうことになる。

アイスランドの家族は、父の名を受け継いで名付けをする

ジェスチャー

身ぶり手ぶりもメッセージを伝える。使う場面によって、同じ仕草でも別の意味をもつことがある。アルファベット１文字ずつ表すアメリカの手話から、戦場での指示に至るまで、非言語(ノンバーバル)コミュニケーションは形式がはっきり決まっている場合が多い。

喉が詰まったときに両手を自分の首に当ててみせるように、声に出すかわりにジェスチャーをする場合もある。両手を宙にあげて「もうお手上げ！」と言うなど、発話と組み合わせるときもある。

> 彼女の歩みは優美で、その瞳は神々しい。
> すべての仕草に威厳と愛があふれている。
>
> ジョン・ミルトン（英国の詩人）　作品『失楽園』より

人間の身体でジェスチャーに使わない部分はないかもしれない。特に注目したいのは顔。目と口だけで特定の意思を示す場合もあるし、必死に頼み込む場合（手を差し伸べ、眉毛をあげる）や、おどす場合（こぶしを突き上げ、口をぎゅっと結ぶ）のように、顔のパーツと筋肉の動きを組み合わせて意味を伝えることもある。わざと無表情を装うときは別として、たいていは感情にあわせて顔の筋肉も動かし、ジェスチャーの意図をはっきり伝える。

フレンドリーな仕草もあれば、フォーマル、お祝い、指導の仕草もある。楽しいものも、卑猥なものもある。そして片手、両手、肩、腕から手首、脚、足、胴体を使う場合もある。誰かと一緒に行うパターンもあって、「フィンズ（サメのひれ）」の歌で有名な歌手ジミー・バフェットのファンは、演奏中に一斉に腕をあげてサメのひれのポーズをする。

動物だってジェスチャーをする。特に求愛行動中は積極的だ。ジミー・バフェットが「フィンズ」の歌詞で、バーでひとりの女性の気を引こうとする男たちを円を描いて泳ぐサメにたとえたのは、言い得て妙かもしれない。

第1章

> アメリカには伝統も骨董もないだなんて、そんなくだらないこと言っても
> 仕方ないでしょう。アメリカにだってママもいればマナーもあるでしょうに。
>
> オスカー・ワイルド（英国の劇作家）戯曲『つまらぬ女』（1893年）より

靴底の侮辱

2008年、バグダッドで記者会見に臨んだ米大統領ジョージ・ブッシュに、イラク人記者が靴を投げつけた。「イラク人からの絶縁状だ、犬め！」と叫び、もう片方の靴も投げつけている。大統領は身をかがめて靴を避け、記者はシークレットサービスに取り押さえられた。

アメリカはこの出来事に困惑し、面白がり、腹を立てた。イラクでは靴を投げた記者を称えて靴の銅像を建てた。米市民にとってこの一件は、異文化を目の当たりにする機会でもあった。靴はきわめて汚いものの象徴で、自分の足や履物を他人に見せつけるのは、ひどく侮辱的なことなのだ。ストレッチするためでも、脚を組み替えるだけでも、他人に足裏や靴底を見せるのは失礼きわまりないと考える文化圏は多い。タイでは写真であっても仏像に足裏を向けるのは不作法。ブッシュ大統領に靴を投げたイラクでは、2003年にも市民が倒壊したサダム・フセイン像に靴やサンダルを投げつけ、憎しみを表す光景が見られた。

こうした行為の根幹にあるのは、迷信や儀式というより一般常識だ。人間は2本脚で歩くので、足裏は地面の埃、ゴミ、汚物に接している。高度に発展し工業化した国であっても、汚い路地、道路、建物は存在する。足を不潔な地面と一切接触させずに生きていくことは不可能だ。レストランに着いて手は洗えても、足裏や靴底には無数のバイ菌がついたまま。足のおかげで地面に立っていられるものの、悲しいことにその足がさまざまなものに接触して、病気を運んでくる。

不衛生かどうかは別として、他人に足裏を見せるのは侮辱のきわみだと考える国は多い。タイ、トルコ、アラビア語圏でもそうだし、韓国、アフリカの一部、中国でも同じ。そう考えると、旅行中はなるべく両足を床につけておくのが賢明だ。不作法をはたらくつもりはなく、敵意を見せるつもりもないときに、そう思われるリスクは冒さないほうがいい。

靴底が侮辱になる国もある。

> ささやかな悪は見過ごされるが、大きくなると、目に飛び込んでくる。
> アリストテレス（古代ギリシャの哲学者）

イーヴィル アイ

悪意に満ちたまなざしを「evil eye（イーヴィル アイ）」と言う。文化によって、この言葉と、それが意味する邪悪な力はさまざまに表現されている。

古代の人々は、目は人間の本質を表す窓だと信じた。「邪眼、邪視」をもち、目で危険な呪いをかける人間がいる、と思っていたのだ。ギリシャの哲学者ソクラテスには「悪鬼の目（ダイモーン）」がある、弟子にも呪いがかかっている、と信じて「ダイモーンの顔をした人」と呼んだりした。

邪眼を信じる古代ギリシャの発想が、アレキサンダー大王の時代に東へ伝わり、おそらくイスラムの信仰で補強され、現在のトルコで見られる邪眼のモチーフができあがったのではないだろうか。

トルコでは邪眼を「ナザール ボンジュウ」と呼んで青い目で表現し、対抗する「ハムサ」というシンボルを作った。ナザール ボンジュウのお守りは悪魔を威嚇し、ハムサは悪魔を棲処へ送り返す。トルコの邪眼はギリシャに由来するらしく、同じモチーフがギリシャ神話の女怪物にちなんで「メドゥーサの目」と呼ばれている。最近では、トルコの航空会社が尾翼にこの絵を描いた。携帯電話のストラップにもなっている。

邪眼を撃退するお守り、ハムサ

邪眼を表したトルコのガラス飾り、ナザール ボンジュウ

> 敗北では屈せず、勝利では安寧せず。
> ウィンストン・チャーチル（英国の政治家）

Ｖサイン

1941年、第2次世界大戦中に、英国BBC放送があるアイデアを思いついた。連合国側がビクトリーのＶをハンドサインで示し、勇気と確信を誇示すれば、枢軸国側を心理的に動揺させられるのではないか。Ｖは英語のVictory、仏語のVictoire。オランダ語とフラマン語の「自由Vrijnheid」も意味する。

同年夏にはこの案が国中に広まり、英首相チャーチルまでがＶサインをするようになっていた。お気に入りのハバナ葉巻をふかしながらのＶサインをすることが多く、そのときは手のひらを内側に向け、指のあいだに葉巻を挟んでいた。

ところが不運にも、英国の労働階級にとって、手のひらを内側に向けたＶサインには違う意味があった。上流階級出身のチャーチルは知らなかったのだが、これはもともと労働階級が権威に対して強い侮蔑を示すサインだった。中世に、大弓を射る英国戦士が、フランスに向けて弓を射る指が健在であることを誇示したのが由来という。しかし20世紀初頭には、猥褻な意図を示すサインとして定着してしまった。手のひらを内側に向けてＶサインをした選手が退場させられた例もある。一方、手のひらを外側に向けるＶサインも独自に進化した。第37代米大統領リチャード・ニクソンは、1968年の大統領選に勝利した際、感謝のしるしに両手でＶサインをした。ベトナム戦争反対派とヒッピーたちがこれを真似し、Ｖサインは「平和Peace」の象徴として広まった。

1943年、「ビクトリーのＶ」を示すチャーチル

在りし日のマナー：サーバント ベル 長年、裕福な家では召使いを呼ぶのにベルを鳴らしていた。数世紀のあいだに、このベルが壁に固定されて、床のペダルを踏むなど手を使わずに鳴らせるものがでてきた。現在ではこうしたベルはまったく見かけない。スタッフを呼ぶにも、きっと携帯電話を使うからだろう。

> 用があったら口笛を吹いて。口笛の吹き方は知ってるでしょ？
> 唇をすぼめて吹けばいいのよ。
>
> ローレン・バコール（女優）映画『脱出』（1944年）の台詞

モスクワのマナー

ロシアのボリショイ劇場で観劇をする機会があったなら、小指をくわえた口笛は控えたほうがいい。英米では賞賛の合図であっても、ロシア人にとっては「非文化的（ニクリトゥールヌィ）」で不作法なことなのだ。

このほかにも、ロシアではさまざまなマナー違反を「非文化的」と呼んで避けるように努めている。たとえば、玄関より中に入ったら、外套を着たりスノーブーツを履いたりは決してしない。外の雨や埃を室内に持ち込んではいけないからだ。椅子にどっかり座る、ソファにふんぞりかえる、ポケットに手を入れて立つ、「トイレに行く」と人前で告げる、美術館の階段に座る……どれもこれもご法度だ。大声で喋ったり笑ったりするのも、教養あるロシア人からは顰蹙を買う。

この「非文化的（ニクリトゥールヌィ）」という概念が普及し

ロシアのブーツは屋外で

ロシアでは芸術がきわめて尊重されている

たのは、階級意識が強かった帝政時代に、きちんとした礼儀作法が家柄の良さを表していたから。その後の共産主義時代になると、また別の理由で公共の場でのマナーが重要視された。店で長蛇の列に並び、融通のきかない役所で順番を待つのも、公共マナーが守られていないと、みながひどく苦痛な思いをするからだ。

仕事中に口笛を吹くのが屈託のない時間つぶしになる国もある。しかしロシアでは、口笛も、そのほかの非文化的な行為もだめと心得ておくこと！（ニェット）

魔法の言葉

　晩餐会を催したり、フォーマルな結婚式の招待状を送ったり、あるいは外国の貴族に謁見したりする機会はないにしても、生活の中で他者とのコミュニケーションを図るなら、ふさわしい言葉づかいは知っていなければならない。

　この章で紹介する冒頭ふたつのテーマ、「お願いします」と「ありがとう」の言葉があれば、地球上のどこででも、どんな交流の場でも、コミュニケーションは円滑に流れてゆくにちがいない。

　第1章で紹介した身体で表すあいさつは、お互いがひと目で認識しやすいように交わすものだが、それと同じく本章で紹介する言葉のあいさつも、他人同士が礼節をもってお互いの存在を認める手段になる。おじぎや手を振る仕草が状況に応じた意味をもつように、言葉のコミュニケーションにも意味がある。「どうぞお願いします」と言うだけでも、その理由はたくさんあるし、近況をたずねる聞き方だってさまざま。「お元気ですか」の解釈も、文化によって変わってくる。

　改まってお礼を述べる場合も、手短に別れを告げる場合も、慣習ごとに違いがある。いずれにしても、きちんとした言葉づかいがどんなに大切か、この章を読んで思い出していただけると思う。マナーの言葉は、魔法の言葉。あなただって、きっとお母さんにそう言われたはずだ。

1937年の米国公共事業促進局のポスター。「どうぞお願いします（Please）」という言葉を使って、公園を訪れる人々にマナーを守るよう呼びかけている。

「お願いします」

「プリーズ」と人類が初めて口にしたのはいつだろう？ 専門家によれば、コミュニティでの助け合いの習慣とともに、お願いする言葉も発展してきたという。生きていくにはお互いに何かを交換しなければならない。誰かのクジラの肉、誰かのパンを分けてもらいたいなら、そう頼む言葉が必要だ。そして何かを手に入れたなら、自分も分け与えるつもりでいなければならない。

この互恵行動について、ぜひ知っておきたいのは、「お願いします」や「ありがとう」は不要と考える部族や文化圏も少なくないということ。人に何かを与え、もらうのは、生存のための唯一の道であり、当たり前のことだとみなすのだ。逆に言えば、意識的に頼む慣習の始まりは、コミュニティ内の上下関係を認識し始めることでもあった。

> これはいったいコーヒーか？
> それなら、お願いだから、
> 紅茶を持ってきてくれ。
> これが紅茶だと言うならば、
> お願いだからコーヒーをくれ。
> ——エイブラハム・リンカーン（第16代米国大統領）

「お願いします」と言えば、「あなたに労力をかけさせていることを私は理解している」というメッセージを伝えられる。こちらから返礼できないときは、なおさら相手の労力をきちんと意識することが大切だ。人間はときには誰かの負担にならざるを得ないのだから、罪悪感を少しでも軽くするためにもぜひ丁寧に頼みたい。そう考えれば、これはむしろ自分のための言葉かもしれない。

世界中が「お願いです、ぜひ支援させてください」という気持ちになれば、きっと大きな力になる。

ブルース・ウィリス（米国の俳優）

お願いの呼びかけ

　写真共有サイト Flickr.com に、世界中から特定の看板写真を集めているコーナーがある。看板の形は長方形、丸、楕円のほか、さまざまな物体や生き物を模したものもある。看板の素材も、木、石、金属、セラミック、紙、プラスチックなど、多種多様だ。共通しているのは書かれている文章。「芝生に入らないこと Keep Off the Grass」と「芝生に入らないでください Please Keep Off the Grass」だ。

　この看板が興味深いのは、書かれた文章の裏側に、本当に伝えたいメッセージが屈曲した形で込められているのがわかるから。「芝生に入らないでください」は、本当は、「あなたはこの芝生に入ってはいけないのですが、あなたの行動を取り締まるものではありません」という意味を伝えている。芝生に踏み込んでいる人物が写りこんでいて、看板の強制力のなさを意地悪く晒している写真もある。

　何かを頼むときは、特定の人に指示するよりも、不特定多数に向けて「〜ください please」と呼びかける表現にしたほうが、全体の秩序が保たれることがある。図書館では「大きな声で話さないでください」と頼み、病院では「携帯電話の電源はお切りください」と呼びかける。選択しろと迫るのではなく、「マナーを守ってくれると信じていますよ」と匂わせる言い方にしている。こういう「〜ください、お願いします」の表現は、おそらく聞き手の良識にはたらきかけようとしているのだ。

> エチケットは生活の技です。
> あらゆるものを大事にする、道徳観や品位のことです。
>
> エミリー・ポスト（米国のマナー専門家）

お返事をください

南北戦争の終結後、米国は「金ピカ時代」と呼ばれる経済成長期を迎えた。当時、米国の実業家の元へヨーロッパから人が訪れ、反対に裕福な米国人がロンドン、パリ、ローマを訪れるうちに、海外の風習が入ってきた。

最初は面白半分で真似したヨーロッパスタイルは、やがてフォーマルな習慣として米国に定着する。夕食会や昼食会の招待状には、「お返事をください」の仏語 Répondez s'il vous plaît（レポンデシルブプレ）の略語「RSVP」を書くようになった。ただし女性は「お返事いただけると幸いです The favor of a reply is requested」という英語を使うことが多く、このフレーズは今も結婚式の招待状の決まり文句として使われている。

仏語の略語はキザな流行だったが、この言葉自体は無意味ではない。予定外の客が来ると、ほかの客に気まずい思いをさせるかもしれないし、使用人も用意する料理の量を判断できない。雰囲気や人数を判断するためにも、出欠の返事がほしいのは当然だ。

悲しいことに現代では、この習慣を無視する人も増えてきた。21世紀のマナーは昔ほど格式ばってはいないが、返事を求められたら返さなくてはいけない──刻印入りの便箋や万年筆にこだわらず、電話やメールを使って伝えるのだとしても。

招待状の印刷には、大きな機械が必要だった。

個人からの手書きの手紙は嬉しい。

エチケットの小道具：カッパー プレート　昔は流麗な筆記体のことだった。銅板に彫られた美しい文字を真似た書体で、専門のカリグラファーが描いていたデザインだった。

魔法の言葉

みんなを喜ばせようとすると、誰も喜ばない。
イソップ（寓話作家）

ひとことの力

ポルトガルは、ヨーロッパ諸国の中でもかなり礼儀正しい国だ。男性はスーツを着て映画館に行くし、些細なやりとりでも作法が徹底している。たとえばリスボンの狭い路地でも、すれ違いざまに間違いなく一歩身を引いて「どうぞお先にÀ vontade!（ア ボンータジ）」と声をかける。

このÀ vontadeという表現は、厳密には「お好きなように」「気楽に」という意味。そこに習慣として「どうぞ」の意味がこめられて「お先に行ってください」の意味で使われる。アラビア語なら、同じ場面で「itfaDDal（イトゥファッダル）」と言う。

英語では、子どもを「育てるbring up」や、書類を「埋めるfill out」のように、熟語で動詞を形成する場合がある。「会うmeet」をrun into、「訪ねるvisit」をcall on、「協力するcooperate」をget along with、「我慢するtolerate」をput up withというように、一単語を複数の単語で表現する言い方は、マナーの場面でも多く使われる。たとえばwithがつけば、連携や協力の意味が伝わる。「どうぞお先にPlease, go ahead」も、「私はあとから続いて参ります」という意味がこめられる。

ポルトガル人は、ほんの些細なやりとりでさえ礼儀正しい

マナーに生きた人々

フランス国王　ルイ14世

太陽王と呼ばれたルイ14世は、弱冠4歳で即位した。在位期間はヨーロッパ史の最長記録、72年3ヵ月と18日だ。

70年あまりの歳月が、ルイ14世に、上品なマナーを吟味し、学び、身につけ、成文化する時間を与えた。彼がエチケットという概念を生み出し、宮廷での階級や地位、ものごとの快不快、そしてファッションセンスにもかかわるマナーを体系的に整理・分類したといわれる。

仏語の「エチケット」には、「タグ」や「ラベル」という意味がある。単なるお行儀というよりも、現代人がエチケットという言葉で思い浮かべるものと比べると、いい意味でも悪い意味でも、もっと厳格な基準を指していた。ルイ14世時代の宮廷が広めた西洋のエチケットは現代社会にも影響をおよぼしているが、本来は誰にでも最高の礼儀で接することではなく、あくまで階級の高い人物に最高の礼儀で接することを指していたのだ。

「階級の高い人物」を判断するからには、当然、基準として一番偉い者が存在しなければならない。もちろんそれはルイ14世ということになる（ただし、有名な台詞「朕は国家なり」は、実際には口にしなかったらしい。しかし死に際には「私は死ねど、王国は永遠なり」と言った）。宮廷のエチケットはすべて、朝8時に始まるルイ14世のスケジュールに沿って定められていた。国王の身体からしたたる汗を拭きとるといった、名誉か不名誉かわからない作業までが重要な仕事だったので、国王のスケジュールは廷臣たちをおおいに振りまわした。だから、フランスで革命が起きたのも不思議ではないかもしれない。

フランス国王ルイ14世は、行動と盛装に厳しい基準を設けていた

「ありがとう」

「よいマナー」とは、簡単に言えば、他人への接し方のこと。冒頭で述べたように、さまざまな信仰や伝統が「自分がしてもらいたいことを、他人にもしてあげなさい」という大原則を示している。誰でも他人から侮辱されたいとは思わない。身体的に痛い思いをさせられたくもない。他人より軽んじた扱いをされるのもいやだ。だから誰かを気やすく侮辱してはいけないし、ぶったり、だましたりしてはいけない──と幼い頃から学ぶのだ。

しかし、「ありがとう」には、また別の意味がある。人のために労力を費やしたら感謝されたいと思うのは当然だが、お礼の言葉を口に出すのは、人間が頼り合って生きていることを改めて意識する行為でもある。古代のしきたりに沿って暮らす社会ならば、互恵関係は当たり前。個人の成功を強調することに慣れた現代人も、自分が仲間にどれだけお世話になっているか、思い出すべきではないだろうか。

私たちは「お願いします」「どうぞ」と言いながら人に依頼し、指図し、与え、好意にすがる。相手に自分の頼みを満たし、守り、受け取り、叶えてもらう。何事もひとりで完璧にこなせる人はいない。「ありがとう」の言葉を意識するとき、人は自分の無力さを実感させられるのだ。お礼状を出さない人は、あえて実感するのが嫌なのだろうか。「ありがとう」は、礼儀の中でも一番謙虚な基本の言葉だが、人によっては屈辱的なことなのかもしれない。

> 感謝を表現するとき、忘れてはいけないことがある。
> 一番の感謝とは、言葉にするものではなく、それを守って生きていくことだ。
> ジョン・F・ケネディ（第35代米国大統領）

> わかちあう時間がどれほど短いことか。
> だからこそ、これほど甘く美しいのだ。
> エドマンド・ウォラー（英国の詩人）

お礼は不要

　イヌイットの集落では、昔、アザラシの肉を切り分ける部位で仲間を識別していたのかもしれない――この男は「ひれ」、あの男は「尻の中央」といったふうに。ピカッティギートと呼ばれる古い食物分配システムでは、捕らえた獲物を解体すると、血縁関係にない狩猟仲間も特定の部位を受け取る。特に感謝の言葉は交わされない。コミュニティが過酷な環境で生き延びるためには、食料が確実に行き渡る必要があるからだ。この食物分配のネットワークは血縁関係とは別であり、特定のグループが力をもちすぎない仕組みになっていた。特定の血筋による独占支配を防ぎ、19世紀ヨーロッパ王族の近親婚のような遺伝子的問題を防ぐ役割もあった。

　パウクツックという分配ネットワークもあり、こちらは狩猟に参加しなかった家族に肉を分けるというもの。アザラシ肉以外の食物も同じ管理方法で分配した。

　現在のイヌイットはコミュニティの冷蔵庫に肉、魚、「南の食べ物」（舶来の食品）を入れて共有している。友人の冷蔵庫からサーモンを取り出すときにもわざわざ頼むことはない。それはコミュニティのサバイバルに必要なのだから、お礼は要らないのだ。

イヌイットの村は小さく、孤立しているため、グループで食物を分け合う必要がある

慈悲をこうて、慈愛を見出した。
ウィリアム・カムデン（英国の歴史家）

おわびのお礼

日本人がお礼を言うとき、「ありがとう」という感謝のかわりに「どうもすみません」と言うことがある。後者は厳密には「申し訳ありません」という意味だ。「すみません」が「ありがとう」とイコールになる理由は、日本文化の考え方にある。誰かが自分に何かをしてくれた場合、それは相手側の負担になったと考えるのだ。

これは上下関係の意識とも関係がある。『甘えの構造』の著者、土居健郎は、在米中に恩師に対して「サンキュー」とは言えなかったと記している。日本人の心理としては、「サンキュー」と言うのは相手と対等を意味するからだ。土居は、目上の人に対しては「申し訳ありません」と言うほうが適切と感じた。日本では上下関係にもとづいて贈り物を交換するし、受け取る側にも責任が伴う。英語圏で「サンキューカード」と呼ぶお礼状にも、多くの日本人が「恐れ入ります（身に過ぎたことで恐縮です）」と書く。

日本では古くから贈り物のやりとりが重視されている

社会人類学者マーガレット・フィセルによると、凝縮され均質的な社会において、人は「謝罪は絆を修復するだけではなく、強める」ということを学ぶ。謝罪の言葉が多ければ、社会全体がうまく回る。

> まったく感謝されなくても、僕としては充分に感謝されてるんだ。
> 僕は自分の仕事をしたんだし、せいいっぱいやったんだから。
> ヘンリー・フィールディング（英国の小説家）戯曲『親指トム一代記』（1731年）より

お褒めにあずかるほどの者では

　現代の米国では、賞賛への的確な返事は「ありがとうございます」だと教わる。顔立ちを褒められて返答に悩む女性に、ミス マナーズはこうアドバイスする。「かわいい顔ですね、と褒められるのは嬉しいけれど単なる社交辞令。『ありがとう』と返すだけでいいのです。『これは私の努力でなく、与えられたものなので』などと弁明する必要はありません」

　賛辞はしょせん社交辞令だ、と片づけてしまうこの解釈は、堅苦しくて、まるで清教徒みたいだ。実際にもともと英国式の受け答えだったらしい。自嘲的な物言いを好む英国気質では、褒め言葉には控えめの評価で応えるか、否定するか、条件をつける返し方をするということが多い。「すばらしい仕事ぶり」には「誰でもできたこと」と返す。これはポップカルチャーにも表れていて、英国人作家ダグラス・アダムスのSF小説『銀河ヒッチハイク・ガイド』でも、みんなの命を救ったアーサーという登場人物は、「別に何でもない」と答えている。

　こうした反応をする理由は、賞賛が嬉しくないからではない。褒めそやされるのを潔しとしないのだ。褒めるときにもあくまで控えめ。ある英国人教師が米国に引っ越して、こちらでは皆があまりにも頻繁かつ熱心に褒めあうので困惑する、とブログに記していた。「謙虚であれ」が英国的なのだ。確かに尊大だったり自己満足を優先させたりすれば、場のバランスが崩れる。英国の社会構造では、バランスこそが大切なのである。

英国式の上品な謙遜は今も廃れていない

在りし日のマナー：アットホームデー　英国から米国に広がった慣習。都会の裕福な婦人たちが、週に1日は外出せずに友人や知人の訪問を受け、一緒にお茶を飲んだり、お喋りする日にしていた。この慣習は技術進歩によって存在意義が失われた。電話が普及して、若い世代が電話で会話するようになってからは、アットホームデーを設けることはなくなった。

借りた金は返すもの。 親切な人への恩は死ぬまで持っているもの。
マレーのことわざ

おみやげを買いこむ理由

　世界には、西洋圏でいう「ありがとう」の概念が存在しない文化もある。アフリカでとある母親が人類学者に語った話では、彼女にとり「ありがとう」は他人への言葉なのだという。「身内に対しては感謝なんかしませんよ、絶対に！」。全員がお互いに恩を負う伝統の社会では、感謝の言葉は「もう恩はない」という意味になる。そして共生しているコミュニティに決別宣言したことになってしまう。

　しかしお礼の気持ちを示す場面がないわけではない。アフリカ人は短い外国旅行でも膨大なお土産を持ち帰る。南アフリカへ帰るという家族の旅行日記には、スーツケースがお土産であふれ重量が15キロ弱もあると書いてあった。「家にたどり着くまでに、知り合いに配って、空になるだろう」。別のアフリカ女性はお土産だけで約30キロ。「いとこ、おじさんおばさん、友達、首長、赤ちゃんまで買い忘れがないように、完璧なリストを作ったんです」

　アフリカでは、贈り物はコミュニティ全員に渡すことになっている。身近な家族には高価なものを少しだけ贈るより、ささやかなものをたくさん持っていくほうが喜ばれる。アフリカを訪れることがあったら、品物を贈るのは感謝を示すベストな方法で、施しや同情などでないことを覚えておくといい。むしろ「ありがとう」と言うほうがそんな意味になってしまいかねないのだ。

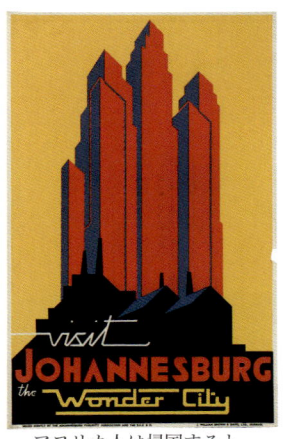

アフリカ人は帰国すると、
新しいものを皆でわかちあう

外国から戻るときは、
たいていおみやげを持って帰る

第 2 章

「どういたしまして」

多くの言語に、「どういたしまして You're welcome」の表現がある。「ありがとう」への返答で、「どうぞ Please」に相当する言葉で返すこともある。たとえば独語で Danke と言われたら、Bitte で返すのが正しい。一方、スペイン語の Gracias には、「何でもありません」の意味の De nada で答える。仏語の De rien も同じような意味だ。

別に大したことではありません。そうは言っても、本当に何もしなかったわけではない。ただ相手からの感謝を認めると、その感謝に対する感謝が生じる。まるで贈答品を永遠にやりとりするかのようだ。この面倒を防ぐため、「ありがとう」という言葉を完全に受け流すか（英国式）、何らかの形で反論しなければならなくなる。たぶん感謝されるというのは、感謝するのと同じように不自然な行動なのだ。感謝に応えることは人間の利己的な本質に反するので、どうも自然に表現しにくいのかもしれない。

> 感謝の気持ちを抱きながら、それを伝えようとしないのは、贈り物を包んで渡さないのと同じだ。
> ウィリアム・アーサー・ウォード（作家、教師）

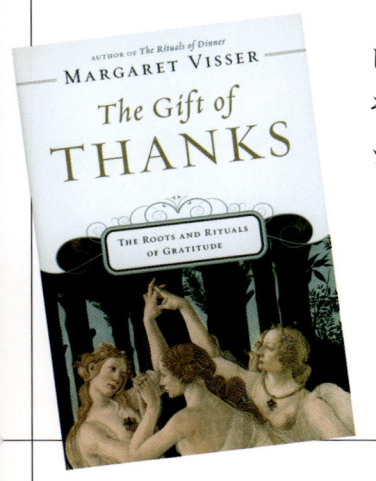

とはいえ、「どうぞ」「ありがとう」「どういたしまして」を言うのが礼儀だと一度でも教わったならば、その台詞は覚えているはずだ。社会人類学者マーガレット・フィセルが、2009年の著書『感謝という贈り物』で記したように、こうした言葉は「深く身にしみついている」ので、失語症や認知症になってからも、「ありがとう」と言われれば「どういたしまして」と返すことができる。「どういたしまして」は、決して何でもない言葉ではないのだ。

> ひとつの言葉、ひとつのあたたかな笑みがあれば、
> 悲しみに包まれ傷ついた心もきっと前を向けるのです。
>
> リジューのテレーズ（修道女）

同じ言葉でも

　ミュージカル『屋根の上のバイオリン弾き』で、ユダヤ人男性が「人生に乾杯」という歌を披露すると、コサック兵士たちが「ザ ヴァーシェ ズダローヴィエ」と唱和する、印象的な場面がある。

　この台詞は露語(ロシア)で「健康を祈って！」という意味。独語での乾杯には「健康！」(プロジット)があるので、健康を意味する「ナ ズダローヴィエ」を露語の乾杯のあいさつと記憶する人も多いのではないだろうか。でも実は「ナ ズダローヴィエ」とだけ言う場合、「どういたしまして」の古風な言い方となる。サンクトペテルブルクでウォッカのグラスを掲げてそう言うと、変な目で見られるかもしれない。

これもロシアの伝統、入れ子人形のマトリョーシカ

ロシアでは、お茶１杯でもお祝いになる

ポーランド語では「ナ ズドロウィ」が正しいので、近隣の国を旅していると特に間違えやすい。

　困ったら、「ナ ズダローヴィエ」と言うかわりに、コサックの言い方を縮めて「ザ ヴァス」にしておくといいかもしれない。「あなたに」というシンプルな言葉なら間違いにならないし、「どういたしまして」の意味とは思われない。

　じゃあ、ロシア語ではっきり「どういたしまして」と言いたかったら？　そのときは「ニェー ザ シト」という言い方がある。

第2章

> 現代は、道徳を比較で考える怠惰な思考と、
> すぐにつっかかろうとする社会的傲慢が組み合わさった時代だ。
> リン・トラス（英国のジャーナリスト）著書『この手に言って』より

ネガティブな言い方

「ありがとう」に対して「問題ありません、大丈夫 No Problem」と返す現代風の言い方を嫌う年配の人も多い。「どういたしまして」と伝えたいなら、「You're welcome」「It's my pleasure」のほうがいいという。No Problem は上から目線の印象があり、素早く切り返されると馬鹿にされた感じがするというのだ。

理屈としては、「ありがとう」に「問題ありません」と返すのはおかしくないし、礼儀に反するわけでもない。若い世代はそういう言い方に慣れて育っている。だが厳密には、「どういたしまして」と「問題ありません、大丈夫です」はイコールではないのだ。

後者には、「問題だった可能性もある」という意味が含まれている。だが「お客様はつねに正しい」のだから、レストランや画廊で、接客係が「かしこまりました」の意味で「No Problem」と言

マナーの TPO を理解するのが難しいときもある

うのはおかしいし、カチンとくる。同じ場面でも「You're welcome」と言えば、印象は異なる。店側は「サービスできて嬉しい」と伝えたことになる。

それに、No Problem という表現は No で始まるので、ネガティブな雰囲気になってしまう。こんな話を聞いたことがある。言語学の講義で、教授が否定文について説明した。二重否定が文法的に正しい否定文になる場合もあるし、二重否定がお互いを打ち消し肯定文になる場合もある。しかし、二重肯定は絶対に否定文にはならない——そう教授が説明したとき、教室の後方で学生が手を挙げてこう言った。

「はいはい、そうですね」

ポジティブな言葉はポジティブな意味で使おう！

白手袋に象徴される一流のサービス精神は、お客の心をつかむ

魔法の言葉

> 自分の持ち物を与えるのなら、それはほんのわずかな施しだ。
> 自分自身を与えてこそ、真に与えたということができる。
> ハリール・ジブラーン（レバノンの詩人）詩集『預言者』より

3つを1つに

「お願いします」「ありがとう」「どういたしまして」の3つの思いをひとつで表現する文化的伝統がある。それが奉納品（エックスヴォート）。ラテンアメリカではミラグロと呼び、祈りが叶ったとき、教会や寺院などに奉納する小物だ。

木、金属、蝋、粘土などの素材で作られた小さなオブジェで、たいていは祈りの内容に関連する形をしている。もともとは願いごとをした人が自分で作っていたが、最近では、既製品を購入して教会や寺院に納めることができる。車や馬など、願った品物を模したものもある。耳や脚、骨格全体など、祈りで治癒した身体の部位もある。牢屋など、行かずに済んだ場所を表現するものもある。祈りが叶った証拠の写真を入れたものもある。

エックスヴォートはお願いをした証拠

「聖心」を象徴するシンプルなミラグロ

であると同時に、願いが叶えられた証拠でもある。つまり、「お願いします」「ありがとうございます」がこめられている。さらに、「どういたしまして」も表現される。エックスヴォートを納めるというのは、神聖な力が願いを叶えてくださった、と周囲に知らせる意味でもある。神が「どういたしまして」と言う声が聞こえるわけではないが、コミュニティの中では、お礼の気持ちが好意的に受け止めてもらえたとみなされるのだ。

ロザリオも、感謝の祈りを捧げる道具のひとつ

> 健康を有する者には希望がある。希望を有する者にはすべてがある。
> トーマス・カーライル（英国の歴史家）

茶葉のあいさつ

　何世紀も昔、かつてのビルマで交戦中の民族が、平和の象徴として塩漬けの茶葉サラダを贈ったことがあった。

　ラペと呼ばれる茶葉サラダは国民的な料理となり、今でも紛争を終わらせる目的で供される。「どういたしまして」と言うべき場面で、このサラダを出すこともある。

　この料理は、茶葉（塩漬けか、スパイスをきかせる）の周囲に、フライドガーリック、豆、ピーナツ、炒りゴマ、干しエビ、ショウガのみじん切り、フライドココナツのみじん切りなどを盛りつける（珍味として、人里離れた湖でとれる昆虫を揚げて、混ぜることも）。バリエーションとして、新鮮なトマト、にんにく、緑唐辛子、魚醤（ぎょしょう）を加えて「女性のランチ」と呼ぶスタイルもある。

　ビルマのさまざまな祝いの儀式で、このサラダは重要な役割を果たす。20歳未満の少年が禁欲的な修行をするシンビューという仏教儀式も、そのひとつ。でも、「どういたしまして」の意味でラペが登場する一般的な場面は、結婚式への招待だ。招く側の家族は招待客の家を訪ねていく。相手が招待を受け、「お招きありがとう」と言ってくれたら、招待側がラペを差し出す。美味しくて形あるものを分け合うことによって、それ以上、「招待を受けてくださってありがとう」とは言わなくていいことになる。

ミャンマー、シャン族の伝統的な衣装

マナー違反で名を馳せる：アンデルセン、迷惑な客となる　デンマークの童話作家が、ロンドン南部にあった小説家ディケンズの住まいに招かれた。招待された期間は2週間。しかし彼は5週間も居座り、不平をこぼしたり、絶えず話しかけたり。ディケンズはのちに客間の鏡にこう記した。「アンデルセンがここで寝泊まりしたのは5週間。家族にとっては永遠に思えた！」

「こんにちは」

鳥でも蜂でも、することと言えば？　答えは「恋」ではなくて、「こんにちは」を言うこと。あいさつをしあう生き物はたくさんいる。ところが人間の場合、あいさつの儀式は万国共通ではない。これまで確認されている文化には、どれもそれぞれのあいさつの仕方がある。

第1章では手を使うあいさつを紹介したが、ここでは言葉のあいさつについて考えていきたい。とはいっても、「こんにちは」のあいさつには、実際にその言葉を使わない場合もあれば、無言の場合もある。言葉を発するときは、相手を安心させて歓迎する以外に、言語学的な役割も生じる。人間が人の声を聞き分けるのに必要な長さは2音節。Hello (Hel-lo) という言葉を聞けば、誰かが新たに話しかけてきたことを理解できる（親しい友人に短く「ハイ」と声をかけるのは、互いを警戒する必要がないからだ）。

> 年齢を重ねると、ささやかな行動でも誰かに影響を与えられると実感できるようになりました。あなたが「こんにちは」と言うだけで、誰かの一日を明るくできるのです
>
> フラン・カリー（米国のジャーナリスト）

あいさつのスタイルもさまざまで、立ってあいさつをする文化もあれば、座ってあいさつをする文化もある。時間をかけて何段階ものステップを踏むあいさつもある（マオリ族のダンス「ハカ」のように）。今の米国では「ハロー」が一般的なあいさつだが、それも電話が発明されてからのことだ。

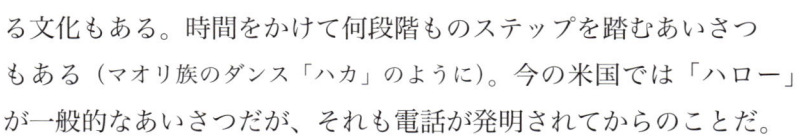

しかし、人が出会うタイミングは、片方または双方が別の用事をしている最中かもしれない。きちんと丁寧にあいさつするのは、相手の状況を理解し、互いの境界線を尊重していることを示す意味があるのだ。

> これは留守番電話です。番号はあってますが、もうかけないでください。
> フランク・シナトラ（米国の俳優）映画『オーシャンと11人の仲間』の台詞

ハローの変遷

「こんにちは Hello」は、ごく当たり前のあいさつだ。だが、昔からこの言葉を使っていたわけではない。

Helloの語源は、中世の仏語の間投詞 Ho la! から来ている。意味は「とまれ」と「注意せよ」の両方だ。これが間投詞のまま英語に残り、holla（1523年）、hollo、hollow（1542年）、hillo、hilloa（1602年）もしくは hallo（1568年）、hulloo（1707年）、hallo、halloa（1847年）、hullo、hulloa（1857年）と、歳月を経て発展していった。

この短い声かけが、電話の「もしもし」になった理由は？　電話を発明したグラハム・ベルは、伝送管に向かってまずは「Ahoy!」と言った。電話をかけるとき、最初に「Hullo」を使ったのは、トーマス・エジソンだ。初期の電話は音が聞き取りづらかったので、ベルもエジソンも大きな声で叫ぶように話さなければならなかった。

Hullooのuやooは大きな声でも出しやすい音だ。ところがHelloの短いeや長いoはやや難しい。最初は元気な少年たちが電話交換手を務め、この台詞を叫んでいたが、19世紀後半からは主に若い女性が交換手を務めるようになった。「ハロー ガール」とも呼ばれた女性交換手のやわらかい発声を受けて、Helloは今のつづりと発音で定着したのである。

電話に向かって大声を出す
アレクサンダー・グラハム・ベル

エチケットの小道具：コーリング カード　かつての上流階級の必需品に、自分の名前を記したコーリング カードというものがあった。訪問したしるしとして、専用トレイの上に1枚置いていく。ときにはカードの形や、折り曲げた角、あるいは書きこんだ省略語などで、お別れやなぐさめのメッセージを伝えた。

魔法の言葉

お客様に歓迎の気持ちを伝え、くつろいでいただくこと。
それを誠実にこなせば、あとは自然とうまくいく。
テレビドラマ「たどりつけばアラバマ」（1994年）の台詞

餃子のメッセージ

　お皿にのせる「こんにちは」の表現がある。たとえば中国の餃子。もともと結婚式や子どもの誕生といったお祝いごとの食べ物だったが、その後、客人を迎えるおもてなしの料理になった。

　客のもてなし方に伝統がある文化圏は多い。英国の家庭を午後に訪れたなら、熱い紅茶とビスケットが出てくる。日本の家庭ならば緑茶と、切り分けたオレンジかもしれない。その地方特産の食材や好みや慣習によっても変わってくる。

　中国では食べ物にも上下関係がある。焼き飯は、上質な肉のスープの足元にもおよばない。そう考えると、家庭で作る餃子がなぜこれほど高いポジションにあるのか、ちょっと不思議だ。

　食べ物と飲み物の上下関係は米国の軍人社会でも見られる。かつては、軽食の

みなさん、コーヒーはいかが？

餃子は歓迎と喜びを表現する

席にも厳しいルールがあった。女性が同席する場合、もっとも位の高い将校の妻が飲み物の給仕をする。その女性が一番高い立場であることを示すサインだ。エチケット本によれば、注ぐ飲み物も決まっている。ココアはだめ、紅茶もだめ。コーヒーでなければならない。理由はコーヒーがお茶よりランクが上だからだという。

　また男女問わずコーヒーを飲む人が多くなっていることもあり、、ホステス役を務める立場の高い女性も、大勢をもてなしやすいからだという。

> 言語が私たちを世界につなぎとめる。
> 言語がなければ、私たちは原子のようにくるくる回転してしまう。
> ペネロピー・ライヴリー（英国の小説家）小説『ムーンタイガー』より

特別な言葉

　誰にでも、敬意を払われるべき相手というものがある。敬意は無償で払われるものだし、現代人はそれが当然だと考える。しかし近代以前の社会では敬意を強制されることもあった。相手次第で「こんにちは」の言い方さえ変えなければならない時代もあった。

　現代では、人妻が普段の喋り方をして、「しまった」と思う必要はない。ところがかつて一部の文化圏では、場面によって喋り方を細かく変える必要があった。数世紀前のオーストラリア、アフリカ、北米の先住民族は、日常会話と、敬意をこめた喋り方、控えめな喋り方をはっきり区別していた。話をしていい男女の間柄が決まっていたり、特定の親族と視線を合わせることもはばかられたり、喋り方を変える必要があったりしたのだ。

　この特別な言葉を、言語学者は「義母語（ぎぼご）」と呼ぶ。言語は一緒なので、文法や発音はほぼ共通だが、語彙が異なる。たとえばオーストラリアの先住民族アボリジニの場合、日常言語で4つの異なる単語で表現するものを、「回避体」といわれるジルバル語では、全部同じひとつの単語で表す。これらの言葉を瞬時に正しく使い分けることによって、相手との適切な距離感を保つのだ。

　回避言語のほとんどは、20世紀初頭からなかばにかけて、急速に使われなくなった。現代の冒険者たちが世界の果てにも国際的なやり方を持ち込むようになったからだ。現在では、ジルバル語を喋るアボリジニは5人しか存在しない。

ブーメランに描かれた、オーストラリア先住民族アボリジニのシンボル

マナー違反で名を馳せる：フィリップ公の失言　英国のエリザベス女王の配偶者であるエディンバラ公は、角の立つ失言の多さで有名だ。オーストラリアの先住民族のビジネスマンに「あなた方は今も槍を投げ合うのか？」と言ったり、中国に滞在している英国人留学生の集団に「あんまり長くここにいると、目が細くなるぞ」と言ったりした。

「至高の師の蓮華の御足元に私はひれ伏しております。
師は私たちの真の姿を教え、喜びを目覚めさせてくださいます」
アシュタンガ・ヨガのマントラ

ポーズで示すあいさつ

　神への決まったあいさつを儀式にしている宗教は多い。とはいえ、ヨガのように現代のフィットネスにまで発展した例は、ほかに思い当たらない。このインドのエクササイズが生まれたのは、おそらく紀元前に編纂された聖典『ヴェーダ』の時代だ。かつてはインドの独立した州であり、今はマハーラーシュトラ州の一部となったアウンドゥを20世紀初頭に治めていた領主が太陽礼拝のポーズを始めたという説もある。

　ヨガの太陽礼拝は、「スーリャナマスカーラ」とも呼ばれていて、山のポーズ、板のポーズ、上を向いた犬のポーズ、下を向いた犬のポーズなど、8種類のポーズで構成されている。ヨガのレッスンは、たいていこの一連の動きから始まる。おだやかに流れる動きをしながら、自分の呼吸を意識して調和させるので、難しいポーズをとる前のよいウォーミングアップになるのだ。

　このエクササイズには、新しい1日の始まりを受け入れ、惑星のエネルギー源を迎え入れるという意味がある。ヨガに興味がなくても、一連のポーズがもつシンボルとしての意味を知るのは、面白い。朝の1時間に太陽礼拝のポーズで身体を動かしたり、屈伸させたりすることで、自分の周囲のエネルギーとの結びつきを受け入れていく。それは、あたたかな言葉をかけて友人にあいさつをするのと同じなのだ。

ヨガのポーズはもともと神へのあいさつだった

下を向く犬のポーズ

「お元気ですか？」

相手の近況をたずねるのは、ごく一般的なあいさつだ。「よく眠れましたか？」から、少し踏み込んだ「ご家族はいかがですか？」まで、文化圏や言語圏ごとにさまざまな表現がある。

こうした問いかけに対し、かつては本当に言葉どおりに返事をしていた時代があったのかもしれない――「最近はどうですか」と問いかけられて、「いまひとつですね。昨夜は洞窟がひどく寒くて。それに、昨日食べたマンモスの尻の肉が、少し腐ってたみたいなんです」と答えていたりとか。だが、それから何千年も経った今では、そんな答え方をするのはためらわれる。「お元気ですか How are you?」に対しては、決まり文句の返事があるからだ。一般的なのは「元気ですよ、あなたは？ I'm fine, and you?」。状況によっては「いまひとつ Could be better」や、「まあまあ So-so」といった答えも許容範囲だ。

> 隠し事がある人間にとって、会話ほど危険なものはないよ。喋るたび、自分をさらけ出してしまうんだから
>
> アガサ・クリスティ（小説家）
> 小説『ABC殺人事件』の台詞

現代人はよく言葉を省略する。「調子はどう？ What's up?」が縮まった「どうだい？ Wassup?」でさえ、さらに縮めて「どうよ？ Sup?」と言ったりする。それでも、お互いの健康や生活をたずねる習慣は消えていない。相手を知ろうと、関心を示すのは決して悪いことではない。話す相手が、決まり文句のやりとりを受け入れてくれるほうなのか、そうではないのかを知っておけば、コミュニケーションを円滑にする効果が期待できる。少なくとも、「お元気ですか、調子はいかが」という問いは、最低限そう聞くだけの関心があることを伝えられる。たとえ答えにはあまり関心がなかったとしても。

よいマナーは、気持ちと大きく関係します。マナーを身につけるためには、単に行動で示すだけではなく、心がこもっていなければなりません。

エイミー・ヴァンダービルト（米国のエチケット専門家）

階級は関係ない

エミリー・ポストは、著書『エチケット』で、「『お会いできて嬉しい pleased to meet you』、という表現は、いかなるときも使ってはいけません」と書いている。正しいあいさつは「ごきげんいかがですか？ How do you do?」である、と。

ポストは米国の上流階級出身だったが、英国式のエチケットを学んだ。英国の貴族は、初対面で決して「嬉しい」とは考えない。これまでに会ったことがないのに、嬉しい相手か否か、わかるはずもない。会ったことがあれば、「またお目にかかれて嬉しい glad to see you again」と言える。しかし、相手を知りもせず「会えて嬉しい」と言うのは、理屈にあわないし真実味もない。本当に礼儀正しければ、苦手な相手にも、会えて嬉しいなどと偽る気にはならない。

英国では今でも、階級を意識した喋り方にこだわる人がいる。上流階級は「ごきげんいかがですか」と言い、「ハロー」「お会いできて嬉しい」と言うのは下層階級だと考えている。

一方、米国で「ごきげんいかが？」と言うと、むしろ「ダサい表現」「お高くとまっている」と思われる。「この人、注目されたいんだな」と、同情されるかもしれない。「ごきげんいかが」という台詞は、まるで外国のあいさつのように聞こえてしまうのだ。しかも少々時代錯誤で、女性はペチコートを着け、男性はシルクハットをかぶっているイメージがある。今の米国人は、そうしたフォーマルさをあまり評価していない。

現代社会は誰もが平等なのだから、本来なら誰でも「ごきげんいかがですか」と言ってかまわない。それでも現状は使われていないし、結局のところ大切なのは相手への気遣いなのだから、誰かと会ったときには、ただ素直に心をこめて、「お元気ですか」と聞けばいいのかもしれない。

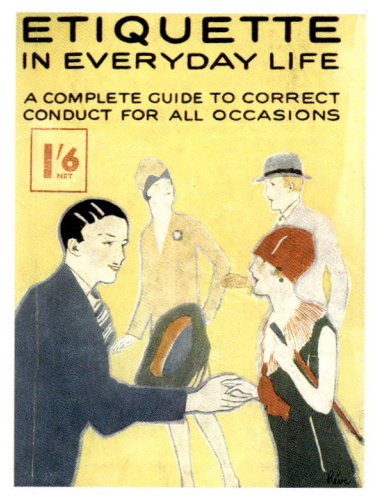

階級差別の解消を促した入門書

> 清めなさい。自らの感情を、情熱を、衝動を、態度を、反応を。
> それが、教義に示されている信仰の規律の本質です。
>
> シュリ・サティヤ・サイ・ババ（インドのグル）

足をめぐる儀式

ヒンドゥー教で、足を洗うのは大切な作法だ。寺院へ礼拝に訪れたら、入る前に足をきれいにする。

他人の足を洗うのは敬意ともてなしのしるしだ。結婚式では、額に赤いクムクンを飾り、花を渡す前に、まず花嫁の両親が足を洗う（母が花嫁の足を洗い、父が花婿の足を洗う）。

インドのカースト制は、同じ民族や人種の中にいまだに残っている偏見の存在を思い出させる悲しい慣習だ。身分が低い者の足を洗ってあげられたら、人間がみな平等であることを何よりはっきりと表明できるのではないだろうか。

信心深いヒンドゥー家庭の多くでは、今も習慣として客の足を洗う。「お元気ですか？」とたずねるかわりに、「丁重におもてなしいたします」というメッセージを伝えるのだ。

インド、そして世界各地のムスリムも、特に食前に足を洗う儀式を行う。この習慣はもともとイスラムの祈りの儀式の一部なのだ。ムスリムの人々が特定の場所に足洗いの器をすえつけるように求め、物議をかもしたこともあった。一方、キリスト教の洗足式は、キリスト最後の晩餐で弟子の足を洗ったことにならい、敬意と謙遜を表している。

タージ・マハールのドームに入る前には、靴を脱ぐか、靴にカバーをかぶせなければならない

魔法の言葉

> 見せかけの笑顔と見せかけのあいさつは見破られる。
> 礼儀正しく、誠実になることだ。
> ソニー・スミス（アラバマ州オーバーン大学バスケットボールのコーチ）

世界のあいさつ

「こんにちは、ごきげんいかが？」と声をかけるだけでは、気持ちが伝わらないときがある。少なくともスイスの独語圏ではそうだ。アルプス山脈があり、そうそう簡単に行き交うことができないので、顔を合わせる場を毎回フォーマルに考えるからかもしれない。はっきりしているのは、礼儀が何より重要とされていること。ほんの短時間の交流であっても、あいさつして会話して別れを告げるところまで、スイスの人々はたくさんの定型のやりとりをこなす。米国では、オフィスの階段で同僚とすれ違ったときに「やあ、元気？」と声をかけて、相手が「やあ！」としか答えず、質問に対する答えがなかったとしても、別に驚かないし、がっかりもしない。「元気？」という質問はたいていは形式的なものなので、長々と答えるとかえって迷惑になるのだ。

しかしアルプスでは、ちゃんとあいさつに答えなかったり、おろそかにするのはマナーが悪いだけではすまされない。傲慢な態度と受け取られ、敵意や、重大な侮辱と受け止められることもある。

返事の内容だけでなく、答え方も重要だ。スイスのエチケットとマナーを調べた学術研究では、スイス女性に対して「こんにちは、お嬢さん」は禁句だと考える人たちもいることがわかった。無礼を避けたいなら必ずフルネームで呼ばなくてはならないのだ。

スイスの独語圏はさらに複雑で、催しによってあいさつを区別する。誕生日や卒業式など行事でのあいさつ。オフィスや庭仕事など仕事でのあいさつ。季節、曜日、時間帯ごとのあいさつ。そのいくつかが廃れていく一方で、若い世代から新しいあいさつの形式も生まれているという。最近なら「スマートフォンの挨拶」なんていうのもあるかもしれない。

あいさつにおいても、スイスの構えは完璧

> その文化の言葉であいさつを覚えることが、一番いいスタートだ。
> デイヴィッド・ソロモンズ（カルチャーショック・コンサルティング社CEO）

ときは金なり

　コーヒーを片手に、あるいはノートパソコンの入ったブリーフケースを軽快に持ちながら、通りすがりにちらっと笑顔を見せあうあいさつに慣れた米国人は、アフリカ諸国で交わされるあいさつのペースには、いささか戸惑うかもしれない。「ときは金なり」だとしたら、現金としてのお金にはやや事欠く国の人々は、気軽な知人にも歓迎のあいさつにじっくり時間をかけることで、真の富を披露しているのだ。

　ケニヤでは、「ジャンボ！」と叫び、力強い握手をしばらく続けてから、お喋りを始める。冗談や社交辞令を交え、健康や旅行について真剣に会話をする。

　結納金を決める「ロボロ」という制度があるが、これも時間をかけて話し合い、将来の問題を予め交渉しておく。

　アフリカのビジネスは現在でものんびりしたペースで粛々と進められる。アフリカの会社と仕事をするつもりならば、コーヒーやブリーフケースを置いて、きちんと会話をするように心がけたほうがいい。最初の言葉が「ジャンボ！」でも「ボンジュール！」でも、「アサラームアライクム！」でも「ハロー」でも、物事のペースはきっと違うはずだから。

ケニヤでは熱意をこめて忍耐強くあいさつする

マナーに生きた人々

エラスムス

オランダの人文主義者で哲学者のデジデリウス・エラスムスの言葉で、今日もっともよく知られているのは、「わずかなお金があったら、私は本を買う。お金が残ったら、食べ物を買う」ではないだろうか。トートバッグなどに刺繍されているのをよく見かける。残念ながら、この名言と比べ、学者や神学者としての長く輝かしい彼のキャリアについては知れ渡っていない。エラスムスはマルティン・ルターほど有名ではないが、キリスト教徒の生き方について中道的な姿勢を掲げて、ルターと対立した人物だった。

エラスムスは、史上初の子育てマナー本を著している。実践的なアプローチで、1530年に出版した『子どもの礼儀作法の指針』には、「幼い子どもとは扱いにくい植物のようなものである。躾によっていかようにも成長し、形が定まってくる」など、驚くほど現代的なガイダンスが示されている。

ルネッサンス期の偉人、エラスムスはマナーについて説いた

この書物はたちまちベストセラーになり、130種類以上の翻訳版が生まれた。暴力と混乱でいろどられた時代ではあったが、「子どもに相互の愛情と礼儀作法を教えられるかどうか、それが社会全般に影響をおよぼす」というエラスムスの主張は、明らかに当時の人々の賛同を得たらしい。全体が17章からなり、身のこなしからテーブルマナーまで、生活のあらゆる側面が語られている。

食事の席で鼻をかんではいけない、といったルールなら今も通用するが、エラスムスが指摘した作法の中には、時代とともに廃れてしまったものもある。たとえば、食べ物の骨を皿に戻してはいけないと説いた。骨は床に投げて、犬のエサにしてやるのが当時の常識だったからだ。

封建主義の規範に縛られた数百年前の世界に生きていたというのに、エラスムスは「親や生まれる場所は選べないが、個性と行動は自分で作ることができる」と信じていた。現代的で、今の私たちにもストレートに響く、意義深い言葉ではないだろうか。

「さようなら」

「**別**れは、かくも甘い悲しみ」という台詞を残したシェイクスピアは、自宅を訪れた客のことまでは考えていなかったに違いない。オーストラリアで、帰る客を車まで送り、車が見えなくなるまで手を振るのは、それが客を確実に帰らせる一番の方法だからではないだろうか。「さようなら」を言うのは、ときに「こんにちは」を言うよりハッピーな瞬間になる。

> さよならを言えず思い悩んでも、何もいいことはない。一緒にいる時間を引き延ばすことにはならない。すでに別れは始まっているのだ。
> ——エリザベス・ビベスコ（英国の作家）

よきにつけあしきにつけ、別れのあいさつは出会いのあいさつと同じくらいに重要だ。社会性のある動物は、開始、終了、継続のタイミングを知らせるサインやシグナルを必要とする。別れとは、いわば小さな埋葬で、一回一回の別れが永遠の別離になる可能性だってある。出会いのあいさつがもしかしたら危険な誘いかもしれないように、別れのあいさつはもしかしたら決定的なものになってしまうかもしれない。

だから、人はときに別れをぐずぐずと引き延ばす。孤独な日々に戻る心の準備はできたとしても、相手とまた再会できるかはわからない。次に会うとき、人が変わっている可能性もある。第一印象と同様、最後の印象は深く心に刻まれる。だから別れを引き延ばしたくなる。家族や恋人なら別れにハグやキスをする。知人程度の別れなら、握手で済ます。どんな形であれ、別れのあいさつをないがしろにはできない。

> 人生の物語は、まばたきよりも短くて、
> 愛の物語は、また会う日までのハローとグッバイ。
> ジミ・ヘンドリックス（米国のミュージシャン）

外国かぶれ

Arrivederci
イタリアのフォーマルな別れの言葉

イタリア留学から帰ってきて、「やあ、美人(ベッラ)さん！」と呼びかけたり、別れ際に「チャオチャオ！」と言ったりする人がいる。これは、フランス旅行で大量のスカーフを買ってきたり、ドイツ旅行でドイツ風カツレツ(シュニッツェル)の味に目覚めたりするのと同じ。外国で覚えたモノや言葉を披露して、自分は世界を知っていると周囲に知らせたいのだ。

とはいえ、やたらに「チャオ！」と言うのは少し気をつけたほうがいい。このあいさつは、非常にカジュアルな「じゃあね！」だが、語源にはあまり明るくない逸話がある。「Ciao(チャオ)」とは、もともと「Schiavo vostro(スキアーヴォ ヴォストロ)」で、文字どおりに訳せば「私はあなたの奴隷」。今も中欧の一部では、「奴隷、しもべ」を意味する「Servus(セルヴス)」というラテン語が残っている。

もちろん別れ際に「チャオチャオ！」とあいさつしたからといって、本当に自分が奴隷だと言っていると思うイタリア人はまずいない。この意味はいつの間にか「私はあなたの味方、私を信頼していいですよ」になり、学生同士で交わす軽い「バイバイ！」になった。しかしヨーロッパでは、今も会話にフォーマルとカジュアルの区別がある。知人をいきなりファーストネームで呼ばないほうがいいし、親友でない相手には、フォーマルなあいさつをするべきだ。別れのあいさつには、少し長いが「Arrivederci(アリヴェデルチ)」を使ってみよう。深いつきあいが生まれるかもしれない。

離れがたい街、ミラノ

> いつ、どこでまた会うのかわかっていたなら、
> 友に別れを告げるときは、もっと心をこめるだろうに。
> マリー・ルイーズ・ド・ラメー（英国の小説家）

神のご加護を

英語の「さようなら Goodbye」は、「神のご加護を God be with you」から来ている。次に会うときまで相手の安全と健康を願う表現だ。普段の礼拝の一部として、別れのあいさつをする宗教もある。

ユダヤ教では、毎週金曜の日没から土曜の終わり、空に星が3つ見えるまでが「安息日（シャバット）」だ。その日の終わりに「ハブダラ」という儀式を行う。ハブダラは、聖なる期間の終わりと世俗的な期間の始まりの区切りであり、いずれも最後の祈りで、その区切りを定める神に感謝する。

祈りでは五感にかかわる道具を使う。ワインで味覚、香料で嗅覚、キャンドルの熱で触覚、キャンドルの炎で視覚、そ

精巧な香料入れは崇拝を意味する。

して祈りの暗唱で聴覚だ。この儀式をみなでわかちあいながら、また次の儀式で同じように集まれることを願うのだ。

こうした祈りのステップから察せられるのは、神が聖なるものと俗なるものとの分離を求めたのに対し、人間は日常でも聖なるものに触れたいと思っていること。愛する者と離れているあいだに、お互いに何が起きるかわからない。だから、「次に会うときまで、神のご加護を」という言葉が、さようならの語源になったのだ。

ハブダラの祈りを毎週捧げることで、前回から今回の祈りまで、自分たちの生活が存続したことを噛みしめるのである。

17世紀のユダヤ教ハブダラの儀式

魔法の言葉

あなたが幸せでありますように、また会うときまで。
ロイ・ロジャース（米国の歌手、俳優）

死への旅立ち

　英国で生まれ、『米国人の死に方』という本を著したジェシカ・ミットフォードは、帰化した米国での葬儀に対する考え方を非難している。米国ではすべて葬儀場に一任するのが一般的で、家族と故人とがあまりにも遠く引き離されてしまう、と。

　日本では違う。近代の葬儀場でも、故人の最後の旅立ちを家族が整える習慣がある。2008年にアカデミー外国作品賞を受賞した映画『おくりびと』で、西洋の観客も日本の「納棺式」を見る機会を得た。1960年代以前の日本では、お葬式は基本的に自宅で行うものだった。そのプロセスを専門業者に依頼するようになった今でも、家族と故人が完全に切り離されることはない。納棺式のあいだ、家族は遺体に死に水をとらせたり（脱脂綿に水を含ませて唇をしめらせる）、死に装束を整えたり、さまざまな世話をすることができる。

　死に水をとらせるという儀式は独特に思えるかもしれないが、埋葬前に故人の姿をできるだけきれいにするという点で

棺の中に折り鶴を入れることもある

は、世界各地の社会で何世紀も前から行われている儀式と同じである。ただし、葬儀の最後に、日本固有の文化がかいま見える。

　木製の棺（たいてい上部に小窓があって、葬儀のあいだ故人の顔を見られるようにしておく）が閉じられる前、列席者には籠いっぱいの折り鶴が渡されて、それを遺体の周りに敷き詰める。鶴は魂の導き手と考えられているからだ。

エチケットの小道具：フューネラル リース　生花を使って環にした飾り。ローマ時代の葬儀では、平民にも花と葉で作った冠をかぶせて、死に思いを馳せた。この花環は葬儀を連想させるものとなったため、パーティや結婚式などの装飾にはあまり使われない。

第2章

さらば、どうか元気で。だがもし、これが今生の別れというのなら
いや、永遠の別れだとしても、さらば、どうか元気で

バイロン男爵（英国の詩人）

さらば、元気で

　欧米の軍隊には、古代ローマ軍のしきたりから発展した慣習が残っている。ローマ軍は、共和国時代に全員が志願兵で構成されてい初めての軍隊組織である。戦士たちはともに闘い、ともに死ぬ同志だった。平和な時期には家族のように、祝い事や不幸をわかちあった。

　こうした家族のような感覚が、詩人ガイウス・ウァレリウス・カトゥルスの作品に表現されている。詩の語り手は、命を落とした仲間を「兄弟」と呼び、「ごきげんよう、さらば ave atque vale（アウェ アトケ ウァレ）」と別れを告げる。以来、兵士の到着と出発に際して式典を開く伝統が生まれ、米国ではその式典を ave atque vale の英訳である Hail and Farewell と呼ぶようになった。兵士、将校、家族はこの式典を通じて従軍の節目を実感する。

配置が決まり、別離の式典がもよおされる

　この式典には、陸軍海軍を問わず各兵士がチームの一員であることを強く実感するという大切な役割があるのだ。平和な時期の式典では、軍関係者も家族も「楽しいイベント」ととらえて臨むが、有事の際には、一転して厳粛な空気につつまれる。

　兵士は、長期にわたる家族との別れ、負傷、そして死の可能性に向き合うことになるのだ。

在りし日のマナー：ジュエリー・キャスケット　「棺（コフィン）」は、ギリシャ語で「籠」を意味する。葬儀用語で使われたのは16世紀以降。陰鬱な印象を嫌い、キャスケットという言葉で代用しようとする風潮もあり、そのせいで宝石箱（ジュエリーキャスケット）のような高級什器にまでネガティブなイメージがついてしまった。最近では、宝石箱のことはジュエリー・ボックスと言うことが多くなった。

魔法の言葉

死の淵で捧げる祈りは、「どうかお願いしますplease」ではなく、
「ありがとうthank you」だと思う。家を訪れた客が、別れ際に主人に礼を言うように。

アニー・ディラード（米国の作家）

火葬

　火葬といえば、かつてヒンドゥー社会で行われたサティーを連想する人もいるかもしれない。夫に先立たれた女性が、亡き夫の火葬塔で焼身自殺をするという風習で、インドでは1829年に法律で禁じられた。

　だが、薪を使う火葬は、数千年前から多くの文明で採用されていた。古代ローマでは4段になったウストリーヌムという火葬場を作り、底のほうに薪の山を組んで、熱が充分に伝わり遺体が火葬されるように工夫していた。遺体を骨片と大気という一番シンプルな形へ帰すのだ。

　現代の米国と西欧の法律では、一度に2遺体以上を火葬できる火葬場の建設は禁じられている。過去に火葬施設を使って史上もっとも残虐な犯罪が行われたからだ。その犯罪とは、ホロコースト。第2次世界大戦時のナチスにより、600万人ものユダヤ人が、まるで流れ作業のように焼却炉で虐殺された（犠牲者にはローマカトリック教徒、同性愛者、そのほかの宗教信者も含まれる）。

　巨大焼却炉で人間を焼くことは、単に残酷な行為であるだけではなく、ユダヤ教徒に対するいちじるしい侮辱でもあった。ユダヤ教では昔から火葬は禁忌だったからだ。キリスト教、イスラム教など、火葬をしない宗教は世界にほかにもある。ここ数十年で多くの文化圏や宗教が火葬を認めるようになったが、今も全世界が受け入れているわけではない。葬儀準備でうっかり不作法な発言をしないように、文化の違いをぜひ理解しておきたい。

現代のヒンドゥー社会の火葬風景。ネパールの聖なる川、バグマティ沿いで

3

テーブルに
肘をつかないで

　火を扱えるようになって、ネアンデルタール人の食における行動は変わった。生のものならいつでもすぐ口に入れられるが、加熱したものは待たなければ食べられないからだ。人間の習慣の多くがそうであるように、すぐには満足が得られないことから、食べるという行為に高尚な役割が伴うようになり、儀式にまで発展することとなった。

　しかし、ネアンデルタール人と霊長類を分かち、現代の人間がいわゆる動物と明らかに違う点は、食べ物を火で調理することだけではない。テーブルマナーの有無だ。科学者によれば、調理した食べ物のおかげで人間の胃は小さくなり、必要とする食事量が減って、消化に必要な胃への血流量も少なくなった。人間の脳が大きくなれたのは、以前は胃に送られていた血液が脳に回るようになったおかげである。そして私たちはただ食べるのでなく、献立や食べ物のサービスの仕方について、考えたり論じたりするようになった。

　人間の食卓の光景は、本質的には原始時代も今も変わらない。私たちはお互いの顔を見ながら食事を分かち合う。食卓を囲むようになったことで、食事中のふるまいも大切になった。多くの場合はお互いにかなり近くに座って食事する。子育てで真っ先にテーブルマナーを教えるのも当然のこと。それは人間が人間らしくあるためのマナーなのだ。

テーブルに肘をつかないで

もう滑稽なほど、たちの悪いマナーだらけ

第3章

人をもてなす

パーティの主人役といえば、作りたてのマティーニを客に勧める陽気な男性や、楊枝(ようじ)を刺した前菜のお盆を手に笑顔で客のあいだを回る女性の姿が頭に浮かぶ。主人(ホスト)と客人(ゲスト)の関係は友人、親戚、職場の同僚かもしれないし、たった今会ったばかりの人かもしれない。だが、昔のもてなしにはパワーバランスをとる意味合いもあった。敵対するかもしれない人物を受け入れ、部屋と食事を提供することで、主人と対等であると感じさせる。機嫌よくなってもらうには効果的な方法だ。

> 食べ物や飲み物を探す前に、まず、ともに食べ、飲みかわす人間を探すべきである。ひとりで食事をするのは、ライオンやオオカミの生き方と変わらない。
> エピクロス(哲学者)

やがて文化の発展とともに、見知らぬ訪問者が脅威になることは減り、知人のもてなしはひとつの楽しみになった。客人は必ずしも遠路はるばる訪れてくれたとは限らないが、食べ物や飲み物をふるまうことはこちらの好意を伝える手段になった(もちろん好意だけでなく社会的な地位を示すことにもなるし、家の中を見せてこそ、お隣さんと張り合えるというものだ)。

「ミネソタ流おもてなし」や、「南部ならではのおもてなし」といった表現も知られているように、招き方と招かれ方は社会によっても異なる。しかし、そうした表面的な違いの根底には昔からひとつの発想がある。他人に愛想よく接するということ——それがもてなしの本質なのだ。

> 亭主と客とのあいだで生じる思いやり以上に、思いやりのある感情があるだろうか。
> アイスキュロス（古代ギリシャの三大悲劇詩人）

「どうぞ、おくつろぎください」

　世界でもっとも古い行動規範のひとつに、「パシュトゥーンワリ」という古代のしきたりがある。現在のパキスタンとアフガニスタンに分断された地域に住む部族であるパシュトゥーン人の「生活の戒律」だ。

　この戒律には、武勇、忠誠、正義、創造主への信仰など9つの柱があり、もっとも重要視されているのは「メルマスティア」といって、客を歓待すること。客の人種や、宗教、国籍、階級、性別を問わず、どんな形での見返りも求めずに、惜しみなく提供しなければならない。

　名誉を重んじるパシュトゥーンワリには、リーダーになるための戦いに関する厳しい規範もあるが、基本はあくまで平等主義。もてなす側ももてなされる側も、つねに対等だ。

　そして歓待の精神とともに定められているのが、もてなす側の究極の義務である「ナナタワイ」。危険からの庇護を求めてきた人は、何もたずねずに受け入れなければならない。かつて遊牧民として暮らしていたパシュトゥーン人にとって、生活の要件を満たせない人間の庇護は、生死にかかわる基本的な権利なのだ。

　ナナタワイは、血で血を洗う抗争を長く続けてきた近隣の一族同士が食事をともにすることも指す。このとき、最初に攻撃をしかけた一族がご馳走を用意するのがならわしだ。そしてかつての敵に羊や衣服を、ときには若い女性まで花嫁として進呈する。

パシュトゥーン人が作るパシュミナのショール

在りし日のマナー：女性向けのメニュー　1950年代の高級レストランでは、男性に手渡されるメニューだけに価格が書いてあり、女性のメニューに価格は書かれていなかった。いずれにせよ全額支払うのは男性だから、女性が値段を知る必要はないと思われていたのだ。今でも一部の古いレストランには、値段のないメニューが置かれている。

第3章

> フォークの使い方と同じく、
> エチケットの決まり事は重要です。
> エミリー・ポスト（米国のマナー専門家）

正しい調合

　韓国式の伝統茶は、韓国のフォーマルな茶会では供されない。伝統茶とはいわゆる漢方茶で、薬草や植物の葉、花びら、果物や香辛料をお湯で煎じたもの。塩味、苦み、渋み、甘み、酸味の5種類の味をもつお茶もあれば、ショウガとハチミツを使った口あたりのよいお茶もあるが、基本的には治療を目的として家庭で調合する薬だ。

　一方「茶礼（タレ）」と呼ばれる茶会は、何世紀も続いてきた儀式が新たに見直されながら、韓国式茶道として成り立っている。緑茶をたしなみ、茶器には木の葉や枝など自然界にあるものをかたどった陶器や磁器を使う。さまざまな作法があり、仕草、動作、招く客などが定められている。

　19世紀には、王后（ワンフ）とその取り巻きや親族（場合によっては王世子（ワンセジャ）の出席も許された）だけのために供される2時間の儀式

お客のためにお茶を点てる、韓国の店主

「閨房茶礼（キュバンタレ）」というのもあった。今は国王の時代ではないから、この茶会は、古来の武道や剣道や結婚式と同様に、韓国の歴史を描いた人気の高い王族メロドラマの中でしか見られない。

　茶礼では韓国式の伝統茶を供することはなく、閨房茶礼には基本的に男性は招かない。食べ物と飲み物を選ぶのと同じく、招く客（その性別）を選ぶのも重要なことなのだ。

茶礼では
固めていない
茶葉が使われる

> ディナーパーティでは賢く食べなければならないが、食べすぎてもいけない。
> そして、よく語らなければならないが、あまり賢く語ってもいけない。
>
> サマセット・モーム（英国の作家）

横たわる権利

　食事の主人役（男性が務めることが多い）はテーブルや壇の上席につくことが多い。招かれた客全員が、誰が食事をもてなしてくれた主（あるじ）かを知り、食事の最中の彼の行動を見ることができるようにするためだ。こうした席次は、王が食卓を支配していた時代に由来している。当時は、まず王が飲み物や食べ物を口にしてからでなければ、誰ひとり七面鳥の足や酒杯（ゴブレット）に手を出してはならなかった。現代のダイニングテーブルで、ひじかけがついた椅子を両端だけに置くのも、そこがかつて王と王妃が腰かける席だった名残りだ。

　高貴な人の食事に椅子がなかった文化もある。古代ローマでは、主人と賓客（ひんきゃく）の多くがクッションを載せた台に身を横たえ、食べるときは片ひじをついて、目前の台に置かれた食べ物や飲み物に手を伸ばした。

　アフリカの多くの部族ではつい最近まで、食事の際は族長が部族民から離れたところで横たわるしきたりがあった。それは族長に対する敬意を表しており、部族民たちは地面に座って、自分たちの頭が族長の頭より低い位置にならないよう気を配った。

　族長を神の子孫とみなす伝統は今もいくつかの部族で生き続けている。食事のときに横になったり、部族民から距離を置いたりするのは、族長の神格性を表現するためで、族長が食事を終えると、ようやく周囲は食事を始めることができる。

古代ローマの貴族たちは、もてなしの場で身を横たえることが多かった

在りし日のマナー：晩餐のための正装　夜の食事の前に「晩餐のための正装」に着替えるという行為は、かつての富裕層が自分が高級な衣服を持っていることを見せつける手段だった。イブニングドレス、タキシード、それにふさわしい宝石類は、貴族社会では絶対に欠かせないものとされ、夜に改めて正装することは儀式のようなものだった。

マナーに生きた人々

オルレアン公爵夫人

18世紀初期、ルイ14世と愛人のモンテスパン侯爵夫人（通称モンテスパン夫人）の娘として生まれたフランソワーズ・マリー・ド・ブルボンは、王族のふるまいについて非常に厳しかった。

結婚してオルレアン公爵夫人となった彼女は、とても身分にこだわったため、廷臣たちは「"自然の摂理"に応じているときですら、"フランス淑女"であることをやめない人」と笑いの種にした。ヴェルサイユ宮殿ではほとんどあらゆる場面でエチケットが定められていたので、「自然の摂理に応じる」すなわちトイレにいるあいだですら気を抜けなかったにちがいない。それにフランス語ではトイレを「穴のあいた椅子」とも呼ぶ。ヴェルサイユで椅子と言えば、誰がどのタイプの椅子に座るかがとても重大な問題だった。ひじかけのある椅子に身を沈めることのできたのは王と王妃だけ。王子や、王女、王族は、ひじかけはないが背もたれのある椅子に座り、身分の高い貴族はタブレと呼ばれる背もたれのないスツールに腰かけた。自分にふさわしい立場、他人にふさわしい立場を、誰もが心得ていた。

特にオルレアン公爵夫人は、周囲の評価の変化に神経をとがらせていた。彼女が1704年にハノーバー公爵夫人に宛てた手紙には、憤懣やるかたない心情がつづられている。

オルレアン公爵夫人は、いったん手に入れた椅子を容易に手放さなかった

「ブルゴーニュ公爵夫人の娘たちときたら……自らの地位を無視して、あらゆるところでわが娘たちの席を奪おうとするのです（中略）。自分たちの席は近衛兵に守らせておき、わが娘たちの椅子を遠ざけようと画策する（中略）。私は陛下に直接お目にかかって申し上げました（中略）。彼女たちは陛下のお気に入りとはいえ、陛下は執事長をつかわして、どうすればよいか調べさせました（中略）。彼女たちは、陛下のお気に入りなのよと信じこみ、傍若無人のふるまいなのです（中略）。お気に入りだからといって、自分の地位や特権を失うような真似は、私ならばいたしません」

> よく考え、よく愛し、よく眠ることはできない。
> もしもよく食べることが叶わないならば。
> バージニア・ウルフ（英国の作家）

香りを楽しむ

アラブの世界では、いまだに女性が差別されている土地が多い。そんな環境でも、女性が女性だけのパーティを開いて、にぎやかに楽しむことがある。そして、会がお開きになるころ、興味深いことが行われる。ホステス役の女性が、いくつもの香水（かつてはさまざまな精油だったが、今日では有名ブランドの香水が多い）を取りそろえた箱を持ってくるのだ。女性客はそれぞれ試したい香水を選ぶ。この遊びは宗教上の禁忌に由来している。イスラムの法では、女性は、男性と出会う可能性のあるところで香水をつけることを禁じられている。だから敬虔なイスラム女性にとって、女性同士で香水箱を心おきなく分かち合う時間は、友だちと楽しむささやかなぜいたくなのだ。

ブルカとよばれるベールや、全身を覆うチャドルをまとった女性客には、最後にもうひとつの儀式が待っている。女主人が火をつけた円錐形の香の上にチャドルを広げて立つ。こうして身体全体に香りを焚きしめて帰宅すると、家族はきっとこんなふうに言うのだろう。「まぁ、今夜はどこに行ってたの？　すごくいい匂いがするわ！」

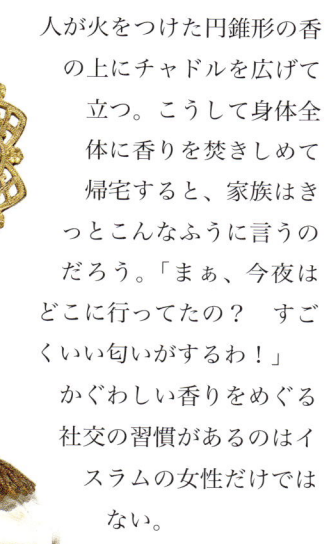

かぐわしい香りをめぐる社交の習慣があるのはイスラムの女性だけではない。

日本には香道という儀式がある。茶道にも似ているが、こちらでは温かいお茶の代わりに香りが主役となる。ひとつひとつの香りが特定のイメージや言葉、考えを象徴しているので、それぞれの意味や関連する詩や物語を当てて遊ぶお手前もある。香道を極めることは芸術と考えられている。しかし、この香道のもっとも美しい点は、「嗅ぐ」という行為が行われないこと。さまざまな香りを楽しむことを、香道では「聞く」という。

香りはアラブの感性のひとつ

客人

主人には、もてなす客人への務めがある——その逆もしかり。客人は主人の家族ではない。客が何を期待していいのか、何をすべきかは、どの社会でも決まった儀礼がある。アジアでは、訪問先で客は玄関で靴を脱ぐならわしがあって、客のために特別なスリッパや室内履きが用意されていることもある。泥のこびりついたブーツで室内に上がったり、主人のスリッパを履いたまま辞去したりしたら、それは大変な不作法だ。

> 人づきあいが苦手な男でも、料理とワインで楽しい食事をともにすれば、男同士の絆が生まれる。
> トーマス・カーライル（思想家、歴史家）

　主人と客人とのあいだには、互いに相手に恥をかかせてはいけないというルールがある。たとえば西洋の文化では、客はお皿に料理を少し残す決まりがある。これは、ご馳走を充分にいただいた気持ちを表すため。こうすれば主人側は、料理が足りなかったと恥ずかしい思いをせずにすむ。一方で主人は「お腹いっぱいになっただろうか」と確かめてからでなければ、皿を下げてはならないことになっている。お互いがお互いに気を遣うあまり、ときには笑いを誘うややこしい展開になることもあるが、気遣う目的はそもそも双方の思いやりを伝えるためなのだ。

　しかし、客としての最大の務めは、その場におざなりな態度で参加しないこと。もてなしを受けているのだから、それを自覚して感じよくふるまわなければならない——本当は自宅のベッドにもぐりこんでいたかったとしても。たとえ質素なシチューを出されても、それがフィレ肉であるかのように感謝しよう。そうすれば主人の面目を立てることができ、あなたはきっとまた招待されるに違いない。

> 贈る際の作法は、贈る品よりも大切だ。
> ピエール・コルネイユ（フランスの劇作家）戯曲『嘘つき男』より

「そんなお気遣いはご無用に」

　日本でギフトを贈るというのは、驚かせたり楽しませたりするより、日頃の感謝や敬意を表す行為であることが多い。ときには、贈る行為が贈る物自体よりも重要だ。手の込んだ包装紙や風呂敷を使うのも、手間暇かけてギフトを用意したことを伝えるためだ。日本人が贈り物を目の前で開封せず、できるだけ長くそのまま飾っておく傾向があるのは、そうした理由があるからだ。

　そういうわけで、日本でのギフトにふさわしいのは、この世にひとつの芸術品ではない。有名ブランドのお酒、高級なキャンディやフルーツのほうが、室内装飾品やアクセサリーよりも喜ばれる（家が小さいという日本の事情もあり、長期的な置き場所を必要としない消え物のほうが望ましい）。重要なのは中身よりも双方の関係である。それが念頭にあることを示すため、贈るときはギフトを両手に持ち、軽くおじぎをしながら差し出す。おそらく少なくとも1度、たいてい2度は拒まれるので、受け取ってもらえるまで差し出し続ける。反対に受け取る立場になったときは、やはり1、2回は遠慮するのが礼儀だ。その後、おじぎをしながら、両手で品物を受け取る。その場で開封することは基本的にないが、開封することになった場合はきれいに包み紙をはずして、わきに置いておく。

　品物と包装に象徴的な意味があるので、日本でのギフトはデパートで買うのが一番簡単。そうすれば赤という色にはどんな意味があったか、4組の品物は不吉になるかどうか、ひとりで気に病まずに済む。安心して、手土産を持っていく相手への気持ちだけを考えていればいい。

日本では、上等な包装のほうが、ギフトの品そのものより重要なこともある

第3章

> まずは食えなくちゃ。道徳なんかその次だ。
> ベルトルト・ブレヒト（ドイツの劇作家・詩人）『三文オペラ』（1928年）の台詞

たくさん召しあがれ

フランス人料理研究家ジュリア・チャイルドは、米国で大人気になった料理番組を通じて、この国の食卓に大きな影響を与えた。ジュリアのファンは、彼女の明るく社交的な人柄や、料理を美化せずにありのままに見せる番組のことをよく覚えているだろう。あるとき、ジュリアが番組中に鶏肉を床に落としたことがあった。床から鶏を拾い上げ、何ごともなかったかのように料理し続けた彼女が視聴者に言った言葉は、今も語り草になっている。「台所にはあなただけ。誰も見てやしませんよ」。食事の始まりを知らせるフランス語「ボナペティ（さぁ、めしあがれ）」は、番組での彼女の決まり文句だった。

ジュリア・チャイルドは、いつも人生をおいしく味わっていた

多くの文化圏において、食卓に集った人たちは、パンにバターを塗ったり肉にナイフを入れたりする前に感謝の言葉を口にして、ともに食事を楽しめますように、と祈る。ドイツではひとりが「グーテン アペティートゥ！ マールツァイト（召しあがれ、食事を楽しんで）」と言えば、ほかの全員が静かに「グーテン・アペティートゥ」「グライヒファルツ（あなたも）」と唱和する。スロバキア語圏でも「食事を楽しんで」と言うし、日本では食事の始まる前に「いただきます（謹んで頂戴します）」、食事を終えたら「ごちそうさま（おいしく頂きました）」と言うのが習慣だ。

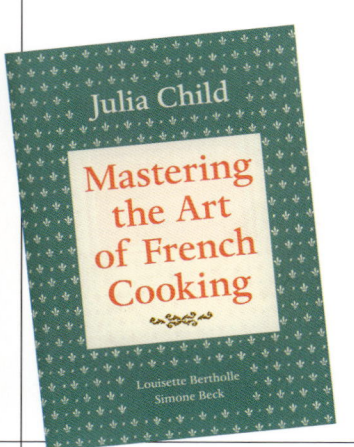

残念ながら英語には、これと同等の表現が見あたらない。世界中で話す人が日々増え続けている英語に、「たくさん召しあがれ」とかけあう言葉がないのは残念でならない。

料理は恋愛のようなもの。我を忘れて熱中しないのなら、やらないほうがまし。
ハリエット・ヴァン・ホーン（米国のコラムニスト）『ヴォーグ』誌（1956年）より

食器を割って、門出を祝う

客は、主人の持ち物には最大の注意と敬意を払わなければならない。赤ワインを白い絨毯にこぼしたり、見事なお皿を割ってしまったりしたら、すぐさま謝り、修繕費を払うか弁償を申し出るべきである。そして、当初の予定より少し早めに辞去するのがいいかもしれない。

ところが、ドイツに昔から伝わる「ポルターアーベント（騒がしい一晩）」という集まりに招かれると、家の主人から皿を渡され、「どうぞこれを粉々にしてください」と頼まれるのだ！ 結婚式直前に開かれる気楽なイベントで、親戚やご近所の人々を口づてで招く。結婚式の招待客より多くの人に声がかかるほどだ。

この会では、新郎新婦と家族が客にあいさつしながら食器を手渡す。古くてもう使わない磁器があればそれも出すが、割れたガラスは不吉なので、コップや鏡はご法度。全員に食器が行き渡ったら、いよいよ地面に叩き付けて割るお楽しみが始まる。そして最後は必ず新郎新婦が片付ける。粉々になった家庭用品の破片をふたりで掃除することで、これからの歳月の共同作業を学ぶといわれている。

ユダヤの伝統では、結婚式の最後に新郎がグラスを踏みつぶす（昨今は布で包んだ電球が使われることが多い）。楽しい行為に思えるが、実はこれ、新婚夫婦と招かれた客に、ローマ人によるエルサレム神殿の破壊と、ユダヤ人の先祖が堪え忍んできた苦しみを思い起こさせるという意味がある。新郎新婦の母が皿を割るという慣習もあり、これは結婚によって子どもとの関係が変わったことを象徴している。

粉々になった食器は、新郎新婦が順調なスタートを切ったしるし

> どのパーティにも2種類の人がいます。家に帰りたい人と、帰りたくない人。
> 困ったことに、たいていはその2種類が夫婦であること。
> アン・ランダース（米国のコラムニスト）

食後のガールズトーク

かつて英国や米国の上流社会では、食後にホステス役の女性が立ち上がるのは、ほかの女性たちへ一緒にテーブルから離れるように促す合図だった。男性が食後のワインや葉巻を楽しむために。匂いの強い葉巻を吸い、デカンターを空にする時間には、実は「男だけで活発な議論に価する話題に興じる」という意味もあった。その話題とは、女には所詮わかるはずがないとか、女性が聞いたら気分を害するだろう、と男性が考えていたもので、たとえば政治、品の悪いゴシップ、卑猥なジョーク、そして観念の世界。女性たちもまた、負けず劣らず活発な議論に興じていようとは思い至らなかったのだ。「女性は男性と比べて知性に欠けるが、より繊細で感じやすい」と考えていた。少なくとも、口ではそう言っていたのである。

しかし、女性たちが高い学位を取り、専門職や行政の重要なポストに就き、経済界で実力を持つようになると、男女のあいだで共通の話題が増えてきた。むしろ食後に男女が席を別にすると、仕事の話も政治談議も行き詰まる。男性は、知性の高い女性を無視すると失うものが多いことにも気がつき始めた。

最近では、夕食の後に席を分けること、さらには役員会の席で男女を分けることに対し、男女双方が反対するようになった。今では食後のコーヒーの席にも男女の別なく集っている。そして葉巻はもはや必需品ではなくなっている。

かつての女性たちはディナーの後に針仕事へと追いやられた

マナー違反で名を馳せる：ワシントンの晩餐会でのポール・マッカートニー　2010年6月、元ビートルズのポール・マッカートニー卿がメディアのゴシップ欄をにぎわせた。ワシントンの国会図書館で自分を主賓として開かれた晩餐会で、恋人のナンシー・シュヴェルの隣に座れるよう、勝手に座席カードを入れ替えたらしいのだ。

食卓

平らな台のそばに腰を下ろして料理を分かち合うのは古来の風習。何千年も前は背の低い切り株だった食卓は、金属製の長方形のテーブルといった、趣向を凝らしたデザインのものへと進化してきた。今ではどんなテーブルにも脚が付き、地面に接しないよう食べ物を並べる。形はどうであれ、人々がそこに集い、一緒に食べることが目的だ。

しかし、どんなグループが集っても、食卓にはさまざまな問題が生じる。料理が足りない、ふさわしくない料理が出された、椅子の数が合わない。隣り合わせに座りたがらない親戚がいるかと思えば、夕食の最中もベタベタしたがる恋人たちがいたりする。とはいえ、こんなトラブルはかわいいもの。恨みを抱いている人や、武器をひそませている輩がいたりしたら、いったいどうなることやら。

昨今のディナーで流血の惨事が起こることは滅多にないものの、そんな極端な出来事が起こり得た時代の影響が、テーブルマナーとして残っている。食事のエチケットを守れるかどうか、それは社会的階級と平和的な敬意を如実に映し出す物さしなのだ。

洗練されたテーブルマナーは周囲に対する意識の高さの表れだ。格式ばった大企業で、人材の採用前にフォーマルな晩餐会を開くことがあるのもうなずける。ナイフやフォークを的確に扱えるなら、おそらく重大な取引に直面したときも、同じように的確にふるまえるはずだから。

> まぁ、みごとな盛りつけ。誰かの手がかかっているのね。
> ジュリア・チャイルド（米国の料理研究家）

第3章

> テーブルの上に置かれるものより、
> 椅子の上に座る輩のほうが問題である。
> W・S・ギルバート卿（英国の劇作家、詩人）

席次

　21世紀の今日、席次が必要な集まりといえば、ビジネスの会合と結婚式。ビジネスならば、役職者が上座になるように席を組む。結婚披露宴なら、親族内と社会的な序列の両方を考慮して席を決めてゆく。

　社交の場における席次は、チケットに座席番号が指定されているスタジアムやコンサートホールなどの行事とは一線を画す。今も昔もこれからも、それはマナーというよりエチケットの問題。偶然の席順にまかせていたら、一番年配と一番若年の客、あるいは、社交の場に慣れていない人が、新郎新婦と並んで座ることにもなりかねない。新入社員が社長のそばに座ってしまうことだって起こりうる。だから主催者が前もって座席に名前を記したカードを置く。とはいえ現代の結婚式では席次カードもそれほど形式にこだわらなくなった。花嫁のアイデアで、平たい石に列席者の名前とテーブルの番号を記したり、カードをワイングラスに載せてみたり、名札を木の枝に結んだりといったことも試みられている。

　決め方の変化も面白い。かつては大邸宅の女主人と女中頭が、宴会用広間をペンを手に歩き回りながら、手間暇かけて配置を考えていた。現代では各種のソフトウェア、ウェブサイト、携帯端末用アプリなどで、テーブルサイズや構成をシミュレーションできる。とはいえ、オンラインの席次図面を使っても、やはりおもてなし専門書や雑誌やスケジュール帳を買って確認したくなるというもの。古いしきたりは決して消えたわけではない。

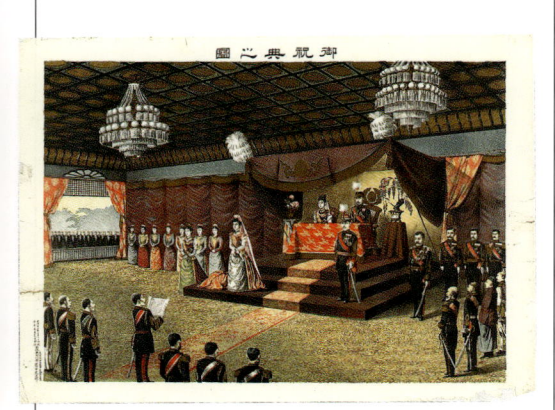

皇室の結婚式では、典礼が重要

最良の食事のあるところ、最良の笑顔がある。
アイルランドの言い伝え

さぁ、いただきましょう

客として招かれるのは光栄なこと。多くの文化圏では、主賓はほかの列席者よりも先に食べ物や飲み物を給仕される。でも、同じことが世界中で行われているとは限らない。

バルカン諸国では、家族が社会の基本的な単位。何世代もの家族がひとつ屋根の下に住むことも多い。ふつうは最高齢の家族に一番先に料理が出される。客人であるあなたに最初に食べ物が出てきても、年長者への敬意を表して、「いえ、あとで結構です。○○さんが召し上がってから、いただきます」と言うこと。家族はその敬意を喜び、いっそうのもてなしをしてくれるだろう。

アルバニア、ブルガリア、トルコ、ギリシャは共通の習慣や作法が多い。それは距離の近さだけではなく、地勢が似ているからでもある。岩がちで植物が少ない土地の暮らしは厳しい。だからこそ血縁が大切で、それが食事のエチケットにも反映されているのだ。

同じ理由で、一族の前で面目を保つた

勘定を持つのが名誉となることも

めに、客人には過剰なほどの食事を用意したり、注文したりすることがある。料理が余って無駄になる場合もあるが、家族やレストランの名物料理を誰もがたっぷり味わえるのはありがたい。さらにもうひとつ嬉しいのは、客は割り勘もおごりも許されないこと。そう考えれば、年長者に敬意を表すのを忘れることもないだろう。

エチケットの小道具：2本歯のフォーク　フォークは本来、食べ物を持ち上げたりすくったりするのではなく、突き刺すために使われていた。そのため、たいていは歯が2本で幅があいていた。真ん中に3本目の歯ができると、口に食べ物を運ぶ道具として急速に浸透した。2本歯のフォークは、ローストした塊肉を切り分ける際などに、今も使われている。

孤独のうちにスパゲッティを食べることは不可能。
人の目や耳を引かずにはいられないからだ。
クリストファー・モーリー（米国のジャーナリスト　1890〜1957年）

人を熱くするタブーの話題

　茹ですぎたパスタなんて誰も食べたくない。イタリアの料理人は調理中にパスタを1〜2本、壁に投げつける。パスタが壁に貼り付けば、それは「アルデンテ」、つまり「歯に」心地よく茹で上がったしるし。食事中の会話も同じだ。誰もが、なるべく多くの同席者にとって心地よい会話をするように心がける。

　どの文化圏にも、触れないほうがいい話題はある。たとえばシカゴでは、よその州のアメフトチームをほめないほうがいい。中国では毛沢東語録の話題はやめておきたい。避けるべき話題がひとつしかない土地もあれば、たくさんある土地もある。

　パスタを愛するイタリア人も例外ではなく、外国人が持ち出さないほうがよい話題がいくつかある。特に食事に招かれたり自宅に呼ばれたりしたのなら要注意。第1のタブーはローマカトリック教会に関するスキャンダル。主人の宗教に対する見解がわかるまでは、そうした話題は切り出さないほうが賢明だ。不可知論者や無神論者も増えている現代のイタリア社会でも、カトリック教会は文化的に大事な存在だと考えている人は多い。

　第2のタブーは、第2次世界大戦の話題。歴史を学んだ人ならこの話題を避けるべき理由は明らかなはず。食事の席で過去を掘り返す必要はない。とはいえ、この2つのタブーを避けるのは簡単だ。何しろイタリアに関する楽しい話題は、ほかにいくらでもあるのだから。

パスタの話題は大勢の人と相性がいいが、政治はそうはいかない

人生はパーティだと言った人がいる。参加したときにはすでに始まっていて、
終わらないうちに立ち去らなければならない。

エルサ・マックスウェル（米国のコラムニスト　1883～1963年）

そろそろおいとまします

ディナーパーティに到着する時間なら誰でも判断できる。もてなす側の準備を気づかって、あえて少しばかり遅く着くという考え方もある（30分以上も遅れるのは単に無礼）。しかし、客を帰らせるとなると話は別。フランスでは、なかなか玄関に向かわない客に、女主人がフルーツジュースやミネラルウォーターを出す。米国では、浮かれている客の手に強いブラックコーヒーを入れたカップを押しつける。とはいえ、それでもヒントが伝わらない客はいつだっているものだ。

中国ではあらゆる社交の場面に決まった儀礼がある。客が帰るときも同じ。一般家庭に招かれたなら、食後のお酒が1、2巡したら席を立たなければいけない。

気の抜けてしまったパーティに、炭酸水を

一方で、主賓が帰る前に帰ってはいけないことも、招かれた客は心得ている。

レストランの会食では、つつがなくお開きにするためのステップがある。まずは給仕が生の果物を持ってくる。その後に手と口を拭う熱いおしぼりが回される。

そうした努力が失敗に終わったら、お茶のポットに湯を注ぎ足すのをやめる。お茶好きの中国人にとって、これは消灯されるのと同じ意味になるからだ。

食事のための道具

　ものを食べるための人類最初の道具は口、2つ目の道具は手。人間は最初は口と手だけを使って水を飲み、果実や木の実を食べていた。やがて社会や身体が進化していくと、切らないと食べられない食料も好まれるようになった。初期のナイフは、火打ち石、貝殻、動物の骨を硬い石で何度も研いで作ったもの。おかげで動物の肉を切り分けられた。

　現代のテーブルに置かれるナイフ、フォーク、スプーンの3点セットのうち、最後に発明されて使われたのがフォーク。スプーンは紀元前5000年から、金属で作られたナイフは紀元前2000年頃から存在したことが知られている。一方、フォークが広まったのは紀元800年から（実際には古代ギリシャにもあり、ヘブライ語の聖典にも記述があるが、使っていたのはごく一部）。一般的に使われるようになっても、当初のフォークには2本しか歯がなくて、ピクルスを突き刺すには理想的でも、豆類や鍋の料理には役に立たない形状だった。食べ物をテーブルから口に運ぶ手段としては、手やスプーンのほかにパンを使ったりもした。エチオピアには今もその習慣が残っている。

　しかし、食卓で使う銀器は道具であって、神秘的な品などではない。手の込んだテーブルセッティングは、マナーというよりエチケットだ。食べ物を切れないナイフや、豆をすくえないスプーンには何の価値もないし、それを恐れる必要もない。どのフォークを使ったらいいか心配になったら、そのことを思いだそう。

> 人が手間や時間をかけて料理をしてくれたら、あなたも手間と時間をかけて食べるべきだ。
> ロバート・モーリー（英国の俳優）

食べ物を口に運ぶ際はフォークやスプーンのカーブの内側に載せること。
絶対に外側に載せてはいけません。
ドロシア・ジョンソン（マナー学校プロトコル スクール オブ ワシントン創設者）著書『エチケットの本』（1997年）より

フォークを持つのはどちらの手？

ナイフ、フォーク、スプーンの使用が一般的になってから数百年ものあいだ、人々は自分専用を持ち歩いていた。

それぞれが形やサイズの異なるナイフ、フォークを持っていた時代には、使用の方法とタイミングに関する共通のルールはなかった。しかし徐々に各家庭で食器をそろえる風習が始まる。深皿や平皿、スプーン、ナイフ、フォークを数多くそろえる需要が生まれ、同じようなスタイルとサイズでの製造・販売が広まり、同じテーブルに座った人がどのようにそれらを使うのかを気にするようになった。

同じナイフでも、ステーキ用は先端が尖り、ふつうのナイフには丸みがある。これはフランスのルイ14世が、食事中に流血沙汰が起きることを恐れ、1669年にすべての食卓用ナイフの先を丸くするよう命令したからだ。一方で19世紀になってしばらくは、ヨーロッパの男性は自前のポケットナイフを持ち歩いていた。それを使って食べ物を切ったら、いったんテーブルに置いて（そのほうがずっと安全！）、利き手でフォークを使って食べた。

ところが植民地の"忌々しい住民"（つまり米国人）が、祖国のテーブルマナーに従って右手でがつがつ食べるようになると、ヨーロッパ大陸の人々はフォークを左手に持ち替えることにしたのだ。

コンチネンタル式（ヨーロッパ式）と米国式の違いは、持つ手の違いだけではない。コンチネンタル式は、すでに切ってある食べ物を突き刺すためだけにフォークを使い、食べ物をすくう（米国では正しいとされる）ためには滅多に使わない。当然、食事のペースがゆっくりになる。

> 世界は、真珠を隠しもった私のオイスターだったのに、
> 私は間違ったフォークを使ってしまった。
> オスカー・ワイルド（英国の劇作家、作家）

フォークで切れるほど柔らかい料理

フォークの使い方からわかることがある。米国人かヨーロッパ人か。調理具合はどうなのか。料理した人に対する賞賛の気持ちが、そこに表れているかもしれない。

数千年も昔、まだ人類がナイフやフォークを持たずに手で食事をしていた頃、分かち合う食べ物は分けやすい食べ物でなければならなかった。適しているのはシチュー、柔らかい肉、柔らかい野菜、デンプン類。やがて何世紀も経て調理手段も標準化し、肉にしても、「炙る」「揚げる」「オーブンで焼く」など変化をつけられるようになると、人間の嗜好も変わっていった。

ドイツで好まれるようになったのは、デンプン質の柔らかい食べ物。現在でもブラートカルトッフェン（ジャーマンポテト）やセモリナクネーデル（セモリナ粉で作る団子）は、ドイツ以外の国でも人気のある料理だ。長時間かけて調理するジャガイモや蒸した穀類は、香辛料の利いたソーセージやトロトロに煮込んだ塊肉にとても合う。

ドイツの料理人にとっては、ジャガイモや団子がフォークで切り分けられるほど柔らかく調理できているか否かは、プライドにかかわる一大事。ドイツの家庭に招かれたなら、ポテトにはナイフを入れないように。フォークだけで切って食べ、「フォークで切れるほど柔らかく」なっていることを示すのが、マナーだからだ。ナイフを必要としない食べ物にはナイフで触れないのがドイツの一般的なルールだが、ポテト料理に関する限り、そのルールは倍の重みを持っている。

ドイツでは、ポテトにはナイフでなくフォークを使ったほうが、主人や料理人に喜ばれる

> 結婚というのは、バトンを回したり、とんぼ返りをしたり、
> 箸を使って食べたりすることに似ている。実際に自分でやってみるまでは、簡単に見える。
>
> ヘレン・ローランド（米国のジャーナリスト 1875～1950年）

箸

西洋ではデザート用のフォークの位置が議論になるが、地球の反対側にはフォークを使わない人が大勢いる。中国、日本、韓国、ベトナム、ラオス、タイ、ビルマではもっぱら箸が使われている。

英語で「チョップスティック」と呼ぶ箸は、片言で英語を話していた中国人が「急いで」の意味で「チョップチョップ」と言ったことに由来している。中国語で箸を意味する「筷子（クァイツェ）」にも「急ぐ」という意味が含まれている。食べ物がファストフードということではなく、急いで食べるということ。箸を使うと、食器から口にすばやく食べ物を運べるからだ。

箸は紀元前1200年頃から中国で使われ、その後すぐ近隣の土地に広まったことがわかっている。料理をつかむトングのように使うこともできる。日本で「菜箸（さいばし）」と呼ばれる長い種類は調理用。たいていの箸は先端が丸いが、魚の骨を取り除いたり、大きな食べ物に突き刺したりするために、先端が尖っているものもある。角張った箸は滑りやすい食べ物用に使う。

アジアで使い捨ての割り箸を置いている家庭は少数で、たいていは使い捨てでない箸をたくさんそろえている。木製、金属製、骨製、翡翠で作られたもの、磁器製の箸もあり、使い方にもたくさんの決まりがある。たとえばアジアのレストランでは、木や竹で作られた箸をこすり合わせるのは、とても失礼な動作だ。そして、何があっても、絶対に箸を食べ物に垂直に突き立ててはいけない。

シンプルな箸にも、複雑な決まりがある

エチケットの小道具：ブドウ用のはさみ 美食の儀式の一環としてディナーにフルーツのコースがあった19世紀、ブドウを房から切り分ける小振りの使いやすいはさみは必需品だった。キッチンばさみでブドウを切る人は、昔ながらの慣習に従っているのだ。

> ひとくれのパン、一甕の葡萄酒、そしてそなた
> ウマール・ハイヤーム（ペルシャの学者、哲学者、詩人　1048～1131年）

食器がわりのパン

　食器にはさまざまな種類がある。繊細なボーンチャイナの磁器に、表面がざらざらした陶器、紙皿や麦わらを編んだもの、それにバナナの葉など。地域によって選択肢は異なってくる。だが、非常に古くから愛されてきた英国の「トレンチャー」と呼ばれる器は食器ではない。目のつまった、それもたいがいは干からびたパンを分厚く切ったものを指す。テーブルに直接置き、それにひとり分ずつ料理を載せた。

　ソースがしみこんだパンは最終的に犬や貧しい人に与えられることが多かったが、ときには食べている本人が、濃厚な肉汁を無駄にすまいと、トレンチャーをちぎって肉汁をしみこませては口に運ぶこともあった（もともとのパンの干からび具合にもよる）。頻度や方法はまちまちながら、この習慣はパンを愛する文化圏で今も健在だ。ことにひとつの料理をみんなで分け合うところでは、地中海地方のラバッシュのような薄くて汁気をよく吸うパンが主な食器として使われることが多い。

　西欧ではトレンチャーの切れ端が独立した食べ物として認められるようになり、スープやワインやソースなどに浸して柔らかくなったパンの切れ端を味わって食べる「ソップ」「シペット」と呼ばれる食べ方も生まれた。昨今では、この食べ方は、フランス、イタリア、スペインなどヨーロッパの多くの国でも一般的で、パンにソースをしみこませて食べることがある。スペインではもうひとつ、パンの機能的な使いみちが生まれた。ハエよけにパンをワインの上に載せたのだ。タパスという小皿料理はここから始まったといわれている。

食べ物

世界各地で、食べ物は土地の風習を映し出す重要な役割を果たしている。国賓をもてなす晩餐会では、特長を活かしたメニューが入念に準備されるし、地元の食材による保存方法やレシピが長年にわたり考案されてきた。

食べ物はいろいろな角度から見ることができる。どこで生産され、どんな調理がなされ、どのようにサービスされ、そしてどう食べたらよいのか。「毒も薬も人によりけり」という言い回しを最初に使った人は、相反する価値観が共存する場面を思い描いていたに違いない。毒——自分の口に合いそうもないものを勧められたときの正しいマナーは、とりあえず試してみること。それで第一印象が正しかったとわかるか、それとも新しいお気に入り料理を発見するか、いずれにせよ社交的手腕の備わった人なら、文句を言ったりせず感謝の気持ちを表現する。人から差し出された食べ物を丁重に口に入れることは、どんな地域でもよいマナーとされている。

> 食べる前に少し時間をとって、必ず食べ物に感謝しなさい。
> ——米国先住民のことわざ

ただし、食べ物のマナーや習慣は世界各地で大きく異なる。そして旅をすれば、国境を越えるたびに間違いのひとつやふたつは犯すもの。過ちを最小限にする一番の方法は、地元の人々の行動を注意深く観察することだ。

たいていの人は喜んでその地方の食べ物や習慣を説明してくれるだろう。でも、どこかで新しい食べ物を試すということは、客になるということ。おいしそうなスナックを飲み込んで、それがコオロギの唐揚げだったとわかったとしても、嫌悪感は顔に出さないように。それがマナーというものだから。

第3章

お茶を味わわずに、人は真理と美を理解することはできない。
日本の言い伝え

音を立ててすする

世界のあらゆる地域の人々が、お茶を楽しんでいる。淹れ方もさまざまなら、味もさまざま。モロッコのミント茶（実際には緑茶にミントの葉を混ぜたもの）の場合、一番の特徴はとても甘いこと。つねに砂糖を入れるので、そのたいへんな甘さに、初めてすすった西洋人がたじろぐこともある。

しかもモロッコ人（それにアラブ諸国のほかの住民たち）は、「スッ、スッ、ズー」といったリズムで、大きな音を立ててお茶をすする。ミント茶は3杯続けて出されるのがふつうだから、カサブランカのカフェに座れば、かなりの騒音を体験するだろう。給仕は、まずポット内のお茶をかきまぜて茶葉を洗う。それから再度注いだ熱湯でお茶を淹れ、客のグラスで表面が泡立つようにポットを高く掲げて注ぐ。音を立てて食べ物や飲み物を口に入れることは、楽しみ満足している証拠なので、食器や銀器の当たる音、シューっという音、ズルズルとすする音などもすべて文化の一部だ。

もちろん西洋文化では、音を立てて飲み物をすすることほど悪いマナーはない。だがヨーロッパ人がお茶を飲み始めたばかりの頃は、熱々のお茶をカップから受け皿に移し、大きな音を立ててすするのが正しいマナーだった。マナーは正しいか間違っているかではなく、その土地の常識と時代によって決まるものなのだ。

モロッコのミント茶はガラスの容器で供される

> 薬味は古くからの友人のようなもの。大事にされているのに、
> あって当たり前と思われていることが多い。
>
> マリリン・ケイター（米国のジャーナリスト　1929～2007年）

テーブルを彩る料理

インドの晩餐に招かれたなら、食卓にターリーが並ぶことがあるかもしれない。ターリーとは、多彩な料理の小皿をたくさん載せた縁つきのお盆のこと。どんな食べ方にも対応できるよう、小皿にはメイン料理と薬味やサラダなどが多彩に盛りつけられている。

インドのターリーには、数々のおいしい料理が並ぶ

ターリーの組み合わせが適切であれば、好みに合わせた食べ方ができるだけでなく、栄養面からもゆたかな食事を楽しめる。菜食主義者向けのターリーは、「ノンベジ版」に負けず劣らず充実した内容で、野菜シチュー「ダル」や乳製品でたんぱく質もしっかり摂取できる。加えて、どちらのバージョンにも米やパンなどのデンプン類や野菜が載り、健康的な油と香辛料が使われている。店でも家庭でも、ターリーの中身は地方ごと、作る人ごとに異なる。なめらかなヨーグルトやスパイスの利いたカレー、野菜のピクルス、酸味のあるチャツネ、味付けされたレンズ豆……。料理の出し方もバラエティに富んでいて、たとえばケララ州の食事は、テーブルマットほどの分厚さの、青いバナナの葉に載って出てくることがある。

ターリーとは料理を載せる容器一式と食べ方を指すのであって、実際に出される料理を指してはいない。主人もしくは調理人に提供する内容を決める自由があり、客にも食べ方の自由がある、そういう食事のエチケットのことなのだ。

ヒンドゥー教のウパニシャッド（奥義書）には数多くの登場人物が描かれ、平均的なターリーには数多くの料理が載せられている。ヒンドゥーの人々にとっては、すべての人間、すべての食べ物には神が宿っている。その食べ物を食すことにどんな価値があるのか、それを思い出させる意味があるのだ。

第3章

*文明は私たちにフォークを使って食べることを教えたが、
私たちは今も周囲に誰もいなければ指を使う。*
ウィル・ロジャース（米国の喜劇俳優　1879～1935年）

おつまみ

　文化によっては、食べ物を手づかみで口に運ぶことのほうがふつうで、人と人との絆を結ぶ意味をもつことがある。エチオピアとエリトリアには、ワットと呼ばれるスパイスの利いた濃厚なシチュー料理がある。これを、テフという穀物を発酵させて作ったスポンジ状のパンであるインジェラとともに指で食べる。

　大きな丸いトレイに何枚も並べられた大ぶりで丸くて平たいインジェラの上に、ラムや鶏や牛などの肉入りのワット、ヨーグルトやチーズを使ったワット、野菜だけのワットなどがよそわれる。

　食事は砂時計型の籐の食卓で食べるのが一般的で、右手でインジェラを千切っては、シチューを巻き込むようにして口に運ぶ。タッジという蜂蜜酒と、ブナと呼ばれるコーヒーが、昔から食事のおともだ。もともと大勢で分かち合うものなのだが、なかでもグールシャ（あるいはグルシャ）と呼ばれるとても象徴的な瞬間がある。

　グールシャとは、ワットを載せて巻いたインジェラを友人の口に入れて食べさせてあげること。それもできるかぎり温かい笑みを浮かべて。巻いたインジェラが大きいほど友情の絆も強いとみなされる。エチオピアには「同じ皿から食べた人間は、決して互いを裏切らない」という言い伝えがある。グールシャはすでに確立した関係を、よりいっそう強固なものにする手だてなのだ。

エチオピアのシチュー料理がよそわれたインジェラ

エチケットの小道具：フィンガーボウル　現代人には、何やら気取ったしろものに思えるが、いくつもの料理が出されたあとにご婦人たちが手袋を付け直さなければならなかった時代には、香りのついた温水を入れた浅い容器がそれなりに役割を果たしていた。もしもフィンガーボウルが出されたら、指を水の中で泳がせてから、ナプキンで水分を拭き取ること。

> 健康を保つ唯一の方法は、食べたくないものを食べ、
> 嫌いなものを飲み、やりたくないことをすることだ。
> マーク・トウェイン（米国の作家）

これ、私の分ですか？

　地球上のほぼすべての文化圏で、客には先に食事を供する。家に食事をしに来た人は賓客なので、ともに過ごすあいだは優先的な立場でもてなすのだ。主人は大切な客に最上の食べ物を出そうとする。肉汁たっぷりのステーキ、最高のカクテル、それに一番活きのいい……タコ？　そう、韓国でのご馳走「サンナクチ」はタコが生きたまま供される。部分的に解体され、ハーブやゴマ油をふりかけて（触手を持ったタコはまだ絶命していないので、吸盤で窒息する可能性もあることを、事前に客に伝えてほしい）。

　出された食べ物を丁重にお断りしても構わない土地もある。「結構です。生きているタコは食べられません」と言うことも可能だ。だが、あなたがベジタリアンで、あぶったヤギ肉が出される土地で主賓となる場合は、招待を受ける際に自分が菜食主義者であることを伝えておくのが望ましい。

　シリアの人々は、次にいつ食べ物にありつけるかわからなかった遊牧時代の名残りなのか、客を満腹にするのが務めと考える。このため食べ物を遠慮するのはとても失礼にあたるのだ。対策としては、食事が始まったらすぐに、そして何回も、もうほとんど満腹ですと丁寧に言うこと。そのうえで出される料理は一口ずつでも食べてみるようにする。そうすればもてなす側も笑って見逃してくれるだろう。

客には一番美しく飾りつけられた料理が出される

出された軽食を断るのが失礼にあたることも

マナーに生きた人々

ジョナサン・スウィフト

マナーがいたって勝手で、不愉快なルールに思えることもある。でも、人が人にどう接するか、それは地域を問わず重要な問題だ。著名な作家で、司祭、政治活動家でもあったジョナサン・スウィフトは、不正義、貧困、無知が人間にどんな影響をおよぼすか、祖国アイルランドと英国でつぶさに目撃し、晩年に『良き作法と良きしつけに関する論文』を著した。

『ガリバー旅行記』の著者として知られ、今も英語圏の偉大な風刺作家とされているスウィフトは、アイルランド国教会の司祭に任命されていた。もしかしたら、国民の大半がローマカトリックを信奉している国で、英国国教会の司祭となったことの皮肉が、アイルランドに対する彼の辛辣で相矛盾する見方に寄与しているのかもしれない。

スウィフトの有名な論文『貧民救済私案』は、ダブリンの人々に対し、殺して食料にするために子どもを産み育てることを推奨しているかのようにも見える。しかし、司祭であるスウィフトが本当に主張したかったのは、ダブリンの貧民が堪え忍んでいる窮状に比べたら、どれほど異常な考えでも正常に思えるほど、彼らは惨憺たる生活を送っている、ということだった。彼は、慈悲の心と「自分にしてほしいことを他人にしなさい」という黄金律がキリスト教の根幹だと心から信じていた。人が他人にどう接するか、つまり私たちの日々のマナーのほうが、神学論の詳細を論じるよりも重要だ、と。

スウィフトが風刺作品で狙ったのは、読者に、政府の行為だけでなく自らのふるまいについてもじっくり考えさせること。一方で彼には生来のユーモアもあった。作品は多くの人に読まれ、彼の取り組んだ問題が旧聞となってからも、いまだに読みつがれている。

ジョナサン・スウィフトは、辛辣な言葉を使って、優しさの必要性を訴えた

飲み物

飲料用の水源がつねに確保できるとは限らない。大昔の人々は、食べ物を水に入れて発酵させると長いあいだ菌が発生せず、喉の渇きを癒やして水分を補う液体を作れることを発見した。

人々が1ヵ所に定住して農作物を植えるようになると、やがてその収穫された作物で人生を楽しくする飲み物が作られるようになった。文明ごとに栽培する作物は異なっていたので、たとえばある地域では米から酒が、別の地域ではジャガイモからウォッカが生まれた。ジュニパーベリーはジンとなり、ブドウに適した土壌はワインを生み出した。

それぞれの文明に固有の酒が生まれると、その酒を飲む際の儀式もそれぞれに発展していった。もちろんすべての飲み物がアルコール性の酔いをもたらすわけではない。コーヒー、紅茶、ココア、ある種のソフトドリンクにも含まれるカフェインだって興奮作用がある。中南米のオルチャタ、エジプトのハイビスカス茶、インドのラッシーといった飲み物は、刺激ぬきで感覚を満足させてくれる。だが、材料となる作物（種、花や果実）を採集・栽培した祖先がいなかったとしたら、こうした飲み物はどれひとつとして存在しなかっただろう。ビール1樽、ワイン1本、ポット1つ分のコーヒーを作るのにかかる膨大な労力のことを考えれば、もともと儀式好きな人類のこと、こうした飲み物を楽しむための儀式が生まれたのは少しも不思議ではない。

> すぐれた見習いシェフは、シェフだけでなく皿洗いにも礼儀正しい。
> ――フェルナン・ポワン（フランスのシェフ）

第3章

*盗むのなら心を盗みなさい。たぶらかすのなら死をたぶらかしなさい。
そして、飲むのなら私と飲んでください。*

乾杯の言葉、読み人知らず

健康に乾杯

誰だって、まずい味や不要な化学物質を極力排除したおいしい水を飲みたいものだ。きれいな水をつくる濾過装置には、一般的に炭が入っている。炭が臭いと毒物を吸着するからだ。

乾杯の話の導入にしては奇妙な話題だと思うかもしれない。乾杯は結婚式で細身のシャンパングラスをかかげてするものじゃないの？　そのとおり。でも乾杯を「トースト」と呼ぶ理由には、実は水のピッチャーが関係している。何百年も昔の人たちは、自家製アルコール飲料を入れたゴブレットの底に黒く焦げたパン

よいシャンパンに乾杯！

を沈めると、飲み物の味がよくなることに気がついた。「トースト」の炭の部分がフィルターの役目をしたのだ。

この習慣が、いつ、どのように英語の「乾杯」という言葉になったかはわからない。乾杯のワインを特別に香りゆたかにしたいと思った人がトーストを所望したからか、あるいはワインにトーストを入れたのが祝いの席だったからなのか。昨今の乾杯と言えば、その口上はユーモラスなもの、荒っぽいもの、愛情がこもったものなど実にさまざま。「ロースト」と呼ばれる乾杯はワイングラスにローストビーフを入れるわけではなく、主賓をからかって赤くさせる乾杯のことだ。

本物のシャンパンは、シャンパーニュという土地だけで作られたもの

> 立ち上がって踊ろう、立ち上がって笑おう、立ち上がって飲もう
> あっという間に過ぎ去ってしまった日々のために
> サイモン・ファウラー（英国のミュージシャン）「ワン・フォー・ザ・ロード」の歌詞

乾杯の口上

アルコールを作るようになった人間は、この不思議なほどおいしい飲み物の誕生を、超自然的な存在に感謝したいと思うようになった。古代ギリシャ人とローマ人には、酒を司る特別な神——ギリシャ語ではディオニュソス、ラテン語ではバッカス——がいた。実際に杯をかかげる際にはヘルメスや美の3女神やゼウスに敬意を表した。やがてローマの支配者たちは自らが神より優位にあると宣言し、国民に、神ではなく自分に乾杯を捧げるよう命じた。敵かもしれない相手とワインを酌み交わすときは、秘かに毒が盛られていないかをはっきりさせるために、お互いのグラスにワインを少しずつ注ぎあってから飲み始めるという風習もあった。

その上を行くのが北欧人だ。彼らには、征服した敵の頭蓋骨（スカル）で酒を飲むならわしがあった。

戦時中以外の乾杯で記録に残る最古のものは、紀元450年、ブリテン王ヴォーティガーンと、サクソンの首長ヘンギスの魅力的な娘ロウィーナとのあいだで交わされた。厳密に言えば「晩餐会の予行演習」で、ロウィーナはグラス（骨壺か、動物の角を器にしたものだっただろう）をかかげて「我が君の健康を祈って！」と大声で言い、王に捧げて杯を空けた。対して王は、「飲もう、健康に！」と返し、これが今日の「健康を祝して乾杯」という口上の原型となった。そしてこのアングロサクソンの恋人たちがしたように、クリスマスにひとつの杯で回し飲みをする習慣も生まれた。言い伝えによれば、王とロウィーナの父親との交渉が成立して土地が交換された日の晩に、ふたりは結婚した。

ディオニュソスだろうが、バッカスだろうが、酒の神に乾杯！

エチケットの目的：アイヌ人のひげ留め　寒風吹きすさぶ日本の北の島、北海道の先住民であるアイヌの男性には、頭髪や顎ひげ、口ひげをできるだけ長く伸ばすしきたりがあった。飲食する際は、木彫りの髪留めやひげ留めを使って毛が顔にかからないようにしていた。

第3章

パブは革命的な発明であり、従来のホテルの
「家」というイメージをあっというまに崩していった。
マーク・ジルアード（英国の作家）

オーストラリア流の乾杯

英語の「パブ」という言葉は「パブリックハウス」、つまり「公共の建物」から来ている。そこは一般の人々がお酒を買える場所だった。この対極にあったのが堅苦しい「ジェントルマンズクラブ」で、会員（通常は名家の人々）だけがビールやポートワインなどを注文できる場所だった。

英連邦に属するオーストラリア大陸の多くの町にもパブがある。パブがアルコールを提供していいのは旅行者だけだったので、昔のパブは「ホテル」を名乗ることで店にアルコールを置いていることを知らせていた。バーの上に宿泊用の部屋が2つ3つあれば、それはホテルということができた。

オーストラリアのパブ、ホテル、バーの一番の特徴は、なんといっても陽気なこと。オーストラリア人はひとりきりで

『クロコダイル・ダンディー』に描かれた、自信たっぷりな典型的オーストラリア人

飲むのをよしとせず、友だちとばったり会おうものなら、さっそくビールを分かち合う。酒代を持つのは「一緒に飲もう」と声をかけた側だ。

みんなで酒を飲む習慣が何から始まったにせよ——もともとはみ出し者が集まってできた社会なので、大勢が個々に飲んでいると問題を起こして手に負えなかったからなのか、あるいは広いだけで何もない田舎暮らしでさみしさに堪えかねたからなのか——オーストラリアの風土にしっかりと根づいている。

> 自分の人生を、私はコーヒースプーンで測ってきた。
> T・S・エリオット（英国の詩人）の作品『J・アルフレッド・プルフロックの恋の歌』より

お茶に乾杯

コーヒーやお茶が世界中で飲まれている一方で、主に中南米で好まれているイェルバマテというお茶がある。イェルバマテという常緑樹の葉と小枝を乾燥させて淹れるお茶で、「マテ」という言葉はケチュア語のmatiから来ている。このお茶を飲むのに伝統的に使われてきたユウガオのひょうたんのことだ。

マテは刺激性のある飲み物（米国食品医薬品局は、コーヒーや紅茶と同様に安全だとして認可している）で、これにさまざまなハーブを加えて薬効（利尿作用など）を得るために飲む人も多い。儀式や社交の目的で飲まれることも多く、その人気は年々高まっている。

イェルバマテ茶を淹れて供するのに使う器は、中身をくり抜いたひょうたん。飲むときには、ボンビージャという特別なフィルター付きストローが使われる。このフィルターのおかげで熱い茶に残る茶葉や小枝の切れ端にわずらわされず、お茶だけを楽しむことができる。

イェルバマテ茶には、最適の温度で飲むためのエチケットがある。1煎目は水出しにして、2煎目以降は湯で淹れるのだ。最初の1口が冷たすぎたり濃すぎたりすると、それは「マテ・デル・ゾンゾ（愚か者のマテ）」と呼ばれる。保温力のある特別なひょうたん、各種のストローなど、完璧な熱いマテ茶を淹れて熱を保つためにさまざまな手だてが考案されている。

銀製のひょうたんスタンドとボンビージャ

市場で売られるさまざまなイェルバマテ茶

4

序列というピラミッド

　人間が一度に扱える物事は多くない。だから、ときには選択を迫られる。左か右か。熱いのか冷たいのか。犬か猫か。その時点でどちらが良い選択か考えて選ぶのだが、「良い」とする基準が、さまざまな要素によって変わってくる。雪の中を長時間歩いたあとならば、「冷たい」よりも「熱い」ほうがいい。蒸すように暑い夏の日なら、冷たいものがほしくなる。寒い日よりも蒸し暑い日が多い土地に暮らしているなら、暖をとる方法よりも涼しく過ごす方法が知りたいはず。扇風機をつけるかつけないかという程度の選択ならたいしたことではないが、人生を左右する選択もたくさんある。どの大学に行くか。誰と結婚するか。これを決めるのが、私たちひとりひとりの中に秘められている優先順位のピラミッドなのだ。

　社会、組織、支配統治のあり方でも同じ。重視する基準にもとづく階層構造（ヒエラルキー）が作られる。時代と場所によって、その基準は戦場における勇敢さかもしれないし、知力や宗教上の信念かもしれない。それらすべてを含むこともあるし、ほかにもさまざまな評価の基準がある。共通するのは、自分たちが重きを置くものを基準にして、重要度の順に序列を作ること。その序列に従い、個々の物事をどう扱うか決める。それが社会における作法や儀礼となるのだ。

序列というピラミッド

歓迎の花束を受け取るイタリア国王ヴィットリオ・エマヌエーレ３世とエレナ王妃

外交儀礼

独立した国家間における交渉や慣行のことを外交という。その慣行の一端をなすのが「儀礼」「プロトコル」だ。簡単に言えば、公に認められたエチケットのこと。protocolという語はもともとギリシャ語の「proto（最初の）」と「collon（接着する、つける）」に由来した言葉で、国家間の協定や重要な公文書の要約として文書や冊子に添付する最初の1ページを意味していた。

本来の伝統の名残りとして今も受け継がれているのが、英国女王のお目通しが必要な文書を収める「レッド ボックス」。鍵がついた深紅のモロッコ革張りの箱で、鉛が張ってあり（誤って海に落ちたときにすぐさま沈むように）、爆弾でも壊れない造りになっている。外交儀礼が形をともなって今も実践されている例としては、もっとも長い歴史をもつ部類に入る。

> 儀礼を重んじない者は、猫と接したことがないのだろう。
> ロバート・A・ハインライン
> （米国のSF作家）
> 小説『ウロボロス・サークル』の台詞

外交儀礼とは、国家間の関係構築にあたって従うべきルールや手順、慣行、儀式のことでもある。文書化されている場合が多いが、時代や社会に応じて変化する流動的な性質もある。英国や中国のように、長い歴史をもち、形式を重んじ、複雑な儀礼にのっとって外交を進める国もある。一方、比較的歴史の浅い国では実用性を重視する傾向がある。だが基本的には「信頼するが検証もする」という姿勢をとるのが賢明だ。外交儀礼がかかわるのは文書の文面だけではない。休戦協定のような重大な事柄から、あいさつとしての手の振り方まで、実に幅広いしきたりが定められているのだ。

> 「閣下 Your Excellency」、お気遣いは無用です。
> 騒音は私へのあいさつなのかもしれませんから。
> ルートヴィヒ・ヴァン・ベートーベン（ドイツの作曲家）

国王への呼びかけ

映画『英国王のスピーチ』（2010年）で、吃音に悩む英国王ジョージ6世は、妻のエリザベス王妃とともに平民の言語療法士、ライオネル・ローグのもとを訪ねる。部屋で王妃と2人きりになったローグ夫人が、緊張のせいで国王の吃音がうつったかのように口ごもってしまう場面がある。

そこで王妃はこう言う。

「最初は『女王殿下 Your Majesty』と呼んで下されば。そのあとは『ma'am』でいいわ。『ham』と同じ発音でね」

この呼び方の指示は今も残っていて、海軍の手引きにも王室の帆船ブリタニア号で務めを果たす際の注意として記されていた。ハムの発音を引き合いに出した理由は定かではないが、「ma'am」のaを弱く発音すると、イギリス英語で子どもが母親を呼ぶときの「mum」の音に近くなり、王族に対して使うには軽すぎる、ということだったのかもしれない。

「陛下 Your Majesty」という呼び方をされるのは、英国王室の中でも在位中の国王（男女を問わず）とその配偶者に限られる。それよりも下位の王族には、最初の呼びかけでは「殿下 Your Highness」を、その後は「サー」または「マム」（未成年なら「マスター」または「ミス」）を用いる。

エリザベス2世と夫のエディンバラ公

マナー違反で名を馳せる：ミシェル・オバマ大統領夫人、エリザベス女王の肩に触れる　あまり親しくない人と一緒に写真を撮るとき、腰や肩に腕を回すかどうか迷ったことのある人なら、同情するかもしれない。2009年、公の場で大統領夫人が女王の肩に手を置いて写真に収まったことで、女王の身体に接触するのは儀礼違反と考える人々から批判された。

> あの旗は見ていて感じのいい旗ではありません。それは確かです。
> しかし、どんな旗を掲げてほしいと私が言うことはできないんです。
>
> ブライアン・フランス（NASCAR［全米自動車競走協会］チェアマン兼CEO）

旗を掲げる

オリンピックの旗は、白い背景に五大陸を示す5つの輪が重なったマークが描かれる。赤、黄、青、緑、黒の色は、世界中の国旗でいずれかの色が使われているから、という理由で選ばれた。白旗が降伏の意を示すことは有名だ。赤が意味するのは改革、勇気、力。黄色は警告や金。青は誠実と信頼。緑は安全、若さ、希望。そして黒は喪失と悲しみを表している。

各国の国旗の扱いにもエチケットがある。まず、大会開会式ですべての参加国の国旗を掲げること。旗を掲げた選手団の入場行進はギリシャを先頭にすること。五輪発祥の地ギリシャに敬意を表するためだ。そのほかの参加国はアルファベット順に入場し、最後に開催国の選手団が行進して、華やかに盛り上げてホスト国としての栄誉を堪能する。

選手団の旗手に選ばれることは大きな名誉であり、誰が旗手になるかは、国民の関心を集める。名の知られた選手の場合もあれば、困難を乗り越えて出場を果たした選手が務めることもある。2010年の冬季大会で開催国カナダの旗手を務めたのはクララ・ヒューズ選手。夏季の自転車と冬季のスピードスケートでメダルを獲得している彼女は、旗手に選ばれたことを「私のスポーツ人生で最大の栄誉」とAP通信に語った。2008年夏季大会で米国選手団の旗手に選ばれたロペス・ロモング選手は、アフリカで過酷な子ども時代を送った。内戦中のスーダンで拉致され、児童兵士キャンプから脱出して渡米する。そして米国国籍を得て1年後のオリンピック開会式で、米国国旗を掲げて行進したのだ。

開会式では世界中の国々が一堂に会して平和のうちに国旗を掲げ、互いに敬意を表し、優れたアスリートを称えあう。かつて旗は戦いのシンボル、戦場における目印だったが、競技での掲揚のほうが誇らしい使い方ではないだろうか。

五輪のシンボルマークをあしらったカンボジアの切手（1988年）

序列というピラミッド

> 雄弁のあいだに沈黙を挟むのが、外交術の半分と言ってもいいだろう。
> ウィル・デュラント（米国の作家、歴史学者、哲学者）

握手をすれば

　午前3時のホワイトハウスで、不安にかられたビル・クリントン大統領は落ち着きなく歩き回っていた。翌日の1993年9月13日、長年にわたって対立してきたイスラエルのイツハク・ラビン首相とパレスチナ解放機構のヤセル・アラファト議長との会談を仲介することになっていたのだ。対立する指導者2人が握手を交わし、敵対関係に終止符を打つための一歩を踏み出して、中東和平へと前進できるのか、世界の注目が集まっていた。

　握手という行為自体は昔から存在していたが、外交の場での握手が意味をもつようになったのは比較的最近の現象である。不首尾に終わった数々の例が、その難しさを物語っている。英国のチャールズ皇太子は1978年、ケニヤの初代大統領ジョモ・ケニヤッタの葬儀で、当時のウガンダ大統領イディ・アミンから求められた握手に応じなかった。ルーマニアの独裁者だったニコラエ・チャウシェスクは、毒殺を恐れて握手を嫌ったといわれる。

　一方で、1997年10月13日、トニー・ブレア英国首相がアイルランドのシンフェーン党党首ジェリー・アダムスと交わした握手はよく知られている。2人の会談には抗議の声も根強くあったため、実際の握手は非公式の場で交わされた。

　1993年、クリントン大統領が眠れぬ夜を過ごした翌日、アラファト議長はラビン首相に手を差しのべた。数秒ののち、ラビン首相は相手の手を強く握った。この握手の瞬間は国際関係史上でも記憶に残る場面となった。

握手を拒否されたイディ・アミン

大統領の成功は握手ひとつで左右されることもある

第4章

何かを与えるときは受けるときと同様に、こころよく、すばやく、ためらわずに。
ためらいながら与えるのでは品位に欠ける。

ルキウス・アンナエウス・セネカ（古代ローマの哲学者）

贈り、贈られ

外交儀礼は華やかながら形式的になることもある。贈り物のやりとりも同様だ。

国家や集団のトップがものを交換しあうという行為は、人がものを贈りあう習慣が始まった頃からある。初期のやりとりは2つの勢力が共同戦線を張るため、または関係悪化を防ぐ目的だったに違いない。古代エジプトの王ファラオはカルトゥーシュ（王を示す囲み罫線）を彫った石の壺をヒッタイト人に贈った。競い合っていたバイキングと西ゴート族は、家畜の頭部を贈りあった。贈られた品物を身につけて見せるのも外交で重要な意味をもつ。

1785年、米国では贈答をめぐって転機が訪れた。駐仏公使だったベンジャミン・フランクリンと外務長官のジョン・ジェイの2人が贈り物を受けたことが、建国まもない国の外交関係を左右する事態になったのだ。その年、フランス国王ルイ16世はダイヤモンドをちりばめた嗅ぎ煙草入れをフランクリンに、スペイン国王カルロス3世は馬1頭をジェイに贈った。2人はこの立派な贈り物を受け取ったが、これをきっかけに、米国の要職にある政治家は受け取った品をすみやかに公開し、すべて国立公文書館に寄贈することになった。

ただし高価でない小さなものは例外で、たとえばトーマス・ジェファーソンが書物を受け取ることはあったかもしれない。

現在、米国の大統領は335米ドル以下の品に限って、個人的に受け取って所有してよいとされている。ただ、この規定が正式に発令されたのはニクソン政権のあとだった。ニクソン大統領は高価な品を受け取り私的に所有していたし、ケネディ大統領夫人は数々の宝飾品を公文書館に寄贈するのを拒んだ。

政治家ジョン・ジェイはスペインから生きた馬を贈られた

ビジネスを円滑に

ルールや儀式があるのは政治や外交の場に限ったことではない。会社勤めをしたことのある人ならご存じのとおり、重役用の会議室はもちろん、社員食堂にだって序列は存在する。最前線で敵に囲まれた独裁者もかくやというくらい、組織内の人々は自分の立場を守るのに懸命だ。そしてどの組織にも、公式非公式を問わず、序列や秩序を守るためのルールがある。会議場に用意するペンとメモ用紙、水のグラスの数が足りなかったり、誰かの議題をうっかり忘れて飛ばしてしまったりすると、担当した人は悲惨だ。軽食のドーナツやベーグルの数まで決まっていたりする。もちろん、ペンがないと大問題になるからとか、ドーナツが足りないと空腹で困るからというわけではない。それぞれの人にきちんと割り当てたという事実が大切なのだ。

外国とのビジネスになると、さらに話は複雑になる。にこやかにあいさつする、頼みごとは丁寧にするなど、どこにでも共通する基本的なマナーも役に立つが、ドイツ人には時間厳守にしたり、南アフリカ人には業務時間外の食事会を催したりと、相手の文化に合わせた対応をするのは難しい。肩書などの情報は確実に知っておかなければならない。ビジネスの現場で不安な持ちにならないための書籍やセミナー、オンラインの情報源など、企業幹部が外国で正しいマナーとエチケットを守るための指導はひとつの産業として成立しているほどだ。

> 一頭の羊に率いられたライオンの群れは怖くない。恐ろしいのは一頭のライオンに率いられた羊の群れだ。
>
> アレクサンドロス3世（マケドニア王）
> ダニエル・デフォー（英国の作家）

第4章

> 広告なしでビジネスをするのは、暗闇で女性にウインクするようなものだ。
> 自分では何をしているかわかっているが、ほかの人には何もわからない。
> エドガー・ワトソン・ハウ（米国の作家、ジャーナリスト）

名刺交換

引き出しの中にくしゃくしゃでしみだらけの名刺がファイリングされずに散乱している。鞄や財布、ズボンのポケットから取り出した名刺が、渡す前からしわだらけ。米国ではよくある光景だ。

でも、名前、肩書、企業名、連絡先を記した名刺をこんなふうにぞんざいに扱うのを見たら、日本人はぎょっとするに違いない。日本には名刺にまつわる具体的なエチケットがあり、慎重かつ丁寧に扱うことになっている。曲げたりしわくちゃにするなんて論外だ。じかにポケットに入れておいたせいで体温で生温かくなったり、大事に扱わずにくたびれた名刺を渡したりするのは失礼にあたると考えられている。

名刺交換をする際は、文字を相手の方へ向け、両手で持って渡す。受け取るときも両手を添えて受け取り、礼を述べて、きちんと目を通してから、会議のテーブルに表向きに置いておく（必要なときに確認できるように）。書き込んだり、折り曲げたり、ポケットや鞄に直接しまうのはきわめて無礼だ。渡すときに持つのは上の両側の角。机の向こう側から滑らせて渡したり、米国のカジュアルなビジネスランチの場でよく見るように親指と人さし指で弾いたりするのもご法度だ。

仕事を進めるにあたって、名刺交換などは些細なやりとりに思えるかもしれない。紙媒体よりもEメールと電子アドレス帳が主流の時代にはなおさらだ。それでも日本では名刺交換という儀式の意味は大きい。このときの印象がその後の交渉を左右することもある。名刺をめぐる慣習を知っておけば、外国人にとっては貴重な切り札になるかもしれない。

日本における名刺交換

> ただ何もせず電話が鳴るのを待っているのは耐えられない。
> トニー・カーティス（米国の映画俳優）

入れかわり立ちかわり

米国でビジネスミーティングといえば、だいたい5、6人が会議室のテーブルを囲んで座っている。会議室のドアは閉まっている。ときには電話会議で参加する人もいるが、基本的にはその場にいる参加者で議題に集中して取り組み、電話や伝言、アポイントメントなどは後回しにする。

エジプトでの会議はだいぶ様子が違う。まず、会議中に一度は必ず電話が入る。聞きたいことがある、事務処理のことで確認したい、と同僚がやってきて中断するのはもちろん、家族からの私用電話も珍しくない。米国で同じことをすれば失礼と見られるが、エジプト人にとっては、「その人が必要とされている」という証

1789年の商人の事務所。現代のオフィスより整然としている？

電話にまつわるエチケットは、ときに台本がほしくなるほど

拠なのだ。

エジプトでは人とのつながりをとても重視する。人脈が広い人ほど、組織にとって価値ある人物とみなされる。こうしたつながりの維持にはまめなコミュニケーションが欠かせない。人脈の広さをアピールすることが重要なのだ。エジプト人と打ち合わせなどをしているときに、入れかわり立ちかわり人がやってきて中断させられたとしても、決して軽んじられているわけではなく、それがごくふつうのこと。穏やかに、辛抱強く。これがコミュニケーションの鍵だ。

エチケットの小道具：パーティション、間仕切り、ブース、個室　現代のオフィスと言えば、人が多くて窮屈だったり騒がしかったり。多少なりともプライバシーを確保した気になれて、周囲の雑音もカットしてくれるのが、パーティションのたぐいだ。パーティションをいくつか立てることで、仕切られた空間が生まれる。

第4章

意見と自尊心とは分けて考えるほうがいい。
そうでなければ、意見が却下されたときに自尊心も崩れてしまう。
コリン・パウエル（米国の政治家）『リーダーを目指す人の心得』より

謙遜する文化

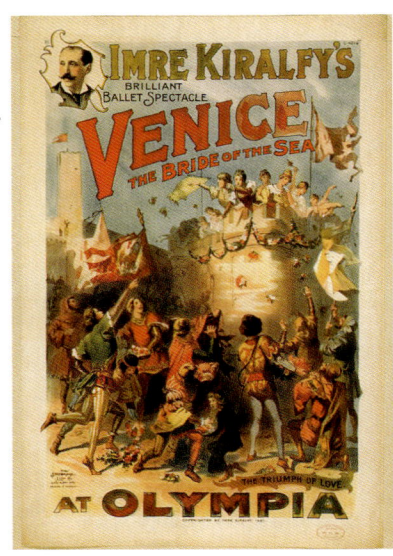

　英国のコメディ集団「モンティ・パイソン」が提供する笑いは、自慢を嫌う英国気質を下敷きにしたものが多い。初期の作品「4人のヨークシャー男」では、タキシードを着た4人の男が、若い頃の苦労を自慢しあっている。ひとりが「俺なんか1日29時間働いたぞ」と言うと、3人は降参し、「今の若いやつに話してやらなきゃな」としめくくる。

　この冗談の面白さは、男たちの会話がオーバーなことよりも、英国人は自慢話をしないはずなのに、という点。「英国人は謙虚である」とよくいわれる。最近の若い人ではその意識が多少薄れてきているのかもしれないが、それでも大半の英国人が、なるべく自分のことばかり話したり自慢したりしないように心がける。子どもにも、自慢話はよくないと教える。

　謙虚にふるまう理由は、"勝ち取ること"ができないでいる人たちに嫌な思いをさせないため。功績、賞、持ち物、容姿、人脈など、自分が恵まれているものについても客観的な評価を忘れないようにするためもある。本当に重要なのは品位であるべきだからだ。

　荒野を開拓した米国人と違って、伝統ある英国の、特に上流階級の人々にとっては、努力しなくてもすべてが手に入る。何かを手に入れた、成しとげたと主張するのは「わざわざ努力して」手に入れたと言うことになり、それはみっともないと考える。英国文化は恥の意識が根強い。面目がつぶれる事態はできるだけ防がなければならないのだ。

エチケットの小道具：英国のハイ・テーブル　映画『ハリー・ポッター』シリーズで、食事のシーンに出てくる「ハイ・テーブル」。たいてい漆黒のどっしりとした大きなテーブルで、食堂の一番奥の少し高くなった場所にある。教授陣や来訪者など地位の高い人のための席で、一般学生の席と区別されている。

> 「女性」の考え方——すなわち愛、思いやり、直感といった資質で動くようになれば、ビジネスの慣行はどれほどよくなることでしょう。
> アニータ・ロディック（ザ・ボディショップ創業者）

ベールの向こう

政治、軍事、社会構造、娯楽、家族のあり方まで、アラブ諸国ではすべてがイスラム教の影響を受けている。政治体制の度重なる変化を経た現在、アラブ諸国に住むすべての人が敬虔なイスラム教徒として厳格に教義を守っているわけではないが、それでもイスラム教を支柱とする国では多くの人がイスラムの原則に忠実な儀礼を守っている。

なかでも根強いのは、女性の位置づけに関する原則だ。女性が何を許され、何をしてはいけないのか、国によってさまざまな決まりがある。サウジアラビア、アラブ首長国連邦（UAE）、イラン、イラク、トルコなどでは、ビジネスと女性に関するルールがいくつか存在する。

厳格なイスラムの教えでは、男女は隔離されていなければならない。ビジネスや政治など、外の世界との取引や交渉は男性の領域だ。女性をいっさい会議に参加させない国もある。この男女分離の考え方は、当たり障りのないお喋りにもおよぶ。イスラム圏の男性と社交辞令的な会話をする場面を思い描いてほしい。相手が既婚者で3人の娘がいるのを知っているので、妻子はどうしていますかとたずねたい。その場合、「奥さんと娘さんはお元気ですか」と聞いてはいけない。「ご家族はお元気ですか」と言うのが正しい問いかけだ。

ドバイでは、商談は男性のみで行うことが多い

第4章

時はめぐる

時間どおりに行動する——これを難なくできる人は少ない。私たちは、1日単位、週単位、月単位、年単位のさまざまな約束や予定をきちんとこなそうと努める。会議、診察、レストランの予約に遅れてはならない。相手を待たせるのは失礼で敬意に欠けるとみなされる。

ところが、海外で直面する時間感覚のずれは、時差だけではない。時間厳守の習慣、相手を待たせる意識、普段の業務時間も国によって違ってくる。時間にまつわるマナーは実に多くの事柄と関係している。たとえば日本に機械式の時計が広まったのは19世紀なかば。西洋では時計の登場で商習慣が大きく変わりはしなかったが、時計の登場によって日本の実業界では物事の進め方、社会発展が変化した。

考えてみると、時計や電灯や録画装置といった技術の発展は、時間とのかかわりという面で生活様式を大きく変えてきた。今では太陽が昇っているあいだにしか活動できないわけではないし、連絡の返信を何日も待たなくていい。電話で話せなければオンラインのチャットもある。時間の概念は、人類の進化によってもっとも大きな変化を遂げたものなのかもしれない。

しかし、人類がどれだけ進化しようと、時間の長さは変わらない。作業にかかる時間が短縮されても、日の出から日没までの長さは古代と同じ。時間にまつわる文化の違いを知りたければ、時間をかけて学ぶしかない。

> 外交官は次の3つでできている。
> 外交儀礼、強壮剤、そして酒。
>
> アドレー・スティーブンソン（米国の政治家）

> カレンダーには出てるけれど、時間を守ったことはないわ
> マリリン・モンロー（米国の女優）

時間をめぐる作戦

文学、バレエ、精巧な工芸品など、ロシアは偉大な文化と伝統をもつ国だ。一方で長い歴史の中には多くの困難があり、侵略、飢饉、政治的な混乱を経験している。そうした苦難の歴史が人々の行動様式、マナーを形成してきた。譲歩は弱さの表れとみなし、解決策の提示より問題点の指摘に熱心になるのも、そのためだ。

この傾向は、ロシアでビジネスを進める際にも影響してくる。ロシア人は、来客には時間厳守を求めておきながら、自分たちは会議に２時間遅れで現れることがある。この「遅刻作戦」は、相手企業の忍耐力を試すためかもしれないし、会議を軽んじていることの表れかもしれない。相手を疲弊させ、譲歩を引き出すつもりかもしれない。会議の席についてからも、さらにあなたの忍耐力を試してくる。交渉を長引かせ、なかなか引き下がらない。途中で退席したり、脅したり、感情をぶつけてきたりすることもある。

ロシア企業相手の商談・交渉でロシア人に仲介を頼めるのなら、ぜひそうすべきだ。話がずいぶんスムーズになる。

とはいえ、ロシア人の遅刻や引き延ばしに、必ずしも攻撃的な意図があるとは限らない。彼らは一般的に急かされること、強面（こわもて）に出られること、予定を詰め込んで慌ただしくなるのを嫌う。何かを決める際にはよく考え、時間をかけるのを好む。国際的な商談では、この姿勢が明らかに有利に働いている。最終的に交渉に勝てればいいので、「時間をかけすぎたらチャンスを逃すかもしれない」などと恐れたりはしないからだ。

だとしたら、彼らと相対しなければならない身としては、どうしたらいい？──ここはやはり時間を厳守すべき。私たちにとっては「早起きは三文の徳」なのだから。

クレムリンに時計があっても、ロシア人が時間を守るかといえば……

マナー違反で名を馳せる：政治的失言　公職につくと、本人が意識する以上に多くの人に注目される。2010年７月、テネシー州副知事だったロン・ラムジーは、ハミルトン郡での演説で、イスラム教を「宗教というよりカルトとでも呼びたい」と表現し、批判を浴びた。

> 遅刻は彼のポリシーだ。時間に正確というのは時を盗むことだ、と考えている。
> オスカー・ワイルド（英国の劇作家、作家）小説『ドリアン・グレイの肖像』より

ゆっくり、のんびり

メキシコシティで、3時にカフェ・コン・レーチェでも飲もうと友人と約束すると、実際にカフェに現れるのは、2人とも4時近く。これはめずらしい話ではない。メキシコ人が時間を知らないわけではないし、時間を守る習慣がないわけでもない。あくまで文化の違いなのだ。

北米や多くのヨーロッパ諸国と比べて、ラテンアメリカでは時間を守る意識が薄い。スペイン語圏では、時間厳守を「英国時間」と表現するくらいだ。決められた時刻どおりでなくていいという文脈で、「うちの国の時間でね」と言ったりする。ブラジルのポルトガル語圏でも「ブラジル時間」という言い方がある。

のんびりした時間概念は、ラテンアメリカに昔からある習慣ともつながりがある。昼食後の「シエスタ」だ。気温の高い地域では、昼食が1日のメインの食事であり、そのあとゆっくり休息の時間をとる。2〜5時間ほどは仕事をしない（スペインの商店は昼食時から午後遅くまで店を閉める）。本当に昼寝しているのは10分程度かもしれないが、他人がいつまで昼寝をしているかわからないのなら、自分もゆっくりしよう、というわけだ。

シエスタの習慣がない国でも、最近は昼寝の効果が注目され、日中に仮眠時間を取り入れる例も増えている。「英国時間」の意味だってこの先変わってくるかもしれない。時間の概念は流動的なのだ。

メキシコ・グアナファトの街も、シエスタの時間は人通りがなくなる

> あなたは遅れるかもしれない。だが時は遅れることがない。
> ベンジャミン・フランクリン（米国の政治家）

朗報はあとからやって来る

中国では人間関係しだい

中国では、「面子（メンツ）」すなわち体面を保つことを重んじる。自分ひとりの顔ではない。人間関係、人脈、コネを意味する「guan xi（関係）」という言葉があって、社会では誰もが支え合うと考える。中国企業との取引には、中国人の「仲介人」を挟むほうが交渉がスムーズに進む。プロの交渉人は、複雑な人脈の中の誰にアプローチすべきか心得ているからだ。

中国の「グァンシー」は、欧米のOBネットワークや学閥（がくばつ）に似てはいるものの、富裕層に限った結びつきではない。グァンシーは家族や仲間うちにも存在し、一労働者が企業の幹部クラスに便宜を図ることもあれば、その逆もある。グァンシーは家族や親戚、社会的な階級、職業の別を越えるつながりなのだ。

当然、ビジネスにも影響がある。欧米人は、契約ひとつ結ぶのになぜそこまで対人関係が重要なのか、理解に苦しむかもしれない。中国人にとっては契約書の紙切れよりも、人のつながり、そこに築かれた信頼こそが重要となる。中国で契約成立後に譲歩を求められることが珍しくないのには、そうした背景がある。

だからこそ商談にも時間をかける。会議を重ね、夕食会を設けるなどして交渉相手を知り、関係を築こうとする。この国の長い歴史を鑑みれば、現代のビジネスでも慎重かつ長い目で交渉を進めようとするのは自然なことなのかもしれない。

エチケットの小道具：力の象徴としての小槌　議場や法廷、集会などで、その場の束ね役にあたる人が会議や儀式の始まりを宣言したり、静粛を求めたりするときに木板を打って注意を引くために使う（誰かを叩くための武器ではないので注意）。

ウクライナの儀礼用棍棒

第4章

> 時間が存在する唯一の理由は、一度にすべてのことが同時に起こらないため。
> アルベルト・アインシュタイン（米国の物理学者）

並んで待つ

　行列に並ぶのが大好きなんて人がいるだろうか。もしいるなら、スーパーのレジで、カートに山ほど食料を積んだ客の後ろに並んだときに、雇いたいくらいだ。

　現代社会で生きる私たちにとって、並んで待つことは、心身ともに疲れる行為である。長時間立つのに慣れていないし、そもそも日常生活がとても忙しい。

　でも、本当にほしいものを手に入れるためならば、話は違う。普段は忙しい欧米人も、新作のIT機器の発売や、有名音楽家のコンサートチケットのためならば長い列にも並ぶ。小型のテントを持ちこんで泊まりがけで並ぶ人もいるくらいだ。

　同じ列でも、飲み物を入れたクーラーボックスを携え、携帯電話やパソコンをイライラのぞきながら並ぶ列がある一方、生活の必要に迫られて並ぶ列もあり、両者はずいぶん性質が違う。たとえばナイジェリアでは2011年春、よりよい生活を実現してくれる政権を選ぶため、長い列に並んで一票を投じた。同じ頃、大地震に見舞われた日本では、飲料水や生活用水を求める被災地の人々が辛抱強く列に並んで待った。

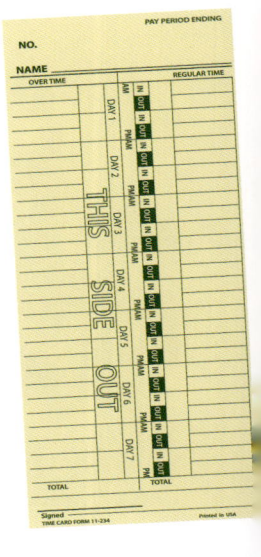

　米国にも、真に必要なもののためにおとなしく並んで待つ例がないわけではない。非営利組織「リモート・エリア・メディカル」は、歯科・眼科を含む無料診療サービスをアパラチア山脈周辺のような僻地に提供している。近くに病院がなかったり、医療保険に入っていなかったりする人々が数百、数千人も集まり、場合によっては診察のために数日間も待って、歯の治療や予防接種を受けるのだ。

時間給で働く人にはおなじみ、タイムレコーダー

マナーに生きた人々

ベンジャミン・フランクリン

米国建国の父ベンジャミン・フランクリンといえば、政治家、外交官、科学者、市民のリーダーとして知られている。しかし、彼がマナーに関して果たした貢献も忘れてはいけない。礼節正しい行動を通じて日々徳を実践することで、有能で知性があって意欲的な市民になれる、とフランクリンは考えていた。

好奇心旺盛で鋭い洞察力を備えていたフランクリンは、格言や教訓を集めたカレンダー『プーア・リチャードの暦』をはじめ、多くの書簡や記事、日記、本を著した。高く評価されている自伝の中で、彼は身につけるべき13種類の徳——節制、沈黙、規律、決断、節約、勤勉、誠実、正義、中庸、清潔、平静、純潔、謙譲を掲げた。『フランクリン自伝』にはこう書かれている。

「本書で私が説明し強調したいのは、この教えだ。人間の本性を鑑みるに、悪しき行動は禁じられているから有害なのではなく、有害だからこそ禁じられている。つまり徳を積むことが、現世の幸せを望む者にとって吉と出るはずなのだ」

市民ひとりひとりの行動が社会全体にもたらす力を強く意識していたフランクリンは、人々に日々の生活における徳の実践を呼びかけた。徳に根ざしてこそマナーが成立すると述べ、物事は決して一面的ではないと説いた。彼はネイティブ・アメリカンについてこう記している。

「彼らのしきたりが、われわれの慣習とは違うという理由だけで野蛮人と呼び、おのれの礼儀がきわめて文明的と考える。だが彼らもおのれの礼儀を最上と考えている。異なる国のしきたりを公平な目で検証するならば、礼儀のルールをまったくもたないほどに無礼千万な民族はいないと気づくだろう。反対に、いくらかの無礼がまったく残らないほど上品な民族などいないと気づくだろう」

フランクリンは『貧しきリチャードの暦』でマナーについてわかりやすくまとめた

言わぬが花

口に出してきちんと言うべきあいさつがある一方で、言わないほうがマナーにかなっている事柄も多いもの。文章の推敲(すいこう)と同じで、よいマナーは取捨選択の「捨」から成り立っている。

特に上下関係のある組織では、公私にふさわしい話題をきちんと心得ていなければならない。政治と性に関する話題が問題視されやすいのは世界共通。特に政治にかかわる話題は場面に応じて、注意して選ばなければならない。避けるべき話題のリストに宗教とお金を追加する人も多いだろうし、ペットと子どもの話はお断りという人もいる。不快にさせるから、露骨で品がないから、ということだけが判断基準ではない。聞かされるほうがすぐに退屈する話も厄介だ。愛するペットが獣医の診察を受けて辛い思いをさせられた話や、息子がサッカーの試合でいかに活躍したかを長々と聞かされたとしたら、なごやかなディナーもいっぺんで台無しになる。

口にしないほうがいい話題を挙げていくと、残るのは天気の話ぐらいじゃないか、と考えるかもしれない。しかし、その時々の状況を観察して判断するのもマナーのひとつ。エチケットとは特定の状況においてとるべき具体的な行動のことだが、マナーはその場に応じて変更の余地がある。冒険好きの仲間同士がカヤックの値段について話したいのなら、それを阻止しようと躍起になる必要はない。

> 君主制のような興味深いシステムは、それに対する人々の思いに耳を傾けなければ成り立ちません。この国の人々が望まないのであれば、そもそも存続しえないのです。
> ──チャールズ英国皇太子

> 心の底からきっぱりと言う「ノー」の言葉は、相手を喜ばせるだけの「イエス」、ましてや面倒を避けるためだけの「イエス」より、はるかに価値がある。
>
> マハトマ・ガンディー（インドの政治指導者）

イエスかノーか

インド人の知り合いに「インドでよく見る頭を振る仕草」についてたずねてみてほしい。おそらく笑いながら、頭を振って、「ああ、あれね」と返してくれる。この仕草は、国内外でよく知られたジェスチャーだ。イエスかノーで答えられる質問をすると、その答えにかかわらず、彼らは小さく頭を揺らす。「はい」「いいえ」「そうかもね」など、どの答えも頭を振りながら返ってくる。

インド人は明快な返事ができないというわけではない。相手をがっかりさせるのは、期待に沿えないことを意味するので、絶対に避けたいと考えるのだ。欧米人は、相手がはっきり「ノー」と言わないと苛立ったり戸惑ったりする。しかしインド人にとっては、この仕草の曖昧さが非常に便利なのだ。親や、職場の先輩・上司といった年長者には、はっきりノーと言わずに頭を振る。「おっしゃるとおりにしますが、私は必ずしも嬉しいと思ってはいませんよ」という無言のメッセージを表している。

ビジネスで、ムンバイやバンガロールを訪れる外国人も、このインド式を真似てもいいかもしれない。交渉がまとまるまで頭を振り続けてみる。欧米ならば消極的な攻撃と受けとられかねないが、インドでは礼儀を守っていることになる。

グレゴリー・デイヴィッド・ロバーツの小説『シャンタラム』では、インド人の頭を振る仕草についてこんなふうに書かれている。「『私は平和的な人間ですよ、あなたを傷つけたりしませんよ』という友好的なメッセージを伝えて、警戒心を解こうとしている」

イエスかノーかで割り切れないこともある

占い師に聞いても明快な答えは得られない？

> 常套句の揚げ足をとるのは、テーブルマナーに過敏になるようなものだと思う。
> イーヴリン・ウォー（英国の小説家、1903〜1966年）

お静かに

「エチケット」の発祥地がフランスだったわけではないが、フランス宮廷が制度として整えたのは間違いない。ドレスコードやテーブルマナーなど、今も一定のレベルのフォーマルさが残っている。

フランスでは男女を問わず、些細な用事でも美しいアクセサリーを身につけ、きちんと身なりを整えて出かける。夕食の席では両手を膝に置かず、必ず見える位置に出しておく。手を隠すのは武器を隠していると考えられた時代の名残りだ。

反対に、見せない・聞かせないことがマナーになる場合もある。夕食の席、特に公共の場で食事をするときは、できるだけ音をたてない。耳障りな笑い声をあげようものなら厳しい一瞥をくらってしまう。

フランス人の耳がとりわけ過敏というわけではない——ただ食事中の上品な会話を大切にしているのだ。口を開くというのは教養を示すこと（これもとても大切）であり、他者への敬意を示すことでもある。また、ビジネスの場では上下関係が厳しいので、食事の席は、従業員が上司と直接口をきける唯一の機会となる場合もある。

ルイ14世、ヴェルサイユ宮殿でペルシャの大使に拝謁を許す

真面目なお国柄

> ディナーの席は、テーブルマナーだけではなく、会話、気配り、寛容さ、家族の気持ちなどを教え、実践する場でもあるのです。
> ジュディス・マーティン（米国のジャーナリスト、礼儀の専門家）

英国では、ディブレッツという出版社から伝統的な作法のガイドブックが出ている。そしてドイツには『Der Knigge（デア クニッゲ）』というマナーの教科書がある。変わった名前だが、マナーの同義語として真面目に受け止められている。

書名の由来は、18世紀の貴族でフリーメイソンの一員だったアドルフ・F・V・クニッゲ男爵。『人間交際術』という本を著し、人間の権利についての哲学を披露した。規則や社会的慣習を具体的に定めたわけではないが、この本をもとにドイツのエチケット観が整理され『デア クニッゲ』とに体系化された。今ではテーブルマナーやベッドのマナーなど、さまざまな分野の本が出版されている。

後者のマナーに関して、ドイツ人がビジネスエチケットほどには堅苦しく考えていないといいのだが……。何しろ、彼らのビジネスマナーは本当に生真面目だ。上下関係や信用情報を何より重視し、それを踏まえて信頼関係を構築する。ほかの文化圏では、交渉前に個人的に知り合うこともあるが、ドイツの会合では、前もってあえて友好関係を構築することはない。人間関係に左右されず、数多くの事実や事例を準備して主張を裏づけてゆく。分析的な思考のドイツ人はそうした細部を評価する。時間は厳守、会議の場には身分の高い者から入室する、議題から絶対に脱線しない。彼らにとってはそれが物事を円滑に進める鍵なのだ。とはいえ、会議前に不明な点があれば、事前に確認するのは構わない。その率直さと、会議を効率的に進めるための努力は評価される。率直さと効率性こそドイツ人の特徴だ。

会議は入念な段取りで進行するので、議題をひっくり返すことはご法度。ビジネスミーティングを含め、公の場では、自虐的な冗談であってもジョークは控えたほうがいい。

『デア・クニッゲ』を生んだクニッゲ男爵は、ドイツのエチケットの父とされる

マナーに生きた人々

ピーター・パーレー

　サミュエル・グリスウォルド・グッドリッチによる著書の売上部数には、現代の作家も圧倒されるかもしれない。何しろ、この19世紀の米国人作家の作品は、本人が60歳になるまでに世界で800万部以上も売れたのだ。

　なかでも彼を有名にした一冊は、『ピーター・パーレー　子どもの地理（巴来万国史）』。ピーター・パーレーはグッドリッチのペンネームだ。この初老男性が語るという設定で、歴史、科学、芸術などを子どもに教える児童書を記した。広く売れたのは地理の本だったが、一番有名になったのは、マナーに関する教訓だ。ピーター・パーレーは、たとえばこんなふうに語っている。

　──忍耐は弱き者にとっての力です。貧しき者に、世界の富への扉を開きます。痩せた土地に豊穣を広げ、麗しき花々を芽生えさせ、果物を実らせ、イバラの荒れ地をゆたかに茂らせる。

　皮肉なことに、この教訓が多くの読者に伝わったのはグッドリッチの本のおかげというよりも（本自体の評価は文芸評論家に任せておこう）、19世紀の米国で、学校や本を通じた子どものマナー教育が流行になっていたからだった。当時の米国で広まっていた超絶主義思想（トランセンデンタリズム）の流れで、あたたかな家族生活を重視する運動があったためでもあった。

　一方で、英国に対する米国の反発もあった。グッドリッチらは19世紀の英国学校教育に偏りがあると考えていたし、当時の英国やヨーロッパの童謡は品位が疑問視されていた。まだまだ誕生まもない国だった米国は、礼儀作法を形成し教育する独自の方法を模索していた。ピーター・パーレーは、当時の子どもたちに対する"お作法の先生"として受け入れられたのである。

マナーの先生ピーター・パーレーことサミュエル・グリスウォルド・グッドリッチは、ベストセラー作家だった

衣服は語る

服装は、人物の印象に影響を与える。ぼさぼさの髪で型破りな服を着た被告人を担当する弁護士は、まず、ひげと髪を整えさせ、きちんとした身なりに変身させる。

大昔、ロイヤルパープルと呼ばれる紫紺で布を染めるのが許されていたのは、身分が最高位の人物に限られていたこともあった。かつての中国では、黄色の服が着られるのは皇帝だけだった。古代ローマでは、トガと呼ばれる一枚布の服の中でも「トガ ウィリリス」を着るのは、投票権を持つ成人男性だけに限られた。現在も厳格な贅沢禁止令を敷く文化もあって、たとえばイスラム圏では男性が絹の服や金の装身具を身につけることは禁じられている（女性は身につけてかまわないが、基本的には布地で全身を覆わなければならない）。

> 靴よりも足のほうが尊い。
> 服よりも肌のほうが美しい。
> それが理解できないとは、
> どれほど空虚で、ものの
> わからぬ精神であろうか。
> ミケランジェロ（イタリアの画家、1475～1564年）

近代国家は人々の服装にさほど関心は示さず、紫紺の服は誰が着たってかまわない。一方で、たとえば軍では現代でも制服につける記章で階級、能力、勇気を示す。杖に2匹のヘビがからみつく「アスクレピオスの杖」の絵柄が医療従事者を示すなど、シンボルで職業を表す場合もある。法廷弁護士の鬘（かつら）のように権威を表す場合もある。身につけるものが、その人物のアイデンティティを示すのだ。多くは、大衆が満足に読み書きができない時代に生まれたならわしである。

> 名誉があなたの衣服であるとしたら、生涯その服を身にまとっていけることだろう。
> しかし衣服があなたの名誉であるとしたら、またたくまに擦り切れてしまうだろう。
> ウィリアム・アーノット（神学書を執筆したスコットランドの説教師、1808～1875年）

スカイブルーの理想

　兵士が「天にも昇る夢心地」を味わうことなどないかもしれない。しかし、国際連合平和維持軍（UNPKF）の軍事要員と話をする機会があれば、天は天でも頭上で担う空の責任に思いをめぐらさずにはいられない。空のようにあざやかな青のヘルメットとベレー帽をかぶり、各国機関にかわって紛争解決に従事する。

　このあざやかな青は、紛争地域の市民と戦闘員から見て区別しやすくするためであると同時に、活動の理想を示す色でもある。PKFの結成は1948年。活動目的はこう説明されている。

　「和平協定の成立、休戦・停戦状態の監視、非武装地帯の警備、敵対勢力間の緩衝地帯の設定、そして紛争に対する平和的解決に向けた交渉中の戦闘抑制に従事するため、国連安全保障理事会によって派遣される。しかし最終的には、平和維持活動の成功は、紛争当事者の合意と協力にかかっている」

　平和維持活動に従事するPKFは、空色のベレーやヘルメット以外に、戦闘服と編み上げブーツを着用する。兵士らしさより実用性を重要視した服装だ。究極的には頭上にある「空」――青いベレー帽が象徴する平等の理想こそ、活動を成功させるための一番の道具なのだ。

目のさめるような青いベレーを着用し、直立不動の姿勢をとる国連平和維持軍

悲しみで引き裂かれる

> 愛という服の裾は地面の埃と接しています。道や路地の汚れを掃き清められるように。
> "私にできること"は、"私がそうする必要があること"なのです。
> マザー・テレサ（カトリック教会修道女）

同僚の上着に、ぼろぼろに破けた黒いリボンを見つけても、手で払い落とそうとしないこと。古いユダヤ教の律法にあるケリヤというしきたりで、改革派ユダヤ教が近代流に適用した慣習かもしれないからだ。黒いリボンは、ケリアまたはクリアとも呼ばれ、家族（父母、兄弟姉妹、配偶者、子ども）が亡くなって胸が引き裂かれている心境を表している。

律法（トーラー）の巻物を持つ古代ヘブライ人の書記官

正統派ユダヤ教では、心臓を覆う衣服を破くというルールに従い、シャツやベストや上着などを破き、下品にならないよう別の服（肌着など）の上に着用する。ユダヤの法律「ハラーハー」によれば、引き裂く服は新品であってはならず、繕ってはならない。7日間の服喪期間「シヴァ」が終わっても、そのまま捨ててはいけないことになっている。

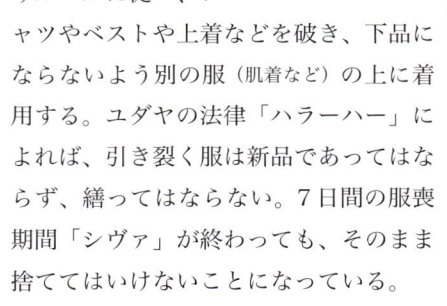

引き裂かれる思いがありありと伝わる慣習ではあるものの、実は、ケリヤの意味は別にある。故人は二度と戻らないが、決して忘れないという意味で、だからこそ破れを繕ってはならないのだ。また、かつては裂いた衣服を着用することで、服喪中につき日常生活が制限されていることをコミュニティに知らせていた。たとえば調理ができないので周囲の助けを借りる必要があるなど、「私は今、心身ともに弱い状態なのです」と伝えるサインなのだ。

エチケットの小道具：「リボンの内側へ」 大規模でフォーマルな結婚式では、座席をセクションごとに分けることが多く、リボンやひも飾りで区切ることになっている。招待状のあいだにピュー・カードまたは「リボンの内側へ（Within a ribbon）」というカードが挟まっていたら、それを案内係に渡すと、すみやかに自分の座席に案内してもらえる。

> キルトの下に何か穿いてるかって？
> もちろん完璧に穿いてるよ！
> スパイク・ミリガン（英国のコメディアン、1918〜2002年）

プレードとタータン

人間はパターンが大好き。メッセージ性も大好きだ。バーバリーの独特な赤・黒・黄のチェックが人気なのもうなずける。柄も美しく、メッセージが一瞬で伝わるからだ——「ラグジュアリー」と。

バーバリーはこの柄を「タータン」と呼ぶが、多くの人は「バーバリー プレード」と呼んでいる。タータンとプレードのどちらが正しいか調べると、どちらも正しいと記してある。単に「プレード」が「タータン」の米語表現である、と。口語ではどちらでもかまわないが、語源から言えばその説明は誤りだ。かつてスコットランド人は、毛布のような大判の布をマントにしたり、よんどころない事情で寝袋にしたりと多目的に使っていた。この毛布の名前がゲール語で「プレード」。現在のスコットランド人が儀式で着る民族衣装は、肩にかけたショールを腰で縛るスタイルで、「ベルティッド プレード」と呼ばれる。

一方、タータンというのは、スコットランド高地地方の衣装に使われる、多彩な色の糸で織りあげた柄のこと。ゲール語では「ブレアカン」という。「まだらの」という意味で、織り込まれた色とりどりの糸が生み出す色合いを指したらしい。専門家によれば、タータンという言葉はゲール語ではなく、実はフランス語の「ティルタン」が語源。リネンとウールの薄い布のことで、1500年代にフランスから一般的に輸入されていた。

つまり……タータンは柄のことで、この柄の生地を使ってスカートの形をした民族衣装「キルト」を作る。同じくタータン生地を使ってプレードも作る。これで整理できただろうか？

> 自分に合わせて裁った服は、背丈のあわない別の人のために
> 仕立てたきらびやかな服よりも、ずっと似合う。
> エドナ・ファーバー（米国の小説家、1887～1968年）

生地に織り込まれた歴史

　現代ではサリーの布地をアクセサリーに再利用したり、クラッチバッグやヘアバンドに加工したり、ジーンズに縫い込むこともある。だが本来のサリーで女性服を作り、男性のドーティや腰布（ルンギー）を作っていた人々は、こうした転用に眉をひそめただろう。転用されるのがいやだというのではなく、単純に針と糸が使われているからだ。

　信心深いヒンドゥー教徒は、古代から布を道具で刺してはならないと信じていた。だから長い布を身体に巻いて衣服にした。「サリー」はサンスクリット語で「細長い布」の意味。ところがヒンドゥーの別の信仰では、人間のおへそから偉大な力が放射されると考えたので、おへそ、それから多くの場合は胸も覆わずにおくことが大切だった。そのため、20世紀になるまで女性のサリーは上下が分

おへそを露出する伝統的な二部式のサリー

かれていた。その後英国式のエチケットから「チョリ」という丈の短いブラウスを着て、1枚布のサリーをおなかに巻きつけ、おへそを隠すようになった（チョリは数世紀前からあったが、重ね着しなかった）。

　サリーは数世紀かけて今の形になり、布に針を刺すこともご法度でなくなった。最近では凝った刺繍もよく見かける。特に花嫁衣装は、赤いサリーに美しい刺繍が施される。インド以外に、パキスタン、バングラデシュ、スリランカ、ネパールでもサリーを着る。粗く紡いだ綿のサリーもある一方で、指輪に通すと、するっと引き抜ける上等なシルク製もある。

美しく刺繍し染め上げた現代のサリー

第4章

本当に燕尾服を着なきゃならないのは、ズボンに穴があいている男だけだ。
ジョン・テイラー（英国のロックバンド「デュラン・デュラン」メンバー）

ペンギンスーツ

フォーマルなタキシードを「ペンギンスーツ」と呼ぶことがある。ぴったりしたズボン、糊のきいたシャツがペンギンのよちよち歩きを想像させるからだ。だが本当にペンギンに似ているのは、「モーニング」のほう。上着は七分丈で、剣襟（ピークドラペル）と呼ばれる尖った下襟がついている。切れ込みの入った長い尾（テール）があり、背中が黒で正面が白なので、これを着た紳士は確かにペンギンによく似ている。

上着の下にはベストを着用し、ゆったりした縞のスラックスに、ジョッパーブーツか、スパッツという覆いのついた靴を履く。ベストの色から、スラックスのスタイルまで、厳密に決められている。

モーニングスーツは、もともとは上流階級の男性が午前中に着る服装だった。

正式なモーニングを着用したエディンバラ公

19世紀の英国紳士は午前中によく乗馬をした。上着の丈が短くテールがあるのは、乗馬用の上着から進化したためだ。20世紀には、昼間の威厳ある服装として、ラウンジスーツと呼ばれていたものにとって代わられ、それが一般的なビジネススーツとして全世界で広まった。

現在もモーニングを着用するのは、主に結婚式や特定のスポーツイベント（競馬の祭典ロイヤルアスコットなど）。伝統ある男子校イートンカレッジの制服でもある。そうした場の礼服としては、スコットランドの民族衣装フル ハイランド ドレスや、軍人の礼服メスドレス（上着の丈は短く、テールはない）、アフリカの衣装が英国で発展したロンドンスーツも認められる。

在りし日のマナー：トップハット（シルクハット） かつてはビーバーの毛皮か絹で作られていた紳士用帽子。折りたためるタイプはオペラハットという。ケネディ大統領は1961年の就任式で帽子を演説直前に脱ぎ、「ハットレス・ジャック」というあだ名がついた。今では、結婚式や、いくつかのスポーツイベント（競馬の祭典）などでトップハットをかぶった姿が見られる。

流行とルール

文書や法律で決められていないのに、守り続けられている服装のルールは興味深い。ヌーディストビーチのことでしょ、と言いたいかもしれないが、ここで話したいのは流行全般のこと。人間はあらゆる面で互いを観察し真似をする。だから服装の習慣を真似しあうのも、まったく自然なことなのだ。

あまりにも古くから続いているので、真似だったことは忘れられているファッションもある。最近生まれたばかりとか、あまりに広まったために、正式な約束事がまだ整っていないファッションもある。たとえばアフリカ系米国人の女性は、教会では絶対に帽子をかぶらない。ふだんから服と帽子を慎重にコーディネートして、ヘッドアクセサリーのスタイルやサイズで互いに対抗しあうが、野球帽だけは選択外。でも具体的なルールはない。また、一般的にはプールやビーチ以外では水着を着ないが、温暖なウォーターフロントの市街地なら、水着で買い物や食事をするのも可とされる。

服装のスタイルや作法がエチケットとして厳しく決まっているのに、先進国では知られていないという理由で文献や資料にならず、注目されていない場合もある。幸い世界は変化し、情報の広まり方も変化している。人類学者のマーガレット・ミードが、サモアかどこかでシュロの葉の冠をかぶっている写真が数枚出回っていただけという時代と違って、現代では異なる服装文化を学び広めていくことも簡単だ。

> 階層社会で働く者は、出世を重ねて、いずれ自分が無能となるレベルまで昇進する。
>
> ローレンス・J・ピーター（米国の教育学者）

> 服装に関しては、決して流行の先頭に立たず、最後尾にもつかないことをお勧めする。
> ジョン・ウェズリー（英国国教会の牧師　1703～1791年）

ひっそりと、フォーマルに

ポルトガルは小さな国だが、自国の伝統、言語、文化に誇りを抱いている。そのどれもが、21世紀の今もトラディショナルかつコンサバティブ。スーツにネクタイという男性の服装もその一例だ。

ポルトガルの紳士は、気軽な映画鑑賞であってもスーツを着る。男性も女性も控えめながら高級服を着ていることが多く、生地やブランドや仕立ては重要な問題だ。

衣服への関心は上流階級から生まれたわけではなく、むしろ底辺のほうにルーツがある。最近まで、ポルトガルの大多数は農業に携わる労働階級だった。中流、上流階級はきわめて限定されていて、労働者が出世する機会はほとんどなかった。それでも個人や一族の身分が高くなったとしたら、それは努力の成果にほかならなかった。

階級があがると、服装が問題になる。服装は富を示すと同時に、公共の場での礼節を示す意味もある。ポルトガル人にとってのフォーマルは、値段や身分よりも場の雰囲気を整えること。そのため、ほぼすべての状況で場違いとならない無地で濃色のスーツが選ばれる。

もうひとつの要因に、ローマカトリック教会との強い結びつきがある。教会は昔から信徒に慎み深さを求め、フォーマルの伝統も守り続けているからだ。

ポルトガルの民族衣装を着た女性たち

> ショートパンツを穿くと、女性の魅力は高まるというより拡大する。
> ビバリー・ニコルズ（英国のジャーナリスト、作家。1898〜1983年）

彼女のショートパンツ

　2010年、米国大統領夫人ミシェル・オバマがエアフォースワンから降りてきた姿を見て、眉をひそめる向きもあった。家族で休暇を過ごしたグランドキャニオンから帰ってきた夫人は、ショートパンツにスニーカー、長袖のシャツを羽織るといういでたちだったのだ。

　刺激的とか破廉恥というわけでは決してない。だが作法にうるさい人にとって、この服装は衝撃的だった。休暇中のオバマ大統領の上半身裸の写真が世間に出たときは、誰もショックを受けなかったのに、夫人のショートパンツ姿が槍玉にあがった理由は、指導者とその配偶者にはオフィシャルな場ではビジネスにふさわしい服装と行動が期待されていたからだ。本人は旅行帰りのふつうのお母さんの気持ちだっただろうが、不幸にも、大統領専用機のタラップは「オフィシャル」に分類される場所だった。

　米国以外の主要国際都市では、温暖な時期も大人は公共の場でショートパンツを着用しない（バミューダ島では警官も膝丈の「バミューダパンツ」を穿くが）。ショートパンツは子ども服で、運動場でもない限り、大人が着る服ではないのだ。米国風カジュアルスタイルが広まっても、少なくとも国際都市ではショートパンツは穿かないほうがいい。

リラックスした服装の大統領一家。ファーストレディのショートパンツは行きすぎだった？

　とはいえ、ファーストレディの「うっかり事件」に対して、ニュースサイト『ハフィントンポスト』が読者投票を行ったところ、投票者13,000人のうち約60％が、ファーストレディが少しばかり脚を見せたって問題だとは思わない、と答えている。

第4章

身なりがきちんとしていれば、誰だって正直でおだやかになるものだ。
別に褒めるほどのことではない。
チャールズ・ディケンズ（英国の小説家）作品『マーティン・チャズルウィット』より

故郷を離れても

　ナイジェリアのヨルバ語のシャツを意味をもつ「ダシキ」は、もともと西アフリカで生まれた民族衣装だ。1960年代の公民権闘争時に米国でも人気が広がり、現在ではアフリカ以外でも誇らしげに着用されている。

　一般的なダシキのスタイルは半袖で、腰をひもで縛るショコトと呼ばれるズボンと、クフィという帽子と合わせる。シャツの長さによってはセネガルのカフタンと呼ばれている衣装にもなる。一族の首長や代表者だけが着るダシキのスーツは、特別に袖がゆったりと開いたローブになっていて、「グランブーブー」「アグバダ」などと呼ばれる。

　一方、「ロンドンスーツ」と呼ばれる衣装は、伝統と歩み寄りをミックスした礼服で、在英の西アフリカ人が生み出したもの。故郷を離れた人々は、異国の服装に適応しながらも、フォーマルな場面ではやはり一族に伝わるローブを着たいと望んだ。そこで考案されたロンドンスーツは、黒いズボンとネクタイの上に、先祖代々受け継いでいるアグバダをはおる。正式なダシキは首長の権利であり、そのしきたりを破らずに民族衣装を着用するため、真っ白の木綿のシャツとパンツの上に先祖から伝わるアグバダを着ることもある。

つばのない帽子、クフィ。ダシキを着てかぶることが多い

ダシキのスーツは女性用もある

> 服が人間を作る。服を着ない人々は、社会にほとんど影響をおよぼさない。
> マーク・トウェイン（米国の小説家）

頭を覆う

　ローマカトリック教会は離婚を禁じている。16世紀の英国王ヘンリー8世が司教を追放したのは、王妃キャサリンと離婚して侍女アン・ブーリンと結婚したかったからだ。

　そう考えると、ウェールズ公チャールズが2009年にカミラ夫人をともなってローマ教皇ベネディクト16世に「内謁(ないえつ)」したのは、気まずい状況だった。何しろ彼女には離婚歴があり、チャールズ皇太子が最初の妻ダイアナとの婚姻中から不倫関係にあった。しかし実は彼女が黒いレースのマンティラ(ショール)を頭にかぶっていたことのほうが気まずいことだったのかもしれない。

　ローマ教皇に拝謁するエチケットでは、男性はスーツを着用し、女性は控えめな服装をすることになっているが、かぶるものについては具体的な決まりはない。頭のかぶりものに厳格なルールを設けている宗教は少なくないが、チャールズ皇太子もカミラ夫人もローマカトリック教徒ではないのに、なぜわざわざマンティラをかぶったのだろう？

　答えは単純。離婚歴のある英国貴族に限らず、多くの女性がこう感じているからだ——教皇に拝謁する際、教皇のミサなどに敬意を表す際は、第2バチカン公会議成立前のローマカトリックの伝統を尊重し、レースのマンティラを着用するのが正式だ、と。

コーンウォール公爵夫人カミラは、黒いマンティラをかぶりローマ教皇ベネディクト16世に拝謁した

5

すべては家庭のなかに

慈愛とは家庭から始まるもの。そう考えるなら、マナーも家庭から始まるに違いない。慈愛（ラテン語の「caritas（カリタス）」を語源として、英語では慈愛を「charity（チャリティ）」という）とは、そもそも「優しい心で人に接する」という意味だからだ。子どもは、自分を育ててくれる人とのあいだで、人間が互いに支えあうことを学ぶ。そして成長する過程で、その学びを実践しながら、身内以外の他人とも触れあっていく。赤ちゃんが誕生してから数年のあいだにさまざまな儀式があるのは、そのためかもしれない。していいこと、してはいけないことを身につけられるよう、深い意味がこもった風習が用意されているのだ。

　家族の絆は強い。その絆の強さが、何十年という人生の中で繰り広げられる家族の出来事に影響を与える。近親者との付き合い方も変わってくる。さまざまな要因によって、家族の絆に対する考え方が宗教や信仰のしきたりにもかかわってくることもある。宗教や信仰は共同生活に欠かせないものだからだ。人間という生き物の難しい点は、集団の文明や礼節を育てていくにあたって、まずは個人を育てなければいけないということ。赤ちゃんの誕生は、家族にとっても地域社会にとっても、まっ白なカンバスから正しい道を目指すチャンスだ。米国の詩人ウィリアム・ロス・ウォレスは、1865年に「ゆりかごを前後に揺らす手は、世界を左右する手」と記した。だからこの章でも、世界を視野に入れて考えていきたいと思う。

すべては家庭のなかに

絵本『ほんとうのマザー・グース』に描かれた家族の姿

誕生

赤ちゃんを産むことと、エチケットを結びつけて考える人はいないかもしれない。しかし、妊娠と出産も、さまざまな人とのかかわりの中で体験することだ。

> 子どもの治したいと思うところがあるのなら、まずは自分が変わった方がよいかを確認したい。
>
> カール・グスタフ・ユング
> （スイスの精神科医、心理学者）

女性は、昔から分娩の介助に女性の手を借りたいと望んでいた。かつて男性が出産の現場に立ち入ることが公式に禁じられていた時代もあった。この禁止令は非常に厳しく、ヴェルトという名のドイツ人医師が女装して出産に立ち会おうとし、火あぶりの刑を言い渡されたこともあったほどだ。

それ以来、男たちは長きにわたり恨みを晴らしてきた。医師という男社会が助産婦の重要性を薄れさせ、男性である医師が少しでも優位に立てるように分娩や出産のあり方を変え始めた。女性は、重力を利用できる出産しやすい座位分娩ではなく、仰向けになるように指示された。仰向けのほうが担当医の検査が楽だし、鉗子も使いやすいからだ。20世紀に入り、欧米で病院での出産が一般的になってからは、分娩に立ち会う産科医の予定に都合がいいよう、帝王切開でスケジュールが組まれることもあった。自宅出産、ドゥーラ（妊産婦をケアする女性）、助産婦など、女性だけの体験を女性だけで執り行うという古来の選択肢が見直されるようになったのは、本当につい最近のことなのだ。

あなたの父母を楽しませよ、あなたを産んだ母を喜ばせよ。
箴言23章25節

安静に過ごす期間

日本の産褥期のならわしには、多くの女性が納得することだろう。この国では昔から出産直後の数週間を家で安静に過ごし、赤ちゃんの世話に専念する習慣がある。

日本の新米ママたちは、今でも出産直後の2〜4週間（たいていは3週間）を、多くの場合は実家で過ごす。母になったばかりの女性は皿洗いや洗濯など水仕事のいっさいを禁じられているため、産褥期の家事は赤ちゃんの祖母がすべて引き受ける。「床上げ」まで、新米ママは訪問客の応対といった儀礼や義務から完全に解放される。

床上げまで体を休める習慣は、ほかの国にもある。メキシコの産褥期は4週間が一般的。ただし、現代でもその習慣に従っているのは地方、それもかなりの田舎だけだ。1960年代の米国では出産から2週間ほど入院するのが一般的だったが、最近では帝王切開のような医療面での事情がある場合をのぞいて、出産後は数日の入院しか健康保険でカバーすることができない。たとえ帝王切開であっても入院期間は1週間未満が一般的だ。

21世紀の今も出産を終えた産褥期の女性が安静にしていられる地域といえば、中国だ。「坐月子」と呼ばれる古くからの慣習では、産後1ヵ月はゆっくり休むことになっている。赤ちゃんだけでなく、陣痛と分娩で体力を消耗した母体の世話もしてもらえるように、産褥メイドを雇ったり、産後ケア専門のホテルに宿泊したりする人もいる。

生まれたばかりの赤ちゃんと両親を描いた日本の木版画

礼儀作法の小道具：オランダのお誕生ビスケット　赤ちゃん誕生のときの風変わりな習慣といえば、オランダの「ねずみのビスケット」だろう。赤ちゃんが生まれたら、新米パパ・ママは朝食でこのお菓子をいただく。「ねずみ」というのはシュガーコーティングのトッピングのことで、女の子ならピンクと白、男の子ならブルーと白で飾る。

第 5 章

老いに気づくのは、ケーキのキャンドルが 1 本になったとき。
「これなら消せる？」っていわれているみたいだ。

ジェリー・サインフェルド（米国のコメディアン）

喜びのキャンドル

　誕生日にロウソクを飾ったケーキを食べる習慣は、いったい誰が思いついたのだろう？

　わかっているのは、古代ギリシャ人がアルテミスに捧げる丸いケーキにロウソクを立てていたということ。アルテミスは狩猟と月の女神なので、それゆえに焼き菓子の供物が月のように青白い炎で光るようにしたのだという。古代人は火を頼りにしてはいたものの、その特性については知識がなく、供物のロウソクに揺れる炎で神々への敬意を伝えられると信じていた。

　昔のケーキは、現代のように何層にも分かれておらず、砂糖もコーティングされていなかった。ローマ人がお祝いに使ったのは、酵母を使った平らなケーキ。蜂蜜で甘みをつけ、ドライフルーツやナッツを入れていた。お祝い用ケーキが現在のような見た目や味になったのは、19世紀に入ってずいぶん経ってからのこと。最初に誕生日をケーキで祝ったのがいつだったか正確な時期はわからないが、ロウソクを立てるようになった時期はわかっている。18世紀のドイツでは、「キンダーフェスト」と呼ぶお祭りで子どもの誕生日を祝っており、このときにロウソク付きのケーキが登場するようになったのだ。誕生日を迎える子どもが登場する直前にロウソクに火をつけることになっていた。

　米国や英国で、年齢と同じ数のキャンドルをケーキに立てる習慣があるのも、このドイツのならわしが元になっている。ただし、これはあくまでも子ども向け。大学を卒業する年齢を超えてしまうと、ケーキに年齢の数だけロウソクを立てるのは、どう考えたって難しい。

マナー違反で名を馳せる：米副大統領、ポテトをスペルミス　1992年6月15日、当時の副大統領ダン・クエール氏がニュージャージー州の小学校を見学した。12歳のウィリアム君が黒板に「potato」と書くと、クエール氏はこう指摘した――何か忘れてないかい、最後にeが必要だろう？　ウィリアム君は大人の対応で指摘に従った。メディアだけが副大統領の失態に大騒ぎした。

> 人の運命というのは、その人の名前ですぐにわかる。
> エリアス・カネッティ（ブルガリア出身の小説家、1905～1994年）

聖名祝日

　タイミングや方法は文化によって異なるものの、この世に生まれた子には、ほぼ例外なく名前がつけられる。ただし、ひとりひとりに命名されるからといっても、その名前が世界にひとつだけとは限らない（ロックスターなどが子供に奇天烈な名を付けることもあるようだが）。

　ヨーロッパや南米の国々では、キリスト教会の古い伝統にもとづき、子どもに聖人の名前を授けることがある。同じく伝統によって、それぞれの聖人を祝う

「聖名祝日」が暦に割り振られているので、人は自分が生まれた日と聖名祝日、2つの誕生記念日をもつことになる。聖名祝日はローマカトリック教会が決めたものもあれば、ギリシャ正教や東方正教会、スカンジナビア・ルーテル教会が定めたものもある。

　現在では聖名祝日ではなく本当の誕生日で祝う国が多いが、スウェーデン、ポーランド、フランス、フィンランド、ハンガリー、アルゼンチンといった国では、今も聖名祝日を祝う風習が残っている。祝福の方法はさまざま。しかし、友人や親戚からお祝いの言葉やプレゼントをもらうという点では、どこも一致しているらしい。たとえばハンガリーでは、聖名祝日を迎える相手が女性ならば花束を、男性ならお酒を贈る。

　今も日常的に教会に通う習慣のある国の場合は、聖名祝日には家族でミサに出席し、その後でちょっとしたお祝いの食事をする。このときにプレゼントも渡される。

母と子の姿を描いた絵は世界中で数多い

> 赤ん坊から人間を始められるなんて、とてもすてきだ。
> ドン・ヘロルド（米国の風刺漫画家、1889～1966年）

清めの儀式

　チベット仏教徒は、子どもは邪悪な魂と一緒に生まれてくると信じている——赤ちゃんが心も体も健康に成長するためには、邪悪な魂を急いで清めなければならない。ヒマラヤに1500年以上前から伝わっている「ボン教」の影響を受けた考え方だ。したがって、ヒマラヤの人たちは、赤ちゃんが生まれた直後の家への訪問を避ける。家が汚れてしまうとの配慮と、外からの訪問による子どもへの悪影響を懸念するからだ。そして男の子なら誕生から3日目に、女の子なら4日目に、ギィドと呼ばれるコミュニティの仲間たちが訪れる。パン サイと呼ばれる清めの儀式（パンは「汚れ」、サイは「清め」の意味）を行い、赤ちゃんと家族のために、大麦やバター、茶、肉、塩、衣類といった贈り物を届けるのだ。興味深いことに、既婚で子どものいない女性はこうしたお祝いの席を避け、赤ちゃんと接点を持たないという伝統がある（ちなみに北京語で「パンサイ」というと「汚物」や「排便」を指すので要注意）。

　赤ちゃんの家に入るとき、ギィドの人たちはハダという白いスカーフを贈る。命の無垢さと、コミュニティがその命に与える庇護を示すシンボルだ。家族は清めの香を焚き、訪問者全員にパンケーキをふるまう。そして活仏とみなされた高僧が姿を見せ、お清めを見守り、赤ちゃんに名前を授ける。両親が名前をつける場合もある。

　また初めて幼児を連れてお出かけをする儀式として家族で僧院に足を運び、子どもへの祝福を受けて仏陀にお参りをしたり、友人宅を訪れ、お祝いの儀式として小量のバターを赤ちゃんの頭にこすりつけてもらったりする。

チベット式の装いをした四川省の村人

子ども時代

きちんとしたマナーを、子どもに覚えさせなくてはならない。幼い頃に身についた習慣はいつまでも消えないからだ。あらかじめ「ありがとう」という言葉を頭に入れて生まれてくる子などいない。とはいえ、口先で教えられるだけで具体的なお手本を見せてもらえないと、責任感や尊敬の念が伴わない表面的かつ機械的な誠意のない受け答えしかできなくなってしまう。食卓でナイフとフォークを使わなければならない社会でも、大皿から手を使って料理を食べる社会でも、決まりごとの目的は同じ。人が集まって円滑にやりとりできるよう、最低限の配慮の基礎を築くことなのだ。

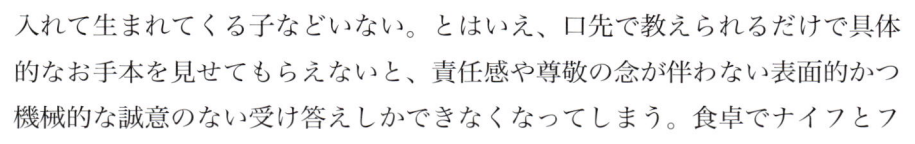

子どもは練習を繰り返して学んでいく。生まれたばかりの頃は母乳の飲み方を、大きくなってからは自転車の乗り方や口笛の吹き方を、そうやって身につける。でも礼儀作法は反復だけで身につくとは限らない。「お願いします」や「ありがとうございます」という表現は覚えても、心の奥の衝動を抑えられず、あからさまに無礼な態度をとってしまうかもしれない。子どもは自分のことしか考えられず、目に余るマナー違反をしたり、基本的な礼儀を蔑ろにしてしまうことがある。彼らが社会で生きていくために必要な作法を、親や保護者、そしてこの地球という村の大人たち全員が、継続的に教えていかなければならないのだ。何しろ、文明の未来は彼らの肩にかかっているのだから。

> 親が子どもに教えられるトレーニングで、何よりも大事なのは、子どもが自らを鍛えられるようにしてやることだ。
>
> A・P・ゴージー（米国の哲学者）

第5章

どの家庭にも、顔を見ながら言おうとすると、なかなか言えない言葉がひとつある。
それは「い」で終わる言葉。
リン・トラス（英国のジャーナリスト）著書『この手に言って』より

ノー、サー

　物議をかもしたいわけではないが、米国の南部と北部は今も分断されている。その分断とは「Sir」と「Ma'am」の使い方の違いのこと。南部では年齢を問わずこの呼び方をするが、北部では非常に稀な言い方だ。

　「サー」と「マム」は男性と女性に対する敬称で、フランス語の「ムッシュ」と「マダム」が語源。しかし、英語ではどちらの言葉にも余計なイメージがつきまとう。「サー」は16世紀の言葉で、お前！と呼びかける「Sirrah」を連想させるし、女性は「マム」と声をかけられると一瞬でおばあさんに老けこんだ気分になってしまう。

　でも、なぜ使い方が南北で違うのだろうか。大人にはちゃんと敬称をつけて呼ぶのが南部人の礼儀正しさだ、とこの地の人たちは信じている。南北を問わず、子どもが大人をファーストネームで呼ぶ風潮に違和感を抱く人にとっては、確かにそれは正しい習慣だ。

　とはいえ、それだけでは片付けられない複雑な感情もある。はっきり証拠があるわけではないが、「サー」や「マム」は南部の大規模農園で奴隷たちが働かされていた時代の名残りだ、と信じる人たちもいる。そうかと思えば、その呼び方はおためごかしの匂いがする、と言う人もいる。ニヤニヤしながら敬意もこめずに「イエスム」や「ノサー」のようなぞんざいな言い方をすることだってできるじゃないか、と。

1840年代の広告。「小柄なマダム」向けの帽子

在りし日のマナー：子どもは面倒を見る存在で、意見を聞いてやる存在ではない　英国ヴィクトリア時代によくいわれたそうだが、もともと「独身女性は観賞の対象であって、意見を聞いてやる存在ではない」。西欧の女性の権利の扱いを考えると、そんな風にいわれたのも、意外ではない。昔は、女子どもは静かで従順なのがいいとされていたのだ。

> 教養とは、繁栄の中においては華であり、苦境においては避難所である。
> アリストテレス（古代ギリシアの哲学者）

別々の扉

　米国のあちこちに残る古い校舎には、しばしば「男子」「女子」と書かれた扉がある。これは、男子と女子を校舎内で厳格に分けて教育をしていた時代の名残りである──それ以前に、共学が可能だった学校では、という条件がつくが。男女を別々に教育していたのには、多くの理由があった。まったくナンセンスなこじつけもあれば、現代でも筋の通る根拠もある。米国の公立高校に男女を区別する扉がなくなって久しい今でさえ、男女を共学にすべきか、別学にすべきか、今も意見が割れている。

　議論はまだ継続しており、具体的な方針が実行に移されたわけではない。しかし、米国政府は2006年に連邦法を改正し、公立学校がもっと柔軟な選択ができるようにした。すると結果的に多くの学校が男女別学を導入した。全米別学公教育協会にしてみれば、我が意を得たり、というところだ。この団体の主張によれば、女子は自分に厳しいので外部の励ましが必要だが、男子は自信過剰になりやすいため教師が継続的に現実を教えていかなければならない。米国自由人権協会はこの意見に反対で、男女別学はジェンダーに対する古い固定観念に縛られている、と主張する。

　国によっても事情は異なる。男女別の教室を設けるのはそもそも女子に教育を受けさせるため、という国もある。ユネスコの報告によれば、アフリカや南米の少女たちは、同年代の男子よりも学校教育を受ける期間が3年も短い。地方ではさらに中退率が上がる。女子の教育に対する規定のない地域も多く、何とか授業に出席できたとしても、彼女たちの身の安全はいっさい保障されていない。

　もしもアフリカの学校で男女別の入り口や列を見かけたら、男子だけに開かれていた1つの扉を2つに増やすため、女子や女性たちがどれだけ過酷な闘いに身を投じてきたのかを、ぜひ心にとめてほしい。

男女の別を示すトイレのマーク

> おや、通りからオルガンの音が聞こえてくる――しかもワルツだ！
> とりあえずここまでにして、音楽を聞きに行くとするか。
>
> バイロン男爵（英国の詩人）

行儀の良いワルツ

　米国の上流階級、しかも一定の年齢以上の人なら、「コティリオン クラス」の厳しいレッスンで苦しんだ記憶があるだろう。テーブルセッティングのルールから、洗練された会話の進め方、お礼状の書き方まで、さまざまなマナーを叩きこまれる講座のことだ。

　コティリオン クラスを取り仕切るのは身分の高い女性で、受けるのは少年少女たち。若き紳士淑女に上流階級入りへの準備をさせるのが目的だ。最初の実践となるのが社交界デビューの大舞踏会で、これを「コティリオン」という。女性が求婚・婚約・結婚を検討できる年齢になったことを知らせるための行事だった。

　大舞踏会ではさまざまなタイプの社交ダンスをするので、コティリオン クラスにも社交ダンスのレッスンがあった。女子は男子とペアを組み、ぎこちない姿勢でベニヤ板の床を行き来し、フォックストロットやボックスステップ、それにもちろんワルツといったステップとリズムを習得していく。コーチや大人たちはレッスンのときから子どもたちにパーティドレス、靴、ジャケットとタイを着用させる。

　面白いのは、こうした華やかな衣装がコティリオンという名前の由来であるということ。17世紀のフランスで「コティヨン」というと、同じステップを繰り返す「コントルダンス（社交ダンス）」を指した。コティヨンというのはもともとペチコートのこと。パートナー交代のためにターンするとき、女性の衣装がひるがえってペチコートがちらりと見えることからこの名前がついた。

大理石も、王子の姿をした黄金の像も、
この力強い韻文詩より長く生き延びることはありますまい。
ウィリアム・シェイクスピア（英国の劇作家、詩人）『ソネット55』より

無意味な言葉遊び？

薔薇のまわりで輪になって
ポケットも薔薇でいっぱいで
ハクション、ハクション
みんな　バタン！

　この歌から思い浮かぶのは、子どもの無邪気な遊び？　それとも黒死病（ペスト）？　有名な英語の伝承童謡「マザー グース」には政治的・社会的意味が隠されているものが多い、と一部の人は信じている。

　英語圏では19世紀頃から、こうした伝承童謡のことを「保育唄（ナーサリー ライム）」と呼ぶようになった。言語にかかわらず、世界中の母親たちは独特の音を口ずさんで子どもをあやし、寝かしつける。欧米の場合、その音は「ル、ル」や

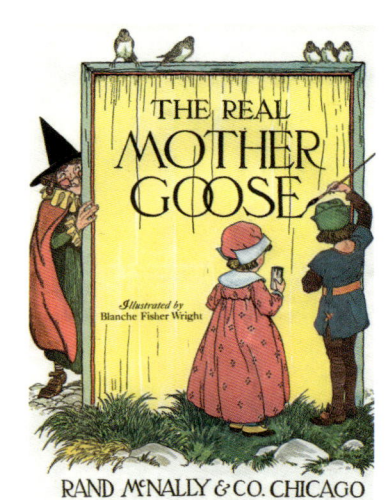

古くから伝わる「マザー グース」の中でも、特に人気のある一冊

「ラ、ラ」や、「バイ、バイ」だ。研究によると、子守唄を意味する「lullaby（ララバイ）」という言葉は、この3つの音を合わせてできたらしい。親たちはこうしたシンプルな音を組み合わせて、子どもを楽しませる詩を作った。

　こうして生まれた子守唄、保育唄は、確かに幼子の心を落ち着かせる効果がある。音の繰り返しやメロディが心地よいのだ。何より興味深いのは、こうした詩が子どもの記憶力や知力の向上に貢献するということ。無意味な言葉遊びなどではないというわけだ。

親戚

家だと兄弟げんかをするわ、洋服を脱いだら置きっぱなしにするわ、親に悪態をつくわで、とにかく行儀の悪い我が子が、他人の家に行くと、一変して子どもの鑑（かがみ）みたいにお行儀よくなるんだから！
——人の親なら、おそらく万国共通でこんな愚痴を言うのではないか。

人間は大事な人にこそひどい仕打ちをする。幼い頃からそうなのだ。血のつながりのある人というのは、一番近しい存在であり（絶対ではないが）、一番自分のことを大切に思ってくれる人なので、私たちはついつい愛情のありがたみを忘れてしまう。

血のつながりは実に面倒だ。それは相手を選べないという点にも表れている。頼んでもいないのに恋人や結婚の忠告をしたがる叔母さん、遊びにくるたびに近隣を偉そうに品評する従兄弟……。大目に見てやりすごそう、と自分を納得させることもできるが、縁を切るのでない限り、大目に見てやりすごす場面がいったい何度あることやら。

> 子どもに地に足のついた
> 生き方を望むのなら、
> 何らかの責任を
> 負わせるとよい。
>
> アビゲイル・ヴァン・ビューレン
> （米国のコラムニスト）

他人ならば話は簡単だ。行儀作法が気に入らないなら、その人を無視すればいい。友達だって選ぶことができる。選び続けていけば、同じマナーや態度を大事にする者同士の交流世界が築かれる。最終的には一番好きな人をひとり選び、その人と一緒に暮らしたり、結婚したりするのかもしれない。しかし、その先にも決して避けられない人づきあい……その大好きな人の身内とのつきあいが待っている。

おじぎをするなら、頭は低く。
中国の格言

長老におじぎをする

ヒンディー語で、ひれ伏す礼のことを「ナマスカラム」と言う。何千年も前から行われている礼の形式で、ヨガのレッスンの始まりにもナマスカラムの原型である太陽礼拝のポーズをとる。「ナマステ」という言葉は、「あなたの内なる神にひれ伏します」という意味。大昔のヨガの行者は太陽を聖なる力の源と考えていた。完全に身を低くするナマスカラムの平伏は、神にすべてをゆだねることを示している。現代の欧米人は東洋のエキゾチックな慣習をもてはやすが、ヒンディーのナマスカラムによく似たポーズは初期のキリスト教でも見られた。

合掌は、インドではあいさつを意味する

伝統的な民族衣装をまとったインド人女性。ナマスカラムのポーズを取る

ナマスカラムは自我を排して内なる神に敬意を示すための所作なので、インドの人々がこれを一族の長老へのあいさつとして取り入れたのも、ごく自然なことだった。1960年代くらいまで、子どもは祖父母の前でナマスカラムのポーズを取り祝福の言葉をもらっていた。

興味深いのは、ナマスカラムのやり方に男女の違いがあること。女性が行う「パンチャーンガ・ナマスカラム」のポーズは、深々とひれ伏しながらも、子宮のあたりと胸は決して地面につけない。これは、子宮と胸が、新しい命を授かり育てていくための大切な場所だからだ。

> 男がどんなに成功しても、義母は決して認めようとしないもの。
> ヴォルテール（フランスの文学者、1694～1778年）

第2の親

　結婚して義理の家族とのコミュニケーションに頭を抱えた経験がない人なんて、この世に存在しないはず。1960年代の人気ドラマ『奥さまは魔女』でも、主人公サマンサの母エンドラは、義理の息子であるダーリンとなかなか理解しあえない。何しろダーリンが人間で、エンドラは魔女だから。しかし、たとえ同じ人間同士としても（たぶん）義理の家族を理解するのは至難の業にちがいない。

　フランスでは義理の親のことをles beaux parents（レ ボ パランツ）と呼ぶ。「洗練された親」とは、フランスらしい優雅な表現だ。Schwiegereltern（シュビーガエルテルン）という長たらしい名称で呼んでいるのはドイツ人。中世のドイツ語で「姉妹／母親」を指す言葉が語源だ。

　興味深い妥協案を採用しているのが、イタリア語の表現。ここでは文法が一種の仲立ちをしている。男女ともに義母のことは親密な家族の意味をこめて「Mamma（マンマ）」と呼ぶ

義理の家族は、その呼び方だけでも難しい

が、義母に二人称の「あなた」で呼びかけるときは、とても親密な相手に使う「tu」や、よそよそしさが感じられる敬称の「lei」ではなく、真心のこもった「voi」を選ぶのだ。

　米国では、義理の親に呼びかけるときの表現が特に決まっていないようだ。ファーストネームで呼ぶ人もいれば、単に「お母さんMom（マム）」や「お父さんDad（ダッド）」と呼びかける人もいる。どちらもしっくりこない、と感じる人も、もちろんいるかもしれないが。

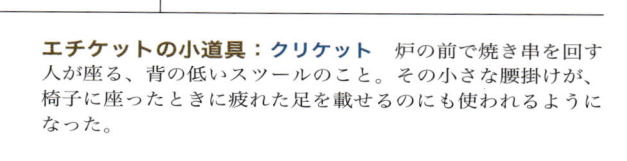

エチケットの小道具：クリケット　炉の前で焼き串を回す人が座る、背の低いスツールのこと。その小さな腰掛けが、椅子に座ったときに疲れた足を載せるのにも使われるようになった。

> 決して意固地にならず、決してやる気を失わず、触れても決して痛みを与えないこと。
> チャールズ・ディケンズ（英国の小説家）作品『我らが共通の友』の台詞

微妙な話題

2011年4月のロイヤルウエディングでは、世界中が固唾をのんで「世紀のキス」を見守った。ウィリアム王子がメディアに対して、PDAは遠慮しておく、とたびたび明言していたからだ。PDAとは「Public Displays of Affection」の略で、人前で愛情表現を示すこと。そのため、王子とキャサリン・ミドルトン（現ケンブリッジ公爵・公爵夫人）がバッキンガム宮殿のバルコニーでぎこちなく口づけを交わしたときは、キスそのものだけではなく、堅苦しいマナー意識を打ち破ったことに対しても歓喜の声があがった。2人はバルコニーを去る前に、ふたたび寄り添ってキスを交わした。

ウィリアム王子は、サンドハーストにある英国陸軍士官学校に入り、現在では、英国空軍将校として任務についている。したがって、軍隊の長い伝統にならい、PDAを慎む立場にある。

一方、韓国のように分別や体面を重視して、なれなれしく触れ合うのはよろしくないと考える文化も多い。外交官やビジネスマン向けのウェブサイトでは、韓国のビジネスパートナーに対して、むやみに背中や肩をポンと叩いたり、触れたりしないよう注意を呼びかけている。この国では体を接触させるのは仲の良い友人や家族に限られるのが一般的だ。ところが、韓国の伝統的な大衆浴場の光景は正反対。まったくの他人に体の隅々まで垢すりやマッサージをしてもらうのだ。プロのサービスを受けるのと、ただの知り合いが気安く体に触れるのとでは、わけが違うと考えている。

ケンブリッジ公爵夫妻が垢すりのサービスを受けることはないと思うが、あのおふたりならまず間違いなく、韓国のPDA反対に賛同することだろう。

第 5 章

アフリカでは、物事は大きく考えよ。
セシル・ローズ（英国の政治家）

村をあげての宴会

　結婚を決めた女性は、女友達と何度もお祝いをする。婚約を祝って乾杯し、正式に発表したらランチで集まり、ブライダル シャワーと呼ばれる前祝いのパーティをして、さらに結婚式前に独身最後のパーティを開く……。

　結婚前の花嫁が友達や親戚を集めて行う伝統行事といえば、インドのメヘンディ パーティがある。メヘンディとは、欧米ではヘナ タトゥーと呼ばれることもある消せるタトゥーのこと。古くからあるアートで、かなり複雑なデザインを描くこともある。皮下に顔料を埋め込む本物のタトゥーと違って、ヘナという植物の染料を使って模様を描く。施す位置は手の甲や足の裏。手の甲や足の裏の皮膚にはケラチンが多く、ヘナがそのケラチンによく絡むからだ。描かれた濃い茶色の渦巻きやラインやドットの模様は、次第に薄れて消えていく。

　結婚前のメヘンディ パーティは、基本的には花嫁の家族と友人のための行事。たいていは花婿も参加する。ときには花嫁が花婿に紫のメヘンディを入れることもある——紫なら、結婚式の参列者たちがどんなに明るい色の衣装を着ていても馴染むからだ。プロのメヘンディ・アーティストを雇うこともあれば、花嫁の身内が花嫁にヘナの模様を施すこともある。デザインは複雑で、渦巻きや花模様のどこかに花婿のイニシャルが隠されている場合が多い。

　もちろん最近では、インドの花嫁でなくてもヘナの渦巻きを描いてもらうことはできる。ヘナ タトゥーは米国のお祭りにも浸透し、デザインもインド特有のものではなくなってきている。

祭事

礼儀作法がきちんと身についていれば、おのずと社交の場にも呼ばれる機会が多くなるというもの。行儀のよさは、プラスの連鎖をもたらしていく。対人スキルが向上し、一緒にいたいと思ってもらえるようになり、ほかからも声がかかるようになり、礼儀正しい態度を実践する機会が増える……という具合に。地域の人々が集う特別な行事も、そうした機会のひとつだ。

祭事の成功はコミュニティしだい。さまざまな年齢、地位、レベル、性別、能力の人たちが集まるコミュニティがあってこそ、祝賀の行事も開かれる。カナダの社会歴史学者マーガレット・フィセルは、著書『感謝という贈り物』で、フランスのとある地方のお祭りについて詳述している。祭りの首尾を左右するのは地元の人の参加状況だ。人々が参加すれば祝いの席が盛り上がる。

> これほどかわいい子どもはどこにもいないが、寝てくれると母は安堵した。
> ラルフ・ウォルドー・エマソン
> (米国の哲学者、1803～1882年)

地域に根づいた祭事が楽しい要素はほかにもある。そこに集まる人々は、基本的には全員が幼い頃からその地域で教えられた同じ作法を守っているので、居心地がいいのだ。参加者の役割やルールが決まっている行事のほうが、開催頻度は高くなる。

とはいえ、こうしたルールも結局のところ、自分たちのエチケットしだい。すべてがつつがなく進行すれば、楽しい気持ちが味わえて、来年もまた集うことができる。

誕生日とは、時という広い翼にある羽根。
ジャン・パウル（ドイツの作家、1763～1825年）

プリンセスになる日

　テキサス南部など、米国でもヒスパニック系住民が多い地域では、着飾った男女のグループがひときわきらびやかなドレスを着た女の子を教会やレストランに連れて行く光景をよく見かける。そのドレスの女の子はきっと「キンセ」に違いない――15歳の誕生日を迎える子のことだ。同じく15歳の女の子が「ダマ」と呼ばれる付き添い役となって、特別な1日のお伴としてキンセを盛りたてる。

　キンセの祝い「キンセアニェラ」（意味は文字どおり「15歳」）は、ヒスパニック系の少女にとっては大事なイベントだ。昨今のキンセアニェラはミサに出席するのが一般的。それができなくても、ローマカトリック教会へはあいさつに行く。この行事の歴史は古く、紀元前500年のアステカ文明にまでさかのぼる。当時、15歳になった少女は一人前の女性として結婚や出産の準備ができたとみなされた。キンセアニェラは、ひとりの大人として社会に迎え入れると同時に、文化の理想を教えるための行事でもあった。

　現在、この成人の儀式はメキシコからプエルトリコ、キューバ、中南米へと広がり、堅信礼（信仰告白式）、誕生日、社交界デビュー、家族のパーティが組み合わさったイベントとして行われている。家族は1年前からキンセアニェラの計画を練り始める。

思いきり着飾ったキンセの少女

在りし日のマナー：「お嬢さんを僕にください」　かつて女性は夫の所有物で、子どもは親の所有物だった。結婚したければ、男が相手の父親の許しを得るのが法で定められた決まりだった。そうしなければ花婿が他人の財産を盗むことになるからだ。今でも、古風な人やロマンチストのカップルはこのやり方を踏襲する。でも幸いなことに、これは法的義務ではなくなった。

> 似ているところは分かち合い、違うところは称えよう。
> M・スコット・ペック（米国の精神科医、作家。1936〜2005年）

2つの国のバランス

多くの国には、革命や独立を記念し、あるいは紛争を後世に伝えるための国家の祝日がある。フランスにはフランス革命記念日。米国には独立記念日。そしてニュージーランドには、1840年に英国とのあいだでワイタンギ条約を締結した日。ニュージーランドは、植民地主義の影響を受けた国としてはきわめてめずらしいことに、早々に原住民の独立とヨーロッパの介入とのバランス確立に成功した。ワイタンギ条約には最終的に500人を超えるマオリの首長が署名し、ニュージーランド建国を決めた文書となった。

条約にもとづき、マオリは英国の主権を受け入れることに同意し、その代わりに市民権と土地所有権を得た。ところがワイタンギ条約が正式に批准されることはなかった。1975年に条約の尊重を求める法律が制定されたにもかかわらず、特に領土権と海底権に関しては、この条約はいまだに衝突の原因をはらんでいる。

問題なのは、これが英語とマオリ語の両方で書かれていて、しかも双方の意味が合っていないこと。たとえば英語版は林業と漁業に関してマオリ側の管理を約束しているが、マオリ語版では言語と文化の保護も提示している。英語版では権力全般を移譲する旨が含まれている一方、マオリ語の翻訳では分かち合うような意味になっている。

このように問題をはらんだ文書ではあるものの、マオリの人たちはこの文書がニュージーランドという国に与えた影響や、マオリを尊ぶ精神をたたえ、毎年2月の記念日を祝うのだ。最近では、この祝日にニュージーランド固有の風習を祝ったり、国家の歴史全体を紹介する取り組みも積極的に行われている。

ニュージーランドのマオリの木彫り細工

第5章

音楽が流れているあいだ、あなた自身が音楽だ。
T・S・エリオット（英国の詩人）

松明のお祭り

　中国南西部に住むいくつかの少数民族は、中国のカーニバルともいわれる独特の松明（たいまつ）祭りを祝う。

　この祭りの起源は、阿体拉巴（アチラバ）という名前の伝説の格闘家にある。阿体拉巴は松の木から作った松明を使い、イナゴの大群を撃退したという。現在は3日間にわたって松明を燃やし、害虫を駆除する。そうしないと植えたばかりの作物がすべて虫に食いつくされてしまうからだ。しかし、燃える松明の周りでただ立っているだけではつまらない。そこでイ族、ペー族、ハニ族、リス族、ナシ族、プミ族といった人たちが、何百年という時を経るあいだに、だんだんと歌や踊り、競馬、闘牛、レスリングといった娯楽を加えていった。これで三日三晩眠らずに済むし、それぞれの娯楽も火が使われると、格段に面白さが増す。雲南省のイ族は競馬の馬に松明を飛び越えさせる障害を用意した。四川省のリス族は、炎を吐く龍を模したパレードを行う。

　松明祭りは火に対する古代の信仰とも結びつく一方で、農業の経験を若い世代に教える年老いた世代への尊敬もこめられているのだ。

中国雲南省、伝統的な衣装をまとって炉端で作業をするイ族の女性

マナーに生きた人々

フレデリック・ダグラス

奴隷だったフレデリック・ダグラスは、南北戦争の何十年も前に、自分の力で自由を勝ちとった。彼はあらゆる意味で時代のパイオニアだった。アフリカ系米国人としては初めて公民権党から副大統領候補に指名されている（このとき大統領候補に指名されたのはヴィクトリア・ウッドハルという女性）。愛妻アンナ・マーレイ＝ダグラスが1882年に亡くなると、急進的なフェミニストであるヘレン・ピットと結婚し、大きく騒がれた。彼女が白人で、しかも20歳も年下だったからだ。

米国史でもっとも偉大な人物のひとりに数えられるダグラスは、しきたりなどまったく意に介さなかった——奴隷だった頃の彼には何の意味もなかったからだ。メリーランド州イースタンショアで奴隷の母（父親は白人だが、どこの誰かはわからない）から生まれたダグラスは、母親から引き離され、まともな教育を受けられず、虐げられた10代を過ごした。

ところが、彼を奴隷として使っていたある家庭で、主人の妻がこっそりダグラスにアルファベットを教えた。当時、奴隷に読み方を教えるのは法律で禁じられていたため、夫人にとっては危険な行為だった。結局は夫の指示でレッスンは中止になったものの、ダグラスはその後も独学で読み書きを学んだ。自由になると心を決めて、その2年後にボルチモアを抜け出し、1日かけてニューヨークへ逃げのびたのだ。

新聞や本など充分に所有できなかった奴隷のダグラスだが、最後には自伝と週刊誌を発行す

フレデリック・ダグラス
（米国の奴隷制度廃止論者、作家、政治家）

るまでになった。「読み方を学べば、永遠に自由でいられる」とは本人の弁だ。平等の権利を手にするために一番重要な方法は教育だ、と彼は確信していた。奴隷制度廃止や選挙権など、数多くの活動に貢献しながらも、彼にとってはつねに教育が何より大切なものだった。教師と生徒のあいだのマナーも教育の一部であり、そこからコミュニケーションが生まれるのだ、とダグラスは感じていた。

第 5 章

クロゼットの骸骨を始末できないのなら、ダンスのステップを教えるといい。
ジョージ・バーナード・ショウ（アイルランドの劇作家、1856 〜 1950 年）

スケルトン ダンス

メキシコなどのスペイン語圏で毎年行われる「死者の日」のお祭りは、現在では 11 月上旬のカトリックの祝日「諸聖人の日」と結びついているが、その始まりは古代部族の慣習にあった。

「死の淑女」に捧げる「死者の日」のお祭りは、かつてはアステカ暦で現在の 8 月に相当する期間に丸 1 ヵ月にわたって開かれていた。死と再生の象徴である頭蓋骨を飾る習慣もあった。頭蓋骨には死者を尊ぶ意味があり、その持ち主である死者が儀式のあいだに訪れてくれると信じていた。死を人生の終わりとみなしたスペイン人とは異なり、アステカの人々は、死後も命は継続すると考えていた。彼らにとって人生は夢うつつの世界で、死んで初めて本当に目

死者の日に、頭蓋骨のコスチュームを着たメキシコ人

が覚めるのだ。

とはいえ現代のメキシコ人は、霊の存在を信じるかどうかはおかまいなしに、家や墓に、オフレンダと呼ばれる小ぶりで手の込んだ祭壇を作る。そして亡くなった人の霊が喜びそうな甘いお菓子や食べ物を供えたり、彼らの栄誉を称える短い詩を記したり、「死者のパン」や精巧な頭蓋骨の形のキャンディなど死と頭蓋骨をテーマにした料理を持参して墓地でピクニックをしたりする。霊に敬意を表し、墓石をきれいにして飾りつけを終えたら、家族同士で亡き人たちの思い出話に花を咲かせるのだ。

マナー違反で名を馳せる：結婚相手の名前を間違える　1981 年 7 月 21 日。ダイアナ・スペンサーがチャールズ皇太子に誓いの言葉を述べるのを、世界中が見守った。「私は、フィリップ・チャールズ・アーサー・ジョージを夫とし」。残念、結婚相手の名前は「チャールズ・フィリップ・アーサー・ジョージ」だ。カンタベリー大主教はそのまま式を進めた。

宗教儀式

祭事には、「宗教儀式」にあたるものもある。宗教行為やスピリチュアルな行事に結びついていて、なおかつ具体的な社会的活動を伴う場合だ。純粋に世俗的な祭事とは違って、こうした儀式の場合は、自分が普段から顔をあわせるコミュニティだけではなく、おそらくは会ったこともないような大きな集団単位に対する義務が生じる。宗教儀式を観察すると、その地域の文化がいろいろとわかってくる。魂の救済や霊魂の再生を導くためだけではなく、楽しみのためだけでもない、その中間で社会が選んで大切にしてきた儀式が行われるからだ。

> 子育ての最終的な産物は
> 子どもではなく、
> 親である。
>
> フランク・ピットマン
> （米国の精神科医、作家、1935〜2012年）

　宗教儀式には、ふつうの祝い事とは違って、さまざまな厳しい条件がある。参加できる人間は限られていて、仮に大勢の参加が許されている場合でも、実際に儀式を執り行う責任者は決まっている。

　戦死者や虐殺・災害の被害者の霊を慰める儀式のように、スピリチュアルというより、むしろ地域の生活と強く結びついた宗教儀式もある。たいていは厳粛な雰囲気の中で思いを馳せるための機会という位置づけだ。参加者に特別な役目が割り当てられなくても、それぞれが暗黙の合意に従い、全体がまとまった行動をする。そうして思いを馳せることこそ、儀式の本質にほかならない——めでたいと同時に厳粛でもある行事を通じて、他者との結びつきを、そして現在と歴史との結びつきをかみしめる特別な場なのだ。

> 儀式は国によって違うが、真の礼儀正しさはどこでも同じだ。
> オリヴァー・ゴールドスミス（アイルランドの作家、1730～1774年）

社会への第1歩

大人の世界に仲間入りした若者を祝福するユダヤの行事「バル・ミツバ」と「バト・ミツバ」から連想する現代のイメージといえば、記念品のサテン製ヤムルカ（つばなしの小さなキャップ）、ビュッフェスタイルの料理、バンドの演奏、そしてプレゼントもある豪勢なパーティだ。これらが全部、13歳になった子どものために用意される――当の本人は、何時間も注目される居心地悪さはもちろん、成人になるのがどういうことなのか今ひとつピンときていないものだ。

とはいえ、このヘブライの儀式には古い歴史と厳密な意味があり、決して浮ついたイベントをやるのが目的ではない。近代までの何千年間にわたり、子どもは第2次性徴を迎えれば大人と判断され、信仰における行動、またコミュニティにおける行動に責任が生じる、とみなされてきた。バル・ミツバとバト・ミツバの文字どおりの意味は「良い男の子」と「良い女の子」だが、この言葉には「道徳」と「法的な所有権」という意味も含まれているのだ。

新成人にとって、この儀式でもっとも緊張するのは、書見台（ビーマー）の前に立ってヘブライ語で律法の書（トーラー）を読むときだ。しかし、この祭事のポイントは、1人の人間として他者に対し社会的責任を持つようになったと宣言することにある。若者は戒律に従う義務と同時に、主な礼拝に参加する権利、ミニヤン（一部の礼拝に必要な最低出席者数）として数えられる権利、拘束力のある契約を作る権利、宗教裁判所で証言する権利、そして結婚する権利を手にする。

キッパーを頭にのせ、会堂でトーラーを朗読するバル・ミツバの少年

すべては家庭のなかに

信仰は宴への切符であり、宴そのものではない。
エドウィン・ルイス・コール（米国の宗教家、作家、1922～2002年）

愛すべき魔女

キリスト教徒の国には、「公現祭（エピファニー）」という祝日がある。この祭事の祝い方は、実は国によって異なっている。

福音書によると、賢者がベツレヘムの空に輝く星に導かれ、質素な馬小屋へとたどり着くと、赤子のイエスが飼い葉桶の中におられた。西方教会はこの瞬間を「公現（エピファニー）」としている。

教会が公現祭と呼ぶこの祝日が、クリスマスから12日後の1月6日であることから、英語では「十二夜」とも表現する。オランダでは Driekoningen（ドゥリコーニンゲン）、インドのゴアでは Festa des Reis と呼ぶ。

なかでも創造性に富んでいるのは、イタリア人による解釈だ。「エピファニア」を「ベファーナ」に置き換えて、エピファニーのテーマを年老いた魔女ベファーナで表現することにした。伝説によると、ベツレヘム付近に住んでいたベファーナは、ある晩、扉を叩く音を耳にする。東方の三賢人に幼子イエスのことをたずねられ、鼻で笑って扉を閉めた。だが時間が経つにつれ三賢人の話を信じるようになったベファーナは、いつか「王」を見つけられるのではないかと希望を抱いて、子どもたちにパンやケーキを配るようになった。

イタリアの子どもたちにとっては、公現祭は魔女のベファーナがキャンディなどをくれる日だ。いたずらばかりの子には石炭。いい子にしていればたくさんご褒美をもらえる。

魔女が子どもにお菓子をくばる

一般的なキリスト誕生の場面

第 5 章

無邪気な月、ただ光り輝くだけ
世界の産みのうねりを動かして
フランシス・トムソン（英国の詩人）作品『シスター・ソングス』（1895 年）

ムーンダンス

　韓国人は新年になると「テボルム」という特別なお祭りを催して、お月見を楽しむ。陰暦で最初の満月を見て、季節の移りかわりに思いを馳せるのだ。

　この月見のお祭りにはいささか迷信めいた側面もある。満月の光を受けると体の不調や病気を防げる、と昔の人々は信じていたのだ。月の出を最初に見た人は一年を通じて幸運に恵まれるといわれるので、今でも最初の満月の晩に、月の出を見るために山に登る人がいる。また、テボルムでは殻付きのナッツ（ブロム）を歯で割って食べるというならわしもあり、一年の歯や肌の健康を祈願し、悪霊を退治するという。一方で農家ではテボルムの月を見て、その年の作況を予測した。月の光が淡いとよく雨が降り、赤いと日

韓国ソウルの漢江川岸で行われるテボルム

照りが続き、ほの暗ければ豊作、霞んでいれば不作といわれた。

　別の伝統として、最初の満月の夜に行われる「チィブルノリ」という慣習がある。これは主に農家の人たちが行うもので、田んぼの泥で山を作り、その上に乾燥した草を積んで燃やす。子どもは穴をあけた缶に紐を通し、種火のついた炭を入れ振り回し、炭の煙で害虫を退治する。

　さらにもうひとつ、テボルムに関係のある重要な伝統が、「月の家」という意味の藁の家を燃やす「タルチッテウギ」という風習。儀式のために作った藁の家を焼いて、一年の無病息災を祈るのだ。面白いのは、熱や火にかかわるテボルム期間の決まり文句として、互いに「私の暑さを買って」と声をかけること。過ごしやすい夏の訪れを願うあいさつだ。

すべては家庭のなかに

私にとって人生のすべてが通過儀礼。それはすばらしく、美しいこと。
ランス・ヘンリクセン（米国の俳優）

春よ、来い

　ブルガリア人は1000年以上も前から3月1日を国の祝日として祝っている。「ババ マルタ」と呼ばれる祝日で、意味は「3月おばあちゃん」（気まぐれな老女）。この特別な祝日は、春の訪れを告げる古い儀式の一部でもある。

　この儀式のシンボルが、「マルテニッツァ」という、赤と白の毛糸で作った房飾り。いつからこの房飾りを身につければいいのか、はっきりしていないが、伝統を大切にするブルガリア人は、3月1日〜22日まで手首につけている。手首ではなく、木や、花の咲いた灌木に結んでもかまわない。木の芽が出始めるまで、コウノトリやツバメが飛来するまで身につけ続ける人もいる。米国人が2月2日の聖燭節（グラウンドホッグデー）にウッドチャックという小動物で春の到来を占うように、ブルガリア人はマルテニッツァをつけていれば春が早く来ると信じている。

　ババ マルタには、国の歴史にかかわる伝説もある。ブルガリアの初代国王と、その妹フバのエピソードだ。囚われの身となっていたフバは馬で逃亡を試みるが、頼みの綱のハヤブサがフバの元に戻ってくる前に銃で撃たれ、その血で白いつなぎ綱が赤く染まった。ハヤブサは息絶えたが、フバは兄のもとへ行く道を見つけることができた。そして兄と新しい王国で幸せに暮らしたという。

　こうしてマルテニッツァは平和と愛、健康、幸福のシンボルになった。白は純潔と誠実、赤は命と情熱、友情、愛を象徴している。マルテニッツァの房飾りを小さな男女の人形に編んだものもあって、ピジョとペンダと呼ぶ。ピジョが男の子で主に白、ペンダが女の子で主に赤。スカートを穿いているので違いがわかる。

　この人形を身につけることで、季節がめぐるように人生や命もめぐるのだ、と思いを馳せるのだ。

ブルガリアの房飾りの人形、ピジョとペンダ

義務

世界の文化圏それぞれに、文化と結びついた宗教がある。「宗教 religion」は、「信仰」「信念」と同じではない。この言葉の語源はラテン語のreligare(レリガーレ)で、意味は「結びつけること」。現代の神学者のあいだでほぼ共通する見解によれば、宗教というものが、自分と特定のならわしを「結びつける」からだ。そのならわしとは、たとえば、その宗教の司教となること。さまざまな礼拝を受けること。何を着て、何を与え、何を食べ、何を差し出すか……。生まれたときの立場から、最後の墓場に至るまで、宗教はあらゆる場面に多種多様なエチケットを定めている。

問題を複雑にしているのは、同じ宗教の中でも、正しく生きるとは何か、日常の中で崇高なる力を感じるためにはどうしたらいいかに関して、何十という解釈があり得ること。ほかの宗教を学ぶことは誰にでもできるが、実際には人生でひとつもしくは2つの宗教しか実践しないのがふつうであり、許容される行為や立ち居ふるまいに至るまで、大半の宗教に存在するルールの数々を、すべて身につけるのは非常に難しい。

しかし、ひとつ簡単に覚えておけることがある。それは、自分が信奉するのとは異なる宗教に対する向き合い方。当たり前のきちんとしたマナーで接すればいい。言葉が違っても、知らないシンボルを使っていたとしても、招かれた礼拝に敬意を払うことはできるはずだ。

> 子どもたちは、
> 自分がされたことを
> 社会に対して
> 行うでしょう。
>
> カール・メニンガー
> (米国の精神科医、1893〜1990年)

> 人生を楽しんだら、まずはその分の支払いを済ませること。
> ディーン・インゲ（英国国教会司祭、1860〜1954年）

断食か、祝宴か

多くの宗教には断食の義務がある。一定期間を食べ物も飲み物も摂らずに過ごすのだ。なかでももっとも極端で、世界でもっともよく知られている断食期間はイスラム教の「ラマダーン」で、イスラム太陰暦の第9番目の月に行われる。イスラム教徒で、身体的に健康な大人であれば、男女を問わずこの期間の陽が出ているあいだは、食べ物や水分を差し控える。夕方になって日が沈めば、その日の断食は終了だ。

ラマダーンの期間が断食の時期となった理由は、紀元610年に砂漠を放浪していた預言者ムハンマドが、アッラー（神）から聖なる言葉コーランを与えられた月だったことに由来する。ラマダーン中のイスラム教徒はサウム（断食）を通じて心身を浄化する。夜には祈りを唱えて1日の断食を終わりにする。最初に口にするのは、ムハンマドの言い伝えにならって、ナツメヤシの実など。それからイフタールと呼ばれる食事を食べ、ほかの活動に移る。イフタールはしばしば客を招く理由にもなり、近所づきあいや食事会の機会として活用される。ひととおりの訪問や黙想を終えると、人々は眠りにつき、翌朝は太陽が昇る前に起床する。日の出前にサフールと呼ばれる食事をとって、日没まで体力を維持するためだ。全員が断食をするわけではなく、乳幼児、高齢者、妊婦、病人は免除される。

ラマダーンの月が終わると、豪勢な食事はもちろん、新しい服や靴、おもちゃやプレゼントを用意し、家の飾り付けもして、盛大に祝う。

ラマダーン月の断食明けは、紅茶とナツメヤシで

エチケットの小道具：持ち寄り料理　お客が何人来るかわからないとき、あるいは主催者が充分な量の食事を用意できないときに、「何か料理を1品持ってきてください」とあらかじめ頼んでおく。鮮度や温度を保つために皿に蓋をした料理を持ち寄るのは気遣いのしるしだ。祝日のお祭りや、ベビーシャワーやウェディングシャワーといった行事でも、持ち寄りは行われる。

マナーに生きた人々

ビートン夫人

彼女の名前は、彼女が出版した「料理本」と同意語のようなもの。いや、実際にそのように呼ばれたこともあった。だがイザベラ・メアリー・ビートンという19世紀の英国人女性は、正確には料理人でもなければ物書きでもない。礼儀作法の第一人者というのが、一番的確だ。

独身時代はイザベラ・メイソンという名前だったビートン夫人は、出版業で成功した年配の男性と結婚。それをきっかけに、女性たちが新婚家庭をやりくりするための知識が足りないことに気がついた。そこで本や記事を書くことにしたのだ。家政婦や御者から子守りに至るまで、ヴィクトリア時代のあらゆる立場の人たちに家庭管理の方法を教えるのが目的だった。

ビートン夫人は夫と一緒に通勤もした——これはヴィクトリア時代には衝撃的な出来事で、同じ通勤ルートの男性乗客にとっては迷惑な話だった。女性がいると喫煙もできないし汚い言葉づかいも控えなければならないじゃないか、と。ビートン夫人には子どもがいなかったので、仕事に没頭する時間が充分にあった。1人息子を幼いときに失い、その後も3回の流産を経験。そして彼女自身も28歳という若さで産褥熱により命を落とした。

ところが、書籍と雑誌の出版に精を出した彼女の名前は、ひとつのブランドとして存在感を確立していた。そのため出版社は、彼女が亡くなってからもその事実を公表しなかった。彼女の名前で出版を続けるためだ。そうした本の何冊かにはレシピも掲載されていたが、それはビートン夫人が考案したものではなく、別の資料から集めたものだった。

『ビートン夫人の家庭管理読本』の真の価値は、中流階級の女性たちに、家庭を取り仕切りながら業者や使用人にうまく対応するための礼儀作法を教えている点にあったのだ。

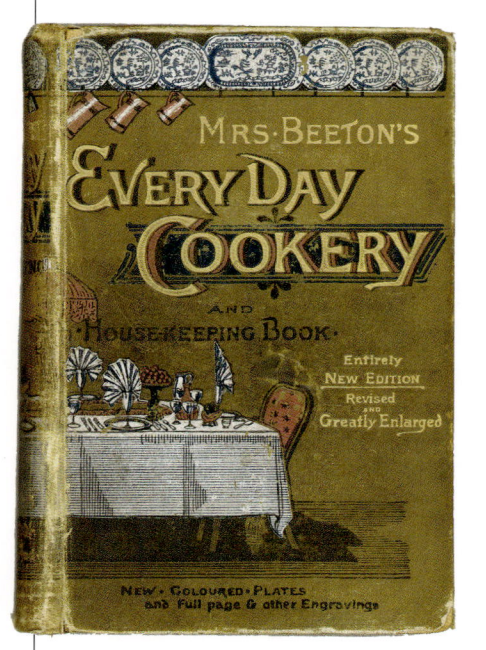

ビートン夫人の家庭管理読本。英国中流階級の女性たちの助けになった

レントが短ければ、イースターでお金を払うことになる。
ベンジャミン・フランクリン（米国の政治家）

揚げ物解禁

多くの文化に、春の始まりを告げる節日がある。そして多くの宗教に、日頃の行いを悔い改めるための聖日がある。キリスト教が現在のヨーロッパに伝来したとき、神父たちは賢明にも、すでに存在する地元の祭りに聖日を重ねたほうが定着させやすいのではないか、と考えた。

キリスト教伝来以前から存在していた多神教の早春の儀式「レント」も、そのひとつだ。レントとは、ゲルマン民族の言葉で「春の兆し」を意味し、人々はこの時期に女神エオストレ Eostre に敬意を表して祝祭を行う。のちにレントがキリスト教の「四旬節」と結びつけられたとき、この女神の名が四旬節のあとの聖日「イースター Easter」の語源となった。

美しい模様が描かれたポーランドのイースターエッグ

ラテン語を使わない人たちにとって、四旬節を意味する「Quadragesima」（クアドラジェシマ）よりはレントのほうがずっと言いやすかった。ローマカトリック教会はこの期間に厳しい断食を課した。肉や脂など贅沢な食べ物は徹底的に避けなくてはならない。これには「食べ物は無限ではない」と気づかせる意味もあった。

その結果、多くの地域で、レント開始の前日は特別な休日になった。英国では懺悔の火曜日、フランスではマルディグラ（脂肪の火曜日）（ファット チューズデー）と呼ぶ。食料貯蔵室にある傷みやすい脂や肉をすべて使い果たすため、この日にありったけの揚げ物を作るのだ。英国では今も多くの町で、懺悔の火曜日にパンケーキ祭りが開かれる。それに引き換え脂肪の火曜日のカーニバルのほうは、揚げ物料理にアルコール、破廉恥な行為の数々で世界中に悪名が響き渡っている。

イースターの甘いお菓子、ホットクロスバン

第5章

> 偉大な人とは、精神は物の力よりも強いこと、思想が世界を支配することを理解している人である。
>
> ラルフ・ウォルドー・エマソン（米国の思想家、1803～1882年）

日々の祈り

イスラム教徒は、できれば一生に少なくとも一度はハッジ（メッカ巡礼）を行うようにいわれている。ローマカトリック教徒も、多くがフランスのルルドや、ポーランドのチェンストホバといった聖地に巡礼する。ユダヤ人はエルサレムの嘆きの壁を訪れる。ヒンドゥー教徒は？彼らには祈りの儀式「プジャ」がある。

プジャ（プージャ）とはもともと、祈り、歌、儀式を通じて神に敬意を表する行動のことだ。魂の結びつきを生み出すことを何より大切にして、人々がその結びつきを保てるように、絵画や木の枝や美しい花瓶といった品物を利用する。その品物が神の無限のエネルギーで満たされると考えるのだ。

プジャは毎日できる儀式である。体を洗い着替えたあと、食べたり飲んだりする前に行う。複雑なプジャをしたい場合は1日に数回でも寺院を訪れて、そこで行う。寺院で行う正式なプジャは16段階あり、神の足を洗う、神の肖像に香油を塗る、さまざまな食べ物や飲み物を捧げるといった作業をこなす。

自宅を訪れた客人にもプジャを行う。たとえば、旅行者がインドの家庭を訪ねると、椅子に座らされて足をきれいに洗ってもらうことがあるのも、そのひとつだ。一方で、「ディワリの祭り」のように、大勢の人が集まる大規模なプジャも数多く行われている。

ベールをかぶり、キャンドルの光でプジャを行うヒンドゥー教徒

象の頭をしたヒンドゥー教の神、ガネーシャ。障害を取り除く

> 過去に生きてはならない、将来の夢に生きてはならない、今このときに心を集中せよ。
> 仏陀

自由に羽ばたく

キリスト教徒は春にイースターを祝い、ユダヤ教徒は過越祭(すぎこしのまつり)を祝う。そして仏教徒には春の祝日「ウエサク祭り」がある。国によって名前も書き方も違うが、簡単に言えば「仏陀の日」という意味だ。

仏教徒が必ずウエサクを祝うわけではないが、少なくともタイでは、この日が重要な宗教上の祝日となっている。古代インドにおける仏教の開祖で、「仏陀」として知られている指導者ゴータマ・シッダルタの誕生と生と死を称える日だ。

この日、信者たちは夜明け前から寺院に集まり、仏陀、ダルマ(仏陀の教え)、サンガ(教えを伝える僧たち)に対して歌と祈りを捧げる。祭壇の周りには花やロウソクや線香が並ぶ。多くの仏教徒は、思考に曇りも汚れもないことを示す白いローブを身にまとう。

仏陀の日の食事は精進料理だ。何より興味深い慣習は、鳥や動物や昆虫を解き放つこと。仏陀の悟りで得られた知恵によって人が解き放たれることを象徴している。

ウエサク祭りで敬虔な仏教徒が仏像とともに行進する

人生というゲーム

「友好的な戦いをしておけば、別の場面、別の時代で勝利の果実を実らせる種になる」。

米国のダグラス・マッカーサー元帥は、スポーツの試合を実際の戦闘になぞらえてこう語った。現代の戦争兵器の威力を鑑みると、あまり使いたい表現ではない。しかし、この言葉から学べることは、人間が競争をどれほど重視しているかだ。競い合って遊ぶのは子どもの専売特許ではない。スポーツ、ゲーム、教育、そして人生のさまざまな通過儀礼に、生き残りと競争という大きな問題が映し出されている。

とはいえ、スポーツにも独自のエチケットとルールがある。チーム競技ではとりわけそれが顕著で、特に米国陸軍士官学校と海軍兵学校のアメフト対抗戦を観戦しているとよくわかる。チームごとにマスコットを作る（ラバとヤギ）、学校ごとのユニフォームを着用する、応援歌を歌うなど、この試合から始まった慣習が、多くの大学にも伝わった。何より重要なのは、人としての根本的なルールを守り、それを伝えたこと。毎年開催される試合のあとで、両チームは勝敗を問わず握手をする。みじめな敗者のまま試合を終えたい者など、誰もいないのだから。

1940年代の米国公共事業促進局のポスター。健康のために水泳を推奨している

スポーツ用具

細長い袋に収めたヨガマット。テニスやスカッシュのラケットが入ったジッパーつきのケース。シャワーの道具とランニングのシューズで膨らんだ大きなバッグ……かさばって大変なこともあるが、そんなふうに道具を運べるのは、むしろ手頃なスポーツだ。ホッケーやスキーや狩猟のように、簡単に持ち運べない特別な道具があるスポーツと比較するとよくわかる。馬に乗って狩りをするのが趣味だとしたら、細身のブーツと狩猟服、特別にあつらえた馬具、きちんと訓練した馬が必要だ。もちろん道具をそろえなければならないスポーツにも魅力があるが、道具の持ち運びがあまり苦にならないスポーツのほうが、日常的な運動の習慣としては取り組みやすい。

現代の欧米社会はゆたかで、ヨガのような古代のトレーニングにさえ、あれこれと小道具をそろえる余裕がある。ヨガをやるのに本当に必要なのは、布きれより少しマシなくらいな着衣と、猫の額ほどの大地だけ。でも現代の愛好家は特別なマットを買い、マットに吹きつけるオーガニック アロマスプレーを買い、竹繊維のヨガパンツを買い、ポーズをとるための専用ストラップを買い、レッスン後のリフレッシュにマンゴー フレーバーのココナツウォーターを買う。

あれこれ道具をそろえるのは、広告におどらされ、欲望に突き動かされたためとは限らない。宗教上の理由がある場合もあれば、現実的な心配に根ざしている場合もある。社会的通念に沿ってそろえることもあるだろう。用具の多いスポーツのひとつゴルフでは、ホールからホールへクラブの入った重たい荷物を運ぶキャディー（たいていは若い男性や少年がこの仕事をする）を使うのが、正式なエチケットだ。ゴルフ文化が廃れないように、何世紀もかけて、この大変な重労働を名誉な仕事として定着させてきたのだ。

> 水、空気、清潔。余の重要な常備薬だ。
> ナポレオン（フランスの軍人、政治家）

ジムの始まり

　現代人が「ジムに行く」と言うとき、それは「運動用具とマシンがたくさん置いてあって、できればシャワー設備もついた施設を利用する」という意味だ。しかし、「ジム」または「ギムナジウム」という言葉は、最初は単に場所のことを指していた。集団でギムナスティック（体操）を行える場で、屋外の場合もあった。

　現代のジムに相当するものが誕生したのは、19世紀なかばのドイツ。フリードリヒ・ヤーンという人物が公共の運動場「トゥルンプラッツ」を設立し、体操を普及させた。ドイツから米国へ移民が渡っていた時期に、「体操連盟（トゥルンフェライン）」と呼ばれる組織が米国でも誕生し、特にオハイオ州シンシナティやテキサス州ルイスヴィルではコミュニティの形成に重要な役割を果たし、加えて政治に対する発言力ももつようになった。いくつかの連盟は実際に影響力があり、リンカーンの大統領当選に一役買ったほどだ。

　20世紀には2度の世界大戦があり、当然ながら体操連盟の立場も危うくなった。時代が流れるにつれ、連盟は徐々に政治や教育の問題にはかかわらなくなり、身体的な鍛錬と健康に主眼を置くようになる。ラテン語の Mens sana in corpore sano（メーンス サーナ イン コルポレ サーノ）── すなわち「健全な肉体に健全な精神」を哲学として掲げ、屋内外の運動を推進した。その屋内用のトゥルンプラッツが、今で言うジム、専用の場所や機材を使って筋肉を鍛え心拍数を上げるための施設の前身となった。

フリードリヒ・ヤーンの厳格な表情は、現代的なフィットネスのイメージには合わないように感じられる

> フェンシングは繊細で巧妙なゲームだ。
> はったりをかければ、はったりで返される。
>
> シャルル・L・ド・ボーモン（フェンシング選手、外交官）

突きの確認

「レイピア ウィット」といえば、刺すようにキレのあるユーモアのこと。ではレイピアとは一体何だろうか。ついでにエペやフルーレやサーブルというのは何のことだか知っているだろうか。

これらは全部フェンシングで使われる武器の名称だ。この競技は1896年の第1回オリンピック以来、五輪で欠かさず競われている4種の競技のひとつでもある。

今では精巧な電子審判器を利用して、皮膚を突き破る強さである750グラムの圧力がかかったかどうか測定するが、もともとは最初に血が流れた時点で名誉は守られたと解釈した。皮膚がほんの少しこすれてわずかな血が滲んだだけでも、それで試合は終了だ。

フェンシングがスポーツ競技として確立し、血を流す競技ではなくなってからは、突きが決まったかどうか、審判やコーチが判断できる基準を設定する必要に迫られた。本当に血を流させるわけにはいかないが、あくまで得点の判断基準は「血を流せるかどうか」。そのため19世紀には、剣の先にインクや煤やチョークをつけて、白いユニフォームを着用し、跡が目立ちやすくする手法が推奨された。

現在のフェンシングでは、電流の流れる剣とユニフォーム（色は今も真っ白）で、最新鋭の技術を使って突きを記録する。血を流し命を賭ける決闘の手段でなくなったフェンシングは、熾烈さこそ変わらないものの、紳士的なプレーで得点をあげるスポーツに変わった。

エペを突き出す現代のフェンサー

エチケットの小道具：痰つぼ　酒場、法廷、結核患者用に病院の診察室に置かれた「痰つぼ」（「唾を吐く」という意味のポルトガル語 cuspir から「カスピドール」とも呼ばれる）。最近ではあまり見られないが、噛みタバコの愛好家は今でも使うことがあるし、専門家がワインのテイスティングをするときも、酔わないように口に含んだワインを専用の入れ物に捨てる。

> スタイルは、流れにあわせて泳ぎ、
> 信条は、岩のごとく立つ。
> トーマス・ジェファーソン（第3代米国大統領）

水着の表面積

　信心深いムスリムの女性は今日でも、水泳をする際はバーキニ（ブルカとビキニを組み合わせた造語）を着るべし、という規則を守っている。全身を覆って頭にも布を巻き、出ているのは顔と手と足だけ、というスタイルだ。

　歴史をひもとくと、女性が頭から足まですっぽり覆って水に入るというのは、このバーキニが初めてではなかった。古代ローマでは、女性たちが露出度の高い格好で風呂を使っていた様子が、壁画で確認されている。

　だがその後、女性の水着は姿を消し、18世紀頃になって、ふたたび「海水着」として登場した。透けた長いガウンで、水に入ったときに浮かないように、裾に小さな重りを縫い込むこともあった。ブルマの上にチュニックを着て、しかもブルマとストッキングのあいだに3〜6センチほど肌が見えるという、「衝撃的」な格好で泳ぐようになったのは、それから1世紀以上も経ってからのこと。

　えっ、泳ぐのにストッキング？　現代人にとってはそれこそ衝撃的に聞こえるかもしれない。しかし、ほとんどの水着は小さい布切れを体に貼りつけるようにして、最低限の面積を隠すだけという今の時代でも、まだバーキニのような水着を求める声もある。欧米の一般的なビキニと、一般的なバーキニの違いは、使用する生地の長さだけではない。それは宗教上の礼儀正しさの違いであり、社会で当然とされる基準の違いであり、個人の選択の違いでもある。ただ、体型を隠したいという理由だけでバーキニを選ぶと、暑い日は大変かもしれない。

パブロ・ピカソの1918年の作品「海水浴」

第6章

> パッティンググリーンでクロッケーのマレットやビリヤードのキューを使えたら、
> ゴルフは何の面白味もないゲームとなるだろう。
>
> アーネスト・ヘミングウェイ（米国の小説家）

芝生からテーブルへ

　フランスとイタリアの田園地方で、昔から年配の男性たちに楽しまれている球技がある。芝生や土などのレーンに小さな木製の球を転がしてゴールを狙う遊びで、古代ギリシャの「スファリスティクス」という石球のゲームから発展した。現代のヨーロッパに相当する地域で使われていた初期の木製の球は、重さを出すため表面にびょうが打ってあった。これらの球技がいくつか合わさって、18世紀から19世紀のあいだにクロッケーが生まれる。木槌（マレット）で球を叩き、U字型の小さな門をくぐらせるゲームだ。

　地面を転がす球技のルーツとしては、さらに古くに、「グラウンド・ビリヤード」といわれるゲームがあったらしいが、その実態についてはほとんど知られていない。わかっているのは、少しばかりの面積の芝を簡素な土手で囲んで行っていたゲームを、フランス国王ルイ14世が卓上で行うゲームに変えたこと。ビリヤード テーブルの誕生だ。

　現在のビリヤード テーブルは、脚のついた木製の台だ。表面を緑のフェルトまたはベーズという布で覆い、四方をゴムのクッションが囲んでいて、重いビリヤード球を落とすポケットがある。バーやレストランに置いてあることもあるし、自宅にそなえる人もいる。彫刻をほどこした高級家具として、娯楽室のティファニー風のランプの下に据え付けられるようになっても、球が転がる緑のフェルトには、かつての芝生の面影が残っている。

クロッケーの木製の球とマレット。よく手入れされた芝生でプレーする

トレーニング

「カーネギーホールには、どうすればたどり着けますか?」というクイズがある。答えは「練習、練習、また練習」。スポーツの世界でも、種類やレベルを問わず、理屈は同じ。ある程度までは天賦の才で達成できるが、潜在能力を最大限まで発揮するには、充分かつ継続的な練習を積まなくてはならない。バイオリンで1音階を練習してリサイタルに出られるわけではないように、1回ジョギングをしたくらいでは、どんなに素質あるランナーでもフルマラソンには歯が立たない。

スポーツのトレーニングにもさまざまなマナーがある。ランニングやサイクリングのような個人競技でも、他人とトラックを共有すれば、当然マナーが必要。そしてエチケットも求められる——スポーツ選手にはたいてい上下関係があるからだ。強さ、速さ、柔軟性、連続技の巧さには差があるし、そのすべてに秀でた選手もいる。頭抜けた選手は練習でも優遇される。スポーツの世界は必ずしも公平ではないのだ。

ただし実力によるシビアな差別と、性別による差別では意味が違う。米国では1972年に教育改革法第9条が成立するまで、公立学校は女子の活動に予算を投じる義務がなかった。法律が制定されて体育教育が大きく変化する。米国人女性の多くは、このとき初めて、スポーツを極めるためのトレーニングを平等に受けられるようになった。

> スポーツは、
> 肉体と精神の潤滑油。
> ベンジャミン・フランクリン(米国の政治家)

第6章

自らを尊ぶ心は、鍛錬によって実る。
アブラハム・J・ヘシェル（ポーランド出身のユダヤ人哲学者）

掃き清める

武道をたしなむ者にとって、道場といえば、蹴りや突きの修練をする場所のこと。禅僧にとって道場といえば、瞑想と坐禅を行う神聖な場所のこと。そもそもドウジョウという言葉は日本語で「道の場所」と書き、あらゆる身体的鍛錬を行う施設を指す。

武道の道場でも、信仰のための道場でも、そこには厳しい作法がある。室内に土足で入ることは許されない。道場は特別なしきたりがある場所なのだ。

道場で修練する武芸のひとつ、空手

たとえば、道場を使う者全員で練習の前後に掃除をするというルールがある。基本的には年齢や級に応じて作業を分担し、床を掃き清め、トイレを磨き、マットを重ねて片付ける。単純に聞こえるが、そこには修練の目的と調和した深い意味がこめられている。

第1に、道場生全員での掃除を通じて、その場所に対する責任を互いに再認識する。伝統的な道場は、師範ではなく道場生が管理することになっている。

第2に、義務的な作業を通して、学べることもある。磨き掃除をしながら呼吸を意識したり、掃き掃除をしながら片足でバランスをとる練習もできるだろう。

第3に、全員で掃除することで、個よりも全体としての連帯感が深まる。日本人の文化では、これがとても大切にされている。

> 本当の力を持つのは大砲だけ。
> ヨシフ・スターリン（ソビエト連邦の政治家）

射撃の腕前

　丈夫な革のブーツに複雑な色合いのツイードジャケットを着た紳士が、よく磨いたマホガニー製銃床のライフルを肩にかけ、美しい丘陵地帯を歩きながら、ヤマウズラ、ウズラ、ライチョウなどを仕留める。英国式の射撃のたしなみと言えば、こんなイメージが思い浮かぶだろう。

　近代のスポーツシューティングでは、ゴアテックスやケブラーといった機能性衣料を着用して、クレーと呼ぶ素焼きの皿を的にする。ライフル銃は最新技術を駆使した素材で造られ、無造作に扱ったりはしない。

　一方で、昔と変わらない安全のルールとして、銃を撃たない者は狩猟に出ない、射撃場にも入らないことになっている。これは常識であると同時に歴史的な意味もある。19世紀後半のボーア戦争で、志願兵によって構成されていた英国軍が惨敗を喫していたとき、ライフルの訓練を市民にも受けさせようという動きが出てきた。射撃の練習は階級ではなく、愛国心の問題だったのだ。

　冒頭で描いたような射撃は、今も一部の地域で昔を懐かしんで行われている。しかし、最近では草深い野原よりも銀幕で行われることのほうが多くなった。

射撃場で素焼き（クレー）の鳩を狙うスキート射撃手

第6章

> 最高の馬がレースに勝つとは限らない。
> アイルランドのことわざ

幸運のお守り

競馬では何が起きるかわからない。無名の馬が追い上げてきて1位をさらっていくかと思えば、大本命が脚をもつれさせて致命的な怪我を負ったりする。レース時間はほんの数分だというのに、地形、天候、トレーニング、障害物といったさまざまな要素に加えて、巨体の馬がだんごになってコーナーに突っ込むのだから、展開が読めないのは当然だ。

そのため、競馬にかかわる人々はさまざまなゲン担ぎをすることでも知られている。騎手は昔から自分なりの幸運のお守り、護符、ジンクス、仕草などを決めていた。現代でも、たとえばある騎手は、スランプになるとムチを取り換える。別の騎手は、レース用のブーツは必ず左から磨く。さらに別の女性騎手は、勝負服の下に邪眼のモチーフのお守りを欠かさず身につける。

馬主、トレーナー、観客も、何かしらの儀式やお守りで幸運をつかまえようとする。1935年のこんなエピソードもある――英国人の馬主が、たまたま運転中に葬列の横を通りすぎた日に、自分の馬がレースに勝った。それから1年間、街中で何時間も葬列を探す日が続いた。ようやく見つけて横を通りすぎた日、彼の馬はふたたび大勝した。

それが迷信の困ったところなのだ。最大50％の確率で当たってしまう。13日の金曜日がもたらす経済損失は8億ドルから9億ドルだそうだ。理由は、この日はふだんの活動を控える人がいるから。幸運を呼ぶ蹄鉄のお守りを携帯すれば、安心するかもしれない。

在りし日のマナー：決闘のお守り 勇敢な騎士が、香水ただようレディのハンカチを甲冑のあいだに挟む――というのは、史実というより、ヴィクトリア王朝で広まった中世後期に対するイメージらしい。中世後期の乱暴者が決闘の際に、女性の服の袖（身ごろに取り付けられたレースの部分）を奪って帽子のひさしに巻くことはあったという。

他人が詩や美術館で見出すものを、私は1本のナイスショットに見出す。
アーノルド・パーマー（米国のゴルファー）

フェアに回る

　ゴルフがルールとエチケットにこだわる理由は、審判のいないチームスポーツだからだ。男性と女性、ビギナーとベテラン、年配者と若者など、さまざまな人数や組み合わせで同じコースを一緒に回るのに、違反を知らせる旗もレッドカードもペナルティボックスもない。

　ゴルフのマナーの本質は、ともにプレーする仲間の存在を意識して、相手の権利を尊重した態度をとること。礼儀をわきまえたゴルファーなら、決して他人のパッティングライン——ホールを目指して、ゴルフボールを打つ道筋に踏み込まない。球に歩み寄るときも、芝生が踏まれて状態が変化するのではと仲間に余計な心配をさせないように、細心の注意を払う。

　また、ゴルフには「プレースルー」という表現がある。ホールを回るペースはそれぞれなので、スキルやスケジュールなどによっては、第5ホールに到着したとき、別のチームがそこにいる、といった状況も。その場合は「プレースルーしてもいいですか」と声をかける。「私たちのほうが速くコースを回っているようなので、ここは先にプレーをして、先へ進んでもいいでしょうか？」という意味だ。何も言わずに他人のゲームの途中に踏み込んでクラブを振るのはフェアプレーに反するのである。

ゴルファーはスイングだけではなく、コースでのエチケットにも注意を払う

競争

フットボール・フーリガニズムと呼ばれる現象が、1980年代の英国で深刻な問題になった。サッカーファンが試合中に、スタジアム内外でひどく行儀の悪い行動をとることを指す。喧嘩がすさまじい乱闘になるときもあったのに、意外にも、選手がその乱闘に加わることは基本的にはなかった。人間は何千年も前から食べ物、水、住まい、カネ、天然資源、不動産をめぐって争い続けているというのに、プロスポーツはなんとマナーがいいのだろう。

サッカー、ラグビー、野球のいずれにも必ず試合にルールがあり、厳密に文書化され、選手もコーチも審判もそれを遵守する。破れば減点や罰金といったペナルティが科される。しかしプロスポーツが明確に試合のルールを定めているからといって、別の世界でも同じ常識が通用するとは限らない。選手とコーチが大声で指示を出し合い、口をあけてガムを噛みながら試合に参加し、テレビカメラの前でパフォーマンスしてみせるのは、競技中にはふつうであっても、普段の生活では人前で明らさまにすることではない。

> レフェリーにとっての課題は、どちらが勝つかを気にしないようにすることだ。
> ——トム・カンタベリー
> （アラバマ大学　スポーツチーム「クリムゾン・タイド」の審査官）

とはいえ、現代のスポーツ選手は敵を八つ裂きにはしないし、スタンドにいるファンを襲ったりもしない。敗者をワニのいる穴に送り込むわけでもない。いたって文明的だ。ローマのコロッセウムで繰り広げられた流血の闘いや、マヤ文明時代の命を賭けた球技と比べれば、現代の試合はかわいいものだ。そう考えると、フーリガンたちには、スポーツで血を見たいという原始的な欲求が残っているのかもしれない。

> かすかに聞こえる鐘が夕暮れを告げるも、
> われらの声は変わらず響き、われらの櫂はリズムを刻む。
>
> トマス・ムーア（アイルランドの詩人）

漕げよ、ボートを

英国には、普通名詞に the をつけて、それだけで何を指しているか誰でもわかるというものがいくつかある。「ザ クイーン」と言えば、英国女王。「ザ タワー」と言えばロンドン塔。そして「ザ ボートレース」と言えば、テムズ川で毎年開催されるオックスフォード対ケンブリッジの大学対抗レガッタのことだ。

この２つの名門大学が初めてテムズ川で戦ったのは 1829 年。勝者はオックスフォードだった。敗れたケンブリッジが再試合を申し込み、これがこのボートレースの毎年の伝統になった。例年３月か４月に、敗者側のキャプテンから正式な対戦申し込み、ヘビー ウェイト エイトと呼ばれる体重制限なしの漕ぎ手８人のボートで勝負する。

以前は男子学生に限定されていたが、1975 年にオックスフォード チームに女性が舵手（コックス）として参加した。

レースは今やロンドンの年間行事トップ 10 に入るともいわれ、何百万という人たちがテレビ中継を通して、そして約 25 万人が実際に川沿いに集まって勝負を見守る。

パットニーからモートレイクまで、４マイル（約６キロ）のＵ字にうねるコースをのぼるので、漕ぎ手の体力と持久力が試される。その過酷さときたら、ある年にオックスフォードのキャプテンが、ゴールに漕ぎ着く前に疲労でダウンしてしまったほど。

レースは決して単なるお遊びではない。春の大会に向けて両チームとも９月からトレーニングを始める。また、選手はきちんと在学して単位を履修している学生であるのが条件となっている。川でオールを漕ぎ、教室では船を漕がずに取り組む力が求められる。

マナー違反で名を馳せる：全米オープンで癇癪（かんしゃく） 1979 年の全米オープンテニスで、ルーマニアの伝説的な選手イリ・ナスターゼが、米国人選手ジョン・マッケンローとの試合中に 18 分間の混乱を引き起こした。審判が自分に不利な判定をしたことを受け入れずに怒りをぶちまけ続け、失格を取り消させて試合を続行。結局、19 歳のマッケンローが 33 歳のナスターゼを破った。

第6章

"卓越している"っていうのは、1回きりのことじゃない。
継続して実現するからすごいんだ。繰り返してやって初めて自分のものになるんだよ。

シャキール・オニール（米国出身の元NBA選手）

謝罪は無用

スポーツの世界では、試合中にダウンしてしまえば一巻の終わり。怪我でも病気でも、あるいは完全なアクシデントだとしても、つまずいた選手はたちまちライバルに追い抜かされる。不幸なのは、ライバルのせいで脱落させられる場合もあること。米国の陸上の星メアリー・デッカー・スレーニーがそうだった。彼女は14歳のときに、お下げ髪をひるがえして世界記録を破り、「リトル メアリー・デッカー」と呼ばれて有名になった。足の故障のせいで1976年の五輪参加は叶わなかったが、1980年には女子の1マイル走で世界記録を出している。

1984年。デッカーは、ロサンゼルス五輪の3000メートル走で金メダルの有力候補だった。最終レースでは、南アフリカのゾーラ・バッドが、ストライド半分だけデッカーの前を走っていた。だが、インサイドトラックに入ろうとしたバッドがデッカーに接触。デッカーは転倒し、臀部に怪我を負った。バッドは失格となったが、事故のビデオが正式に確認され、失格は取り消されている。

デッカーのほうは、痛みと涙にくれながらトラックを後にした。そしてバッドの謝罪も提案もいっさい受け入れなかった。スポーツの世界では、審判や公式委員会の判断がアンフェアに思えて、スポーツマンシップにのっとった行動が難しくなることがある。この試合のあと、2人は口をきいていない。それでも1985年にデッカーがバッドに歩み寄る手紙を書き、マラソン選手の友人に託して、バッドの出場する試合の場で手渡した。

トラックでしのぎを削るゾーラ・バッド（左）とメアリー・デッカー

人生というゲーム

> 私にとってのチェスとはゲームではなく芸術だ。
> 芸術が、自らを愛する者に与える全責任を、私もこの身にになっている。
> アレクサンドル・アリョーヒン（ロシア出身の第4代世界チェス・チャンピオン、1892〜1946年）

静かなスポーツ

観客や参加者に静寂を求めるスポーツもある。たとえばスヌーカー。カーリング。飛び込み。体操。いずれも極限の緊張状態になるが、その緊張の持続時間はまちまちだ。飛び込みなら数秒で終わる。スヌーカーの試合は数時間も続く。

静かで緊迫するスポーツといえば、チェスがある。国際オリンピック委員会（IOC）はチェスをスポーツとして認めたものの、オリンピック競技には入れていない。オリンピック競技になるのかどうかの判断は実に悩ましいのだ。アイスダンスはオリンピック競技になる。社交ダンスはならない。ハンドボールとバドミントンは入る。ラグビーとスカッシュは入らない。

米国のチェスの天才、ボビー・フィッシャー（1957年）

チェスやブリッジといった競技は、精神的スタミナは必要だが身体的要素が不在の活動であるとみなされ、オリンピックへの参加は認められていない。ボードゲームやカードゲームを推進するロビー団体は、これらのスポーツでも持久力と身体的な強さが大きな役割を果たすと主張する。近年ではロビー団体は大きく成長し、IOCと真っ向から対立している。

一方で、2008年の北京五輪の開催期間中に、同じく北京で第1回ワールド マインド スポーツ ゲーム（WMSG）が開かれている。この知的スポーツの大会では、チェスとブリッジはもちろん、チェッカー ドラフツ、碁、中国のシャンチー（象棋）などで選手たちが熱い戦いを繰り広げた。

花崗岩で作られるカーリングのストーン。なめらかに滑る

> ボクシングは究極の挑戦だ。あんなふうにリングにあがるたび
> 自分が試されるスポーツは、ほかの何とも比べられない。
> シュガー・レイ・レナード（米国のプロボクサー）

グローブタッチ

　かつて決闘が行われていた時代には、武器がこぶしでも剣でもピストルでも、対峙する2人には「結果がどうなるかわからない」という思いがあった（米国建国の父の1人、アレキサンダー・ハミルトンは、決闘で命を落としている）。だから、戦いが終われば相手の勇気や力を認め、勝敗を厳粛に受け止めるため、その真摯な表現としておじぎや、あいさつをした。

　現代の米国で、こぶしとこぶしを使った格闘技と言えば、もっとも一般的なのはボクシング。ボクシングの歴史は古く、独自のエチケットがあって、謙虚な心根と、自分より腕の立つ者への尊敬の念が重視される。敵に噛みついてはいけないことくらい、改めて断る必要のないマナーのはず。ところがマイク・タイソンはそのマナーを知らなかったらしく、1997年に対戦相手イベンダー・ホリーフィールドの耳に噛みついた。しかも、ボクシング界の全員がこの事件からマナーを学んだわけではなかった。2008年のオリンピックでは、タジキスタンのボクサーが敵の肩に噛みついて失格になっている。

　ボクシングといわれて思い浮かぶイメージは、試合のゴングが鳴る直前、ボクサー同士がグローブを触れ合わせる場面ではないだろうか（ゴングのあとにグローブタッチをする場合もある）。現代のボクシングは決闘とは違う。一生を棒に振るような怪我をしたり、命を落としたりすることは滅多にない。それでも、すべてのアスリートと同様、ボクサーにも運がある。グローブタッチをしながら、ボクサーはその事実を厳粛にかみしめるのだ。

マナーに生きた人々

ファニー・ファーマー

19世紀の若い女性が麻痺性の発作を起こす病気にかかってしまったら、ほぼ例外なく夢をあきらめ、病人としてずっと自宅で暮らす生活を余儀なくされていたに違いない。ファニー・メリット・ファーマーは、16歳だった1877年に、そんな不幸に見舞われた。だが、のちに「ファニー・ファーマー」という名前で米国人に永遠に記憶されることとなる彼女は、当時の一般人とは違い、幸運にも女性の教育を重視する家庭に生まれ、病気になるまでは大学にも行く予定にしていた。

ハンディキャップを負って、自活の道が閉ざされたファニーは、かわりに料理をきわめることにした。30歳になる頃には身体も充分に回復し、ボストン クッキングスクールに入学。優秀な生徒だったので、なんと卒業直後に同学校の副校長になった。その後も熱

1950年代の家庭科の授業ではファニー・ファーマーの料理本が使われていた

心に勉強を続け、2年後には校長になり、『ボストン クッキングスクール クックブック』の執筆を始めた。1896年に出版されて一大ヒットになった料理本だ。

ボストン クッキングスクールの特徴は、調理と食事に対して知的で科学的なアプローチをとること。料理における女性の役割を、健康なとき、病気のとき、それぞれに適した食事を考える専門家という役割に格上げした。ファーマーの本も、食べ物についてだけ書くのではなく、近代的で科学的で正確な視点から栄養を考えていたので、当時の人々がこぞってこの本を買い求め、400万部も売れて、ファーマーにひと財産を築かせた(著作権は彼女自身にあった)。

1902年にはミス ファーマー料理学校を開き、1904年には『病中・病後の食事と料理法』を出版。本人は、この本を自分の一番重要な著作と位置づけていて、献辞に母の名を掲げた。母の何年間にもわたる看病のおかげで、ファーマーは回復し丈夫な女性になった——1915年にこの世を去る数日前まで、車椅子で教壇にあがっていたほどだ。

小学校

今では世界中で定着している義務教育制度。最初の数年間は、人間の一生でも一番お行儀を意識する時期かもしれない。両親から「お願いします」と「ありがとう」の基本を教わり、ものを食べているときは口を閉じることを家庭で習った子どもでも、学校に通うようになれば、人生で初めて家族以外のルールに接する。大勢の知らない人と出会う、新しい場所に行く、新しい道具の使い方や片付け方を学ぶ、ひとりでトイレに行く……小学校という世界は、もしかしたら少し怖いくらい、強烈なカルチャーショックを体験する場所だ。

幸い、人間は幼いときのほうが順応性が高い。先生の言うことを聞いたり、教室の玩具や文房具を共有することを学んだりと、人生にかかわる大事なレッスンのいくつかをこの時期に学習するのだ。

現代では、子どもが5歳か6歳くらいから通学するのは当たり前と思われていて、それが比較的新しい制度であることは忘れられやすい。

古代のエジプトやギリシャでも、上流階級の息子には家族のもとを離れて勉強する機会があったが、女の子が家事の技術以外を継続的に学習するという発想そのものが、19世紀になるまで、一般的な家庭にはなかった。男の子でも、家が裕福でなければ、最近までは正規の教育を受ける機会がなかった。世界のさまざまな国で、労働階級や貧しい家庭にとって子どもは労働力だったからだ。

> 教育とは、
> 世代から世代へ
> 受け継がれる
> 社会の本質である。
> 　　G・K・チェスタトン（英国の作家）

> 自らを尊び、人に尊ばれる。
> 孔子（古代中国の哲学者）

頭は低く

　米国の学校では、先生の机の上に、マグカップやメモ帳と並んでリンゴのオブジェがたくさん乗っていることがある。この「先生へのリンゴ」は尊敬のしるし。昔、生徒から先生へのお礼の表現として、自分が育てた一番の果物をきれいに磨いてプレゼントしていたのが発端だ。

　リンゴが収穫できない地域でも、ほかの方法で先生に感謝を示す習慣がある。タイでは新学期のはじめに「ワイクルー」というセレモニーがあり、生徒が先生に花束を渡して、「クラブ」と呼ばれるおじぎをする。花にはそれぞれ勉強にまつわる意味がこめられている。

　タイでは、やはり尊敬の証しとして、生徒の頭が先生より高い位置には決して来ないようにする。着席しているときも起立しているときも、おじぎをしているときもひざまずいているときも、それがルールだ。先生は椅子に座っていることが多いので、その場合は生徒が膝立ちになるか、床に座る。タイ人にとって、それは年齢、知恵、経験に対する文化意識の自然な表れだ。

タイのモン族の生徒を指導する先生

第6章

学校の扉を開く者は、牢屋への扉を閉ざす。
ヴィクトル・ユーゴー（フランスの小説家）

通学時間と通学日数

パキスタンのテントでも、キューバの中庭でも、あるいはスイスの真新しい学校でも、世界の教室にはたくさんの共通点がある。先生が教材を手元に置いておく場所があること。机と椅子、生徒が集まって座る場所があること。壁やカーテンで仕切られて、教室内の全員が教材などを読める状態になっていること。

時間割に沿って勉強をするのも同じだが、そのほかの共通点と一緒で、具体的な基準は国によって異なる。たとえば、ある国では始業時間がとても早い。昼には生徒が自宅に帰って、ごはんを食べて、昼寝（シエスタ）をとるのは、真昼の酷暑を避けるためだ。また、欧米の多くの国では夏休みがある（北半球は6〜9月、南半球では12〜3月）一方で、年間を通じて授業をする国もある。

通学日数にも違いがある。アフリカの学校の多くは週6日制、先進国のほとんどは5日制。米国の政治家や教育機関からは、6日制を提案する声もあるが、そこで挙げられる理由——生産性の向上と、空間を遊ばせないこと——は、アフリカで6日制が採用されている理由とは異なる。アフリカでは、子どもは学校に行って自分の未来に向けて勉強する自由を与えられるべきだ、という発想そのものが比較的新しい。学校に行ける子どもは、欧米から見ると衝撃的なほど幼い年齢で働きに出ずにすむ。学校が「行かなければならない場所」ではなく、学校に行くこと自体が得になる場合もあるのだ。

アフリカの学校には制服があることが多い

> 大人は、子どもが古くなった人間。
> ドクター・スース（米国の児童文学作家）

子どもたちの庭

　幼稚園での毎日は、生まれて最初の数年間を家庭の中だけで過ごした子どもにとって、他人と触れあい、一緒に遊び、交流する方法を学び始める変化の時期にあたる。

　5歳前後の子どもを集める教室を最初に設立したのは、スコットランドとハンガリーの教育者。「子どもの庭（キンダーガルテン）」という概念を生み出したのは、ドイツのフリードリッヒ・フレーベルという人物だった。彼が1840年にシュワルツブルク・ルードルシュタット公国に初めての幼稚園を作る。それから20年弱が経って、ドイツ生まれの米国人女性マルガレーテ・マイヤー・シュルツが、ウィスコンシン州にフレーベルのコンセプトを基盤にした幼稚園を作った。その後まもなく、マルガレーテの姉がロンドンに最初の幼稚園を設立している。

　現在、世界各国に幼稚園や、それに相当する機関がある。だが興味深いことに、多くの国が幼稚園を未就学児教育と見ているのに対し、米国、カナダ、インドでは一般的に小学校の1年目とみなして、ジュニア キンダガーテン、シニア キンダガーテンといった学年を置く。フランスとフランス語圏の多くの国々では、エコール マテルネルといわれる幼児教育施設に、この期間が組み込まれている。

　ほとんどの人にとって、幼稚園で過ごす日々は、ノルマも締め切りもスケジュールもなく、トラブル解決に奔走しなくていい最後の時間になるのだろう——数十年後に仕事を引退するときまで、そうした時間はおあずけだ。

幼稚園のブロック遊びは、人生の知恵につながる

> 学校に行く最大の理由は、
> すべてのことには規則があるのだ、という人生の学びを得ることだ。
> ロバート・フロスト（米国の詩人）

優秀な監督生

かつて上流階級出身の子息の進学先ナンバーワンは寄宿制の学校だったが、今ではその数が減少した。現代の学校に通う世界の子どもにとって、寄宿制学校について知っている内容と言えば、主にハリー・ポッターの映画と本から得た知識ではないだろうか。あの物語に出てくるホグワーツ魔法魔術学校は、古風な英国のパブリックスクールか、プレップスクール（大学進学の準備学校）がモデルになっている。

主人公のハリーと仲間たちは、英国のサマセット州に本当にありそうな寄宿制学校の食堂や宿舎を歩き回り、ときには近くの村（バタービールが名物のホグズミード村）に行ったりする。作者のJ・K・ローリングは、実際の寄宿制の風習を再現して、「監督生」という役割を登場させた。英国の学校ではヘッドボーイ／ヘッドガール（首席）とも呼ばれる優秀な生徒のことだ。

監督生は特別な権限と責任を担うので、当然ながら、もともと仕切り屋の生徒がこの役をやりたがり、「頭でっかちのお説教屋」と呼ばれることもある。ハリー・ポッターの世界では、ハリーの友人ロンの兄ビルが首席で、頭の固いルール第一主義者として描かれていた。

襟の記章が、監督生の階級を示している

エチケットの小道具：ダンスカード　凝ったデザインの小さなメモ帳。房飾りなどの装飾が施されていて、かつて舞踏会に出席する独身女性が細い手首につるしていた。女性と踊りたい男性は、メモ帳についている小さな鉛筆でダンスや曲名を書き込んで予約をする。ダンスは、男女が身体的に（最低限の）接触をし、1対1の会話を交わすチャンスだった。

大学

誰でも必ず大学教育を受けるわけではない。世界人口の大半は、中等教育を終えて（中等教育機関があればの話だが）そのまま働き始める。一方で、短大や大学に通う期間が特権的な年月であるがゆえに、人生のほかのステージでは見られない特殊な慣習もまかりとおっている。遊べる時間が膨大にあり、また大学の履修課程を通じて学業に集中する時間もあるので（米国では4年間、英国では3年間が一般的）、学生たちは思索や芸術の探求にふける。ピザについて考えたり、春休みの旅行に悩んだり、芸術と称してタトゥーを入れたり、と。

> ある世代が教室で学んだ哲学が、次の世代の政府の哲学になる。
>
> エイブラハム・リンカーン（第16代米国大統領）

ピザやタトゥーは冗談としても——近代技術を使わずに生活するアーミッシュの村の若者が、10代後半の一時期だけしきたりを離れて世間と同じ暮らしをする「ラムスプリンガ」と同じで、昔であれば旅をしたり喧嘩をしたり、結婚や家族をもつ覚悟を育てたであろう数年の過渡期が、今の学生時代に相当している。だが、数年を高等教育に費やす余裕があるとはいっても、苦労がないわけではない。ほとんどの大学生はアルバイトをしながら何とか講義を消化しようと苦戦する。あるいは、学生ローンをぽんと返済できる高給取りの職に就けるよう、詰め込めるだけの講義を詰め込もうと苦戦する。

少なくとも米国の学生はそうだ。世界各国の文化圏との興味深い違いがあるとすれば、それは条件を満たす国民全員に大学が開かれていることだろう。経済政策の問題はさておき、学費が今のように高くなれば、大学の入学と卒業をめぐる状況も大きく変わってくるのではないだろうか。

教育とは、学校で習ったことを忘れてもなお根づいているもののこと。
　　　　　　　　　　　　　　アルベルト・アインシュタイン（米国の物理学者）

合間の季節

　最近では、英国の中等教育（11〜16歳）を終えた若者たちの多くが、大学進学に必要な授業を履修したあと、入学まで少なくとも1年間の猶予を置く。そのあいだは就職するのではなく、補習の授業を受けたり旅行に出たりする。正規の教育から離れるこの1年間は、学校と学校のあいだの期間という意味で、「ギャップイヤー」と呼ばれている。

　ギャップイヤーは比較的新しい習慣だ。しかし歴史上の前例としては、西洋社会の上流階級に、若者の社会性育成に欠かせないとされた「グランドツアー」という習慣があった。当初は青年が世界を見聞する機会だったのだが、19〜20世紀にかけては、ご令嬢が誰かに付き添われてパリ、ローマ、サンクトペテルブルク、あるいは香港といった土地を訪れることも許されるようになった（もちろん、家庭の財力や人脈にもよる）。

　第2次世界大戦後、多くの国で旅行や教育の習慣が変化する。食糧配給制度のような戦時経済が1950年代まで続いていた英国は、特に大きな影響を受けた。裕福な家庭でさえ、もはや旅行の御膳立てをしてやる余裕はない。でも当の若者たちのほうは、卒業してすぐに大学に行きたくはない。その解決策が、融通のきくギャップイヤーという仕組みだった。40年以上が経った今、この習慣は米国にも浸透している。若者たちの多くが、小休止を入れるのは人生の転換期でつまずかずに進むために必要なこと、と考えている。

スタンプの多い学生のパスポートは、あちこち旅をした証拠

成長し、本当の自分を形成するには、勇気が必要だ。
E・E・カニングス（米国の詩人）

詰め込み教育

プレップコース、チュートリアル、塾、予備校、補習校。呼び方はいろいろあるが、レベルの高い高校、大学、大学院に進学したい学生のためのスクールは、世界中で一大ビジネスになっている。米国では高校生の多くが、SATやACTといった大学進学適性試験に合格するため、何らかの特別授業を受ける。

アジアでは、いわゆる学校外教育がひとつの教育課程と言えそうなほどに浸透している。日本の塾、韓国の学院（ハグウォン）、中国の補修班（ブーシーバン）は、いずれも単発的・補足的に通うものではなく、継続的に受講する教育機関で、学費はかなり高いこともあり、時間も通常の学校と同じくらいか、ときにはそれ以上かける。指導方法は機械的な暗記が中心で、できる限りの情報を生徒の頭に詰め込む。日本では、公立学校では充分な勉強ができないと考えて、息子や娘をいい大学、いい会社に入れるために有利になるなら、塾にいくらでもつぎ込む、という大人もいるほどだ。

こうした学校外教育を重要視するあまり、成績不振を苦にした子どもが自殺や暴力行為に走ったりする事件も起こる。日本では2006年に、テストの点のことで父親に嘘をついた16歳の少年が、自宅に火を放ち、家族を死に至らしめたことがあった。少年は毎晩遅くまで塾に行き、さらに父の命令で夜遅くまで勉強させられていたという。熱心な教育スタイルは長年の日本の発展を支えてきたが、21世紀に入ってからの日本の政府や家族は子どもの教育スタイルをもっとゆとりある目でとらえ、創造性のある教育の道を模索しようとしている。とはいえ、親はいつだって子どもに可能な限りベストな教育を受けさせたいと思うものなのだ。

テスト勉強ばかりでは疲れてしまう

> ワインと甘い言葉で、この場を祝おう。
> プラウトゥス（古代ローマの劇作家　紀元前254〜184年）

卒業の記念

　高校教育終了時のどんちゃん騒ぎでノルウェーに勝てる国はない。ノルウェーでは、卒業直前の若者を「ルス」と呼ぶ。彼らが巻き起こす騒ぎは全国的な伝統であり誇りであると同時に、かなりの迷惑行為なのだ。

　「ルス祭り」と称するイベントは、毎年5月1日から17日に開催される。この2週間半のあいだ、生徒たちはユニフォーム代わりのオーバーオールと帽子を洗わずに着続ける。この慣習の起源は、ノルウェーに大学がなかった時代までさかのぼる。当時、ノルウェーの若者はデンマークの大学に行かなければならず、最初の試験に合格するまで頭に角の飾りをつけ続けるという風習があった。現在ではノルウェーにも独自の高等教育機関があるので、ルスのお祭りはハメを外すことを目的とした青春の通過儀礼だ。衣装の色で自分が進む専攻科目を表現する（青は経済学、赤は教育学、黒は工学といった具合に）。突飛だったり卑猥だったり危険だったりする行動をやってのけたら、特定の飾りをつけてそれを誇示する。そして互いにおかしな名刺を渡しあい、コレクションする。

　彼らはそうした一連の遊びに相当の金額を費やす。お金を出しあってバスを買い、仲間うちで決めたテーマに沿って車体をペイントしたり飾り立てたりするからだ。それからレストランで大規模なパーティを開き、盛大に飲み食いする。

　幸い、ルス祭りは、これも伝統でちゃんと終わりが決まっている。5月17日、ノルウェーの祝日でもある憲法記念日に、一般の人々と一緒にパレードをして、それを区切りに人生の新たなステージへの準備を始めるのだ。

ルス祭りのきっかけとなった、角つきのヘルメット

マナー違反で名を馳せる：馬車の飲酒運転　ペンシルベニア州に住む26歳の青年、エルマー・ストルツフース・フィッシャーが、飲酒運転で警察につかまった。呼気のアルコール検知器が示した数字は法的上限の2倍だ。だが彼が乗っていたのは自動車ではなかった。彼が運転していたのは、近代技術を使わずに生活するコミュニティ、アーミッシュが使う四輪馬車だった。

> 教育の根は苦く、その果実は甘い。
> アリストテレス（古代ギリシャの哲学者）

虎たちのパレード

　母校の卒業生が数万人集まって、行進する光景を想像してほしい。服装は、橙と黒縞のブレザー。虎の帽子をかぶって、ビールの入ったプラスチックのタンブラーを手に持っている。あなたはプリンストン大学の卒業生で、恒例のパレードならぬ「Ｐレード」に参加しているのだ。

　プリンストン大学は、米国の歴史ある名門大学で、毎年の卒業式後に歴代の同窓生が集まるという古くからの伝統がある。そもそも同窓会とは、ハーバード大学、イェール大学など、アイビーリーグと呼ばれる名門大学8校の卒業生が、同じ母校を出たエリート同士で親睦を深めようという、言ってみれば集団的ナルシズムから始まった。

　プリンストン大学の同窓会式典であるパレードには、数えきれないほどの特別な小道具や伝統がある。たとえば、忍び寄る虎をかたどった純銀のオブジェが頭部についている漆黒の杖。その年の出席者で一番高齢の卒業生が、もっぱら虎模様のゴルフカートで行進に参加しつつも、正装の一部としてその杖を持つ。

　卒業から25年目の同窓生は、独特の柄の「ビアジャケット」という上着を受け取る。上等なスーツにビールのしみをつけないためにはおる服としてデザインされたので、この名前がついた。昨今の同窓会は大学が卒業生から寄付を集める格好の機会にもなっている。だが懐かしい場所に帰ってくる者たちにとって、古い慣習を守り、いつもより多めにビールを飲むイベントは、プリンストンに限らず大事な伝統行事だ。

20世紀はじめ頃のポスターに描かれた、プリンストン大学の学生

第6章

マナーに生きた人々

エミリー・ポスト

エミリー・ポスト、旧姓プライスは、1873年にメリーランド州ボルチモアで生まれた。父は建築家、母は名家の令嬢で、家族が米国北部に引っ越したあと、エミリーはニューヨークのフィニッシング・スクール（いわゆる花嫁修業学校）に送られた。19歳で銀行家のエドウィン・メイン・ポストと結婚。息子2人を設け、十数年にわたって上流階級の洗練された暮らしを楽しんでいた。ところが夫の踊り子との放蕩行為をめぐって莫大な金額を請求され、プライドを傷つけられた妻は我慢できず1905年に離婚の道を選んだ。

自分と子どもの生活を支えるために働かなければならなくなったエミリー・ポストは、いくつかの雑誌に短い文章を書くようになり、やがて数冊の小説を執筆した。1922年に出版社のファンク＆ワグナルズから、エチケットマニュアル編纂の仕事を打診される。

これが天職との出会いだった。マナーとは他人への思いやりの心をもつこと、マナーを示すのは公私の人間関係を円滑にする最善の方法である——と彼女は確信していたからだ。『エチケット』と題された本が当初に想定していた読者は、富裕層として恥ずかしくない暮らし、娯楽、会話のコツを知りたいと思っている、いわゆる"成り上がり"の人々。だが実際には、はるかに幅広い読者から支持を受けた。

出版から1ヵ月もしないうちに、あらゆる社会・経済層の読者から、本には載っていなかったマナーについての質問が寄せられた。のちにその質問を取り入れて版を重ねている。フィニッシング・スクールには行けなかったが洗練されたライフスタイルに憧れている、そんな中流階級の女性たちのあいだで、この本は特に人気を博した。

生まれもよく、裕福に育ったエミリー・ポストは、社会・経済水準を問わずあらゆる読者から支持された

職業

太古の人間にとって仕事といえば、食べ物と安全を確保することだった。だが、文明が発達するにつれ、さまざまな職業が誕生した。やがて職人、芸術家、科学者、医療・介護従事者、技術者などがだんだんと集団を作り、互いに学び合い、協力して仕事の水準や料金を守るようになる。ヨーロッパの中世に存在したギルドという職業別の組合には、文字の読めない人同士でもベテランの知恵を伝えていけるようにするという重要な役割があった。

自分たちの職業上の秘密を用心深く守ろうとするグループもあった。有名な例は、分娩に使う鉗子を発明したイタリアの産科医の一族。発明を隠したまま一族が死に絶えてしまったので、鉗子がこの世にふたたび登場したのは数十年経ってからだった。その後は、大勢の産科医と妊婦を助ける目的で活用されている。

> 教養とは、
> 繁栄の中においては
> 華であり、
> 苦境においては
> 避難所である。
>
> アリストテレス（古代ギリシャの哲学者）

産業革命が起き、印刷されたマニュアルを簡単に入手して学べるようになると、ギルドは影響力を失った。しかしギルドの真の終焉を告げたのは自由市場経済だ。属している集団にとらわれず、一番いい仕事を一番いい値段で提供する人が仕事を得るようになった。ただし、職業倫理の徹底など、ギルドの中でも優れた機能はビジネススクールや職業訓練プログラムへと引き継がれている。

国家の運命は、青年の教育にかかっている。
アリストテレス（古代ギリシャの哲学者）

進路決定

　青春ドラマに登場するような人気スポーツに日々親しんでいる米国の高校生は、ヨーロッパでは高校主導の競技活動が行われていないと聞いて驚くかもしれない。もちろん、ヨーロッパの高校生がスポーツをしないというわけではない。チームやクラブが学校に属していないという意味だ。

　米国とヨーロッパの高校のあいだには、もっと大きな違いがある。英国、フランス、ドイツ、イタリア、スペインをはじめとする国々では、中等教育が3種類に分かれているのだ。職業訓練校、専門学校（会計など、ホワイトカラーの訓練機関）、そして単科／総合大学へ進む準備学校。米国の高校生は、最終学年まで進路について真剣に考えないことがほとんどだが、ヨーロッパの高校生は対照的に、かなり早いうちに進路を決断する。

　ヨーロッパの教育システムのひとつに、ドイツとスカンジナビアの「ギムナジウム」がある。これは体育の授業を指すのではなくて、大学進学を目指す中等教育機関のこと。古代ギリシャ語で「裸で身体を鍛え、知性の教育を行う場所」を意味するgymnásion（ギュムナシオン）から来た言葉で、いわゆる一般教養を教える場合と、近代言語や古代言語、経済学や政治学、数学や科学など、専門科目を教える場合がある。

　ドイツでは地域によってギムナジウムに通う期間が異なる。ある州では6年間、別の州では8年間。共通しているのは、履修課程の最後でアビトゥーアと呼ばれる試験があること（「去る」を意味するラテン語のabeoが由来）。口語では「アビ」と言って、この試験にパスするのは、米国で大学を優秀な成績で卒業するのと同じように名誉なことなのだ。

> 自らを発見する最善の道は、自らを捨てて他者に尽くすことだ。
> マハトマ・ガンディー（インドの政治指導者、宗教家）

社会のための軍隊

　全員が志願兵によって構成される軍と、徴集兵によって構成される軍の違いは、昔からとても複雑だ。両方の軍を有する国も多い一方で、片方しかない国もある。イスラエルは後者の例だ。

　キリスト教徒ユダヤ教の発祥地として長い歴史があり、中東とアフリカにとって地理的に重要な位置づけにあるイスラエルは、国家としては比較的新しい。第2次世界大戦後の英国政府によるバルフォア宣言で、1948年に国家として成立。現在ではすべてのユダヤ人にとっての祖国となり、近代国家としての形も整った。

　イスラエル国防軍（IDF）も、体系だった近代的な軍隊だ。イスラエル建国前、農民の志願兵がユダヤ独立のために戦った頃とは大きく異なる。

　IDFがイスラエル軍として成立したのは1948年だが、そのルーツは聖書の世界にまでさかのぼる。IDFは職業軍であると同時に身分差別がない。高い攻撃力を有すると同時に、社会的意識もあり、社会的平等をもたらす機能を持つとみな

20世紀なかばのイスラエル軍のポスター

されている。兵役義務があるので、兵役は全国民の共通体験であり、あらゆる階層の人々が出会う場でもある。女性も例外ではなく、イスラエルは女性にも兵役を義務付けている世界でも唯一の国家だ。ただし、女性は宗教的理由があれば兵役のかわりに「コミュニティサービス」に従事することが許されている。

在りし日のマナー：白いテニスウェア　1930年代に初めて白いショーツで試合に出場したのは英国人選手ヘンリー・"バニー"・オースチンだった。しかし、上から下まで真っ白のウェアを初めて着たのは、同じ英国の女子選手モード・ワトソン。彼女は1884年に、足首まである白いドレスでコートに立った。白ならば布地に汗の跡が浮きにくいからだ。

> 法律が人間を善に近づけるわけではない。
> ヘンリー・デイヴィッド・ソロー（米国の作家）

議論の余地はあるか

教授でも、歯科医でも、債券トレーダーでも、プロとなるためのトレーニングや勉強には実地体験も必要だ。外科医の卵は解剖実験で縫合の腕を磨く。しかし、弁護士の卵が実際に法廷で練習をするのは難しい。ミスをすれば有罪となってしまうかもしれないからだ。

その解決策として、米国や英国のロースクールでは、模擬裁判と呼ばれる練習の場を設ける。学生による仮想の上訴裁判所で、必要な書類と弁論を準備し、地元の役者や友人に証人役を頼んで、本番さながらに角を突き合わせる。特に模擬裁判の全国大会に出場するようなロースクールの場合は実に熾烈だ。学生たちは趣意書や弁論の作成に心血を注ぎ、授業と同じくらいか、ときにはそれ以上の時間をこの裁判の準備に投じる。

こうした模擬裁判は「moot court（ムートコート）」とも呼ばれる。ムートとはアングロサクソンの言語で「寄りあい」。重要人物や有力者の集まりのことで、ムートが何かを決めると、それが最終決定になってしまう。そのため、現代の米国の慣用句で「その点はムートである」と言えば「本当はまだ議論の余地があるのに」という意味になり、法律用語で「ムートである」と言えば、「争訟性を消失している」という意味になる。

英国の法廷弁護士がかぶるかつら

> 古代の民が得た知識を侮蔑する医者は愚かである。
> ヒポクラテス（古代ギリシャの医者）

生命エネルギー

薬草、栄養療法、腸内洗浄や鍼(はり)を用いる古代インドのアーユルヴェーダ医療が、西洋医学の信奉者から疑問視されなくなる日も、いつか来るのかもしれない。アーユルヴェーダの治療に何も問題がないという意味ではないし（生薬としてトリカブトを利用するのはいかがなものか）、現代医療がアーユルヴェーダを否定してはならぬということでもない。ただ、西洋医療だって、昔はヒルを使って患者の血液を吸い取らせたり、「吸玉」を使って呼吸器疾患を治そうとしたり、「熱には小食がよい」と言って患者に充分な食事を与えなかったりしていた。こうした療法が年月を経て覆されたように、常識というのは変わっていくのだ。

アーユルヴェーダという言葉の意味は「長生きのための完璧なる知恵」。西洋医療が持ち込まれるまで、インド大陸ではこれが医療の主流だった。数千年の歴史があるアーユルヴェーダのシステムでは、「ドーシャ」と呼ぶ生命エネルギー（呼吸器系、胆汁、粘液。風・炎・水とゆるく対応している）を重視して、そのいずれかが過多または過少に傾くと健康問題が生じる、と信じている。そして、身体を洗浄することで心身の調和の再構築につながると考える。

アーユルヴェーダの施術者は霊能力者ではなく、インドに100ヵ所以上存在する公認施設で資格を取得した医療従事者である。アーユルヴェーダと医学と手術の学位を取得する5年半の履修課程もある。国立衛生研究所の調べによれば、インド人の8割はアーユルヴェーダ医療だけを、もしくは西洋医学に加えてアーユルヴェーダ医療を利用している。2007年の研究では、米国人も20万人が過去1年間にアーユルヴェーダの手当てを受けていた。

7

旅に出る理由

　旅をして、私たちは求める何かに近づき、あるいは遠ざかる。旅の目的はさまざまだ。仕事、楽しみ、刺激、休息、保養、そしてお金。ひとりで飛行機に乗り、みんなでヒッチハイクを試み、大勢の乗る大型客船に加わる。空の青さに飛び込むにせよ、栄光への旅路にせよ、郵便受けまでのひと歩きにせよ、人はひとつところにとどまってはいられない。それはつまり、どこへ、いつ、どうやって、なぜ、そして誰と行くか、つねにルールを必要とするということだ。旅にはさまざまな要素がある。人間はもちろん、食べ物、服装、道具、商売、階級など。それらすべてに切り離すことのできない習慣やマナー（ときには奇抜なものも）がある。空港の荷物検査での靴や液体に関する正しいエチケットとは何だろう？　外国でのチップの作法は？　外国語はどれくらいかじっておいたほうがいい？

　旅は、それ自体がひとつの世界だ。世界が大げさなら社会と言ってもいい。ラスベガスにはラスベガスのやり方があり、ふつうのルールはそこでは通用しない。豪華客船クイーン メリー号の船上でスパゲッティを手づかみで食べたり、マンハッタンで他人のタクシーを横取りしたりすれば、笑って許してはもらえない。人生のほかの場面と同じように、旅で大事なのは目的地にたどり着くことではなく、その途上でどうふるまうかなのだ。

ローマの魅力を訴えるフランスの広告

陸の旅

人は地面を歩くようにできている。泳ぐことはできても、水中で呼吸はできない。空飛ぶ機械を持っていても、翼が生えているわけではない。宇宙へ出れば、重力の支えを失って漂うほかない。

人間にとって一番シンプルな移動手段は歩くことなのだ。そしてもちろん、人間は歩くだけでは満足しなかった。スキップやジョギング、ランニングなどにも挑戦せずにはいられなかった。

> 人生で一番大切な旅、それは生きていく中での人との出会いである。
> ——ヘンリー・ボイエ（米国の文筆家）

そして獣の荒々しい力を利用して馬車を駆ったり、風を利用して帆船を動かしたりして、徒歩では行き得ない場所へたどり着いてきた。自転車、スクーター、車、バス、列車、地下鉄など、実に多様な乗り物が生まれ、より速くより効率のよい乗り物の開発を目指す一方で、それぞれに独自のルールやマナーも生まれた。

御者には御者の、船員には船員のエチケットがある。船や列車といった狭い空間に押しこめられた人間は、他人の立てる音、仕草、匂い、見た目、あるいは食べ物の匂いを何とか我慢しなければならないのだから、マナーの問題は昔も今も同じように重大なことなのだ。

> 現代人はみな連帯感を欲している。
> その証拠に、地下鉄で今日、男が私とズボンをともにしようとしてきた。
> デイヴィッド・レターマン（米国のテレビ司会者）

押し屋

東京の銀座駅で地下鉄に乗ろうとすると、力の強そうな男性に腕や脚をつかまれ、移動させられることがある。ふざけているわけではない。その人はきっと「オシヤ（押し屋、旅客整理係）」だ。れっきとした鉄道会社のスタッフで、通勤客を車内に押し込んでドアが安全に閉まるようにし、電車のスムーズな運行を助けるのが仕事なのだ。

こうした係は屈強なタイプが多く、外国ならとっくに満員とみなされる電車にどんどん人を詰めこんでいく。元力士が務めることもあるそうで、何より驚くのは彼らが乗客に対してこの上なくへりくだった態度を取り、細かい心くばりをしながら体に触れること。まずは丁重に乗客の荷物の位置を直し、それから手脚をずらす。それでもドアが閉まりそうにないと、何人かが集まってきて、乗客に「押させていただきます、よろしいですね？」と確認をとる。そうして３、４人の力でドアに一番近い客を手や肩でぐいぐいと押し込み、客の手やズボンのすそ、買い物袋を挟まないようにしながら、ドアが閉まるのを確認するのだ。

こうした光景は、洗練されたマナーがあり、人々がそれを守っている文化でなければ発生し得ない慣習の代表的な例と言える（だからといって日本に痴漢がいないわけではない。ほかの国と同様に痴漢がいることは、日本の女性が口をそろえるところ）。押し屋はとても礼儀正しく丁重だが、それは乗客だって負けていない。東京の人はみな、超満員の電車や、電車の運行を助けるスタッフの存在に慣れている。いっとき不快な思いをするのは仕方がないから、とにかく目的地に時間どおりに着きたいと考えているのだ。

通勤客を車内へ押し込み、ドアを確認する鉄道職員

人生は自転車に似ている。倒れないためには走り続けるしかない。
アルバート・アインシュタイン（ドイツ生まれのユダヤ人物理学者）

自転車とスクーター

　ある時期の中国では年間約2億台もの自転車が生産されていた。用事や仕事で出かける人たち、あるいは親戚の家に自転車で向かう人たちの鳴らすベルの音は、巨大かつ人口過多の中国でどこでも耳にする生活のBGMとなった。

　ところが、中国経済が好況に沸く中で、かつては通りを整然と走っていた自転車も、新しいタイプの交通手段、「電動機付き自転車（スクーター）」の前に苦戦を強いられるようになった。中国の自動車ブームと、その結果として生じる大気汚染などに懸念を示すアナリストもいるが、中国の歩行者と「自転車乗り」たちが心配しているのは、車よりもこのスクーターのほうだ。スクーターは比較的安く、環境負荷が小さい一方で、速度の遅い自転車にとっては安全を脅かす厄介者でも

中国で一般的なスクーターの乗車風景

ある。中国政府の統計によれば、速くて静かな電動機付き自転車は事故が多く、2001年に34件だった死亡事故は2007年には全国で2469件にのぼった。

　とはいえ、責めるべきは機械というより政治と経済かもしれない。そもそも20世紀なかばから国を統治するようになった中国共産党が、二輪車製造はお金になることを発見したために、あの自転車の大流行が生じたのだ。スクーターも1960年代、毛沢東政権下で1度目のブームを迎えた。本格的に流行り出したのは20世紀後半、都市計画者たちが煙害を指摘し、スモッグを減らす方法を探り始めた頃からだ。経済成長の続く現在の中国では、安くて低燃費のスクーターは消費者にとっても便利な乗り物である。

江西省にて、スクーターに乗る男性

旅に出る理由

> 良き旅人は決まった旅程を持たず、また目的地へ着くことにこだわらない。
> 老子（古代中国の哲学者）

シベリア鉄道

　1万キロの列車の旅。それは決して想像でしか実現しない体験ではない。シベリア鉄道に飛び乗りさえすれば、いつだってその想像は現実になる。シベリア鉄道は主に3つの路線からなり、モスクワと日本海沿岸のウラジオストクを結んで、イルクーツクからウランウデといった沿線の各所をカバーする。

シベリア鉄道を開通させた皇帝アレクサンドル3世

　シベリア鉄道は皇帝アレクサンドル3世統治下の1891年に、モスクワと日本海沿岸の港町ウラジオストク間で建設に着工した。本当は国をまっすぐ横断するはずだったのだが、皇帝が定規で線を引いた際、うっかり直線に小さなゆがみが生じてしまったという。建設技師たちはおそろしくて書き直すことができず、結果として路線に湾曲部分ができた。全線が完成したのは、帝位が息子ニコライ2世に遷った1916年。国防の要とみなされ、1917～1922年にかけてのロシア内戦では、シベリア鉄道の掌握が大きな争点となった。

　現在のシベリア鉄道は、厳密にはシベリア鉄道、東清鉄道、モンゴル鉄道、そしてバイカルアムール鉄道の4路線で構成されている。モスクワからウラジオストクまでの行程は6日ないし7日。あらゆる国籍や、職業の人々が乗り合わせて、いわば1週間の共同生活が繰り広げられる。各車両の端に大きなサモワール（ロシアの湯沸かし器）があって、乗客はそこで簡単な食事や温かい飲み物を用意しては、ほかの客と身振りを交えつつ、外国語会話集を引きつつの、笑いの絶えない会話に興じる。

マナー違反で名を馳せる：ケルヴィン卿の断言　ウィリアム・トムソン、通称ケルヴィン卿は1895年に、「空気より重い機械が空を飛ぶなどあり得ない」と言った。ケンブリッジ大学で学位を修めた学識ある物理学者のケルヴィン卿は、揺るぎない科学的事実——と自分が信じるもの——にもとづいてそう断言した。

マナーに生きた人々

アイゼンハワー

通勤・通学や、旅行、ちょっとした移動で、多くの米国人がアイゼンハワー州間高速道路網を便利に使っている。だが、道路網にドワイト・デイヴィッド・アイゼンハワー大統領の名前がついた背景を知っている人は、あまり多くない。

公職に就く以前のアイゼンハワーは、陸軍の士官だった。ウェストポイントにある陸軍士官学校を1915年に卒業後、士官仲間とともに第1次世界大戦に従軍。やがて陸軍は、ワシントンD.C.からサンフランシスコまでを車両で横断する「遠征計画」を立案し、中佐に昇進したばかりのアイゼンハワーが責任者としてその計画に携わることになった。

フランスで車の燃料切れや劣悪な道路状況といった問題を目にしていたアイゼンハワーは、近代の戦争においては自動車輸送が要になると強く感じていた。1919年の遠征でも同じ問題に悩まされた彼は、いつか自国のお粗末な道路状況を何とかしようと心に決めた。

陸軍大将として歩兵部隊を率いた第2次大戦でも、同じような経験を重ねる。チュニス攻略では道の悪さに泣かされ、ノルマンディ上陸作戦では道沿いの有名な灌木のせいで進軍は悪夢と化した。しかし何より衝撃的だったのは、ドイツの高速道路「アウトバーン」を見たことだ。そのすばらしくスムーズな交通を目のあたりにしたアイゼンハワーは、米国にも「道幅が広く、全国を網羅するきちんとした2車線の高速道路」が必要だと確信するに至った。

「我々の国家としての団結は、意思疎通の自由と、人および財の容易な輸送によって保たれる」。第34代合衆国大統領に就任したアイゼンハワーは、こう言ってすぐさま高速道路網の建設に着手する。そして1956年、連邦補助高速道路法に署名した。

アイゼンハワーの高速道路整備計画を支えたのは軍人としての見識だった

> 自動車が無鉄砲に行き交う今日、
> 歩行者は慌てて歩くか、死ぬかのどちらかしかない。
> トマス・ロバート・デュワー卿（スコットランドの酒造家、1864～1930年）

歩行者天国

　陸の交通を整理するなら、交通手段を1種類に絞ってしまうという手段もある。デンマークではそれを実践し、1962年、世界一長い遊歩道「ストロイエ」を作った。コペンハーゲンではいくつもの通りが自家用車やトラック、自転車、路面電車、そして歩行者で渋滞していたことから、都市計画担当者は「ストロイエ」（歩き回る、という意味）の設置に踏み切ったのだ。今では世界中の都市の遊歩道のお手本になっている。

　ストロイエは、複数の通りと広場から成り、市庁舎前広場から市中心部を抜け、ニュハウン運河の北西の端に位置するコンゲンス・ニュートーウ広場に至る。この歩行者天国の何より興味深い点は、中世以来の建物や名所をそのまま残しつつ、合間を埋めるようにデパートや映画館、レストラン、博物館といった施設がうまく建ち並んでいること。それに加えて、ストリート・パフォーマーが生演奏を披露して、道行く人を魅了している。

　この遊歩道の成功にはコペンハーゲン特有の街のつくりが関係している。第1に、ストロイエとその周囲の大部分は傾斜のない平地で、そのおかげで楽々と通りや公園を散歩したり、自転車に乗ったり、通勤や通学に使ったりすることができる。第2に、コペンハーゲンは住宅街やオフィス街といった区分けをしていない。仕事と生活と娯楽を分けないことで、街の中心がまさに街の心臓として機能しているのだ。

大勢の人がさまざまな目的で集う、コペンハーゲンのストロイエ

車の旅

車の旅は電車や自転車の旅とよく似ている。しかし、産業革命以後の社会は、ひとつのエンジンとひとりの運転手でどこへでも行ける自動車にすっかり夢中になった。20世紀はじめの自動車は「馬なし馬車」と呼ばれ、人々はその危険な機械に不安を感じていたが、1950年代になる頃には車は近代生活と切っても切り離せない存在になっていた。特に米国は、土地の広大さと第2次大戦後の全国的な好景気に押されて、収入の多寡を問わずあらゆる家庭が自家用車を手に入れた。

テールフィンやベンチシーがついたボートのような巨大なセダンに、誰もが夢中になった時代から、自動車とその仲間（輸送トラック、タクシー、ミニバン、SUV）は事実上世界の隅々まで広がった。今では道が通っているところならどこへ行くにも車に頼りきりだ。

ボストンやムンバイ、あるいはインディアナポリスのカーレース場などでは運転に危険が伴うこともあるが、基本的にはほかの人の運転マナーを信頼して車に乗る。ほかのドライバーが車間をあけて車線をはみださず、交差点では優先順位を守り、「青は進め、赤は止まれ」といったルールを尊重してくれる——私たちはそう信じるしかないのだ。大都市にせよ小さな町にせよ、日々の自動車通勤・通学は複雑な交通マナーで成り立っている。たとえ目の前の車がのろのろ運転をしていたとしても、こちらはマナーを忘れないこと。

> 一人旅なら今日にでも出かけられる。
> しかし誰かと行くのなら、相手の用意ができるまで待たなくてはならない。
> ——ヘンリー・デイヴィッド・ソロー
> （米国の作家、思想家）

> 文明人は大型馬車を作ったが、脚を使うことを忘れた。
> ラルフ・ウォルドー・エマソン（米国の哲学者、1803～1882年）

ヒッチハイカー

英語では一部の軟体動物を「スラッグ」という。スラッグの歩みはものすごく遅い。早く進みたいなら、ほかの動物の背にでも乗せてもらわないといけない。つまりヒッチハイクだ。一方、バージニア州北部からワシントンD.C.へ通勤するスラッグたちも、同じようにヒッチハイクをする。といっても、こちらは軟体動物ではない。スラッグには「あいだを埋める」という意味もあって、なるべくお金を使わず、環境にやさしい方法で職場へ通おうとする人のことを指す。

呼び名の由来は、彼らが列を作ってワシントンD.C.へ行く車を待ち、空いている席を「埋める」から。運転手が進んで他人を車に乗せるわけは、通勤のストレスを緩和する手段として、このやり方が法律で推奨されているからだ。

バージニア州を抜ける国道66号線は、決まった時間帯だけ、上りと下りの数車線がHOV専用になる。HOVというのは「High-Occupancy Vehicle（高乗車率車両）」の略で、2人以上を乗せている車のこと。エネルギー危機が生じた1970年代、政府が輸入石油への依存度を抑える方策を模索する中で始まった。運転手はヒッチハイカーを乗せることで高速車線を使えるし、乗せてもらうほうはただで移動できる仕組みになっている。

2人以上の車はこちら

もちろんルールはある。乗せてもらうほうは勝手に窓を開けてはいけない。喫煙も飲食も、運転手の許しがなければNG。ラジオを操作する権利は運転手にある。そして、決められた場所に並ばない行為は通称「乗っ取り」といわれていて、これを行う人間を乗せてはいけないことになっている。

エチケットの小道具：外套　最近ではあまり見かけないが、丈の長い「外套」は、車に屋根がなかった時代に自動車に乗る際の必需品だった。服を守るという発想はロング丈のレインコートという形で生き残り、特にバスや列車の乗り降りで、服が汚れやすい都市部では一般的となっている。

第7章

> ……勝者とは一番速いマシンに乗る人間のことじゃない。
> 負けるのを拒む人間のことだ。
> デール・アーンハルト（米国出身のNASCARドライバー、1951〜2001年）

アウトバーン

ドイツの高速道路「アウトバーン」では誰もが車を飛ばすので、同じスピードで飛ばさないと危険な目に遭う。制限がないわけでなく、時速130キロという推奨速度を示す標識がアウトバーンのあちこちに立っている。都市部をはじめとするいくつかの危険な区域には、「最低」速度100キロ以上という標識もある。

追い越しに関してはいくつかのルールが常識として定着していて、たとえば左車線を走っているときに後ろの車が左のウィンカーを出したら、それは追い越させてくれという合図。自分が右へ車線変更して抜かせるのがアウトバーンのエチケットだ。

高速道路の代名詞となったアウトバーン

アウトバーンを造ったのはヒトラーだとよくいわれるが、実際には先行例がある。ドイツの「アヴス」とイタリアの「アウトストラーダ」だ。アヴスはベルリンに実験的に設けられた高速道路で、1913年に着工し1921年に完成した。イタリアの制限速度130キロの有料道路アウトストラーダは、ミラノと北西部の湖水地方を結ぶ区間が1923年に完成している。ドイツでは、1920年代に不況とハイパーインフレの影響で新たなアウトバーン建設計画がいったん停滞したが、第三帝国の時代になってから、一気に建設が進んだ。ヒトラーはアウトバーン建設が軍の優位性確保には欠かせないと考えていた。雇用創出対策という面で、建設は副次的な利益ももたらした。

近年、アウトバーンをはじめとする高速道路の増設、延長計画は、環境面から住民の反対に遭うことも多くなった。

時速130キロの推奨速度を示す、アウトバーンの標識

旅に出る理由

気の合う旅の道連れは、乗り物と同様に重要だ。
ププリリウス・シルス（古代ローマの劇作家）

トラム

サンフランシスコ、メルボルン、ブダペストといった街の通りには、トラムと呼ばれる路面電車が走っている。

名称は、低地ドイツ語で「角材」を意味する「トラーム」から来ている。登場したての頃は角材のレールに沿って馬など家畜が客車を引いていたそうだ。最初の路線は1807年、ウェールズのスウォンジーとマンブルズ間で開通した。その後ニューヨークとニューオーリンズでもトラムが導入された。ニューオーリンズには世界最古のトラムが今も走っている。

英国ブライトンの路面"電"車は、文字どおり電気で走るものとしてもっとも古く、現役だ。開通は1883年。現在ではライトレールという軽量鉄道が「都市部に適した最新の交通手段」として喧伝されているが、ブライトンの路面電車はその先駆けだった。しかし通りの中央を走るトラムは、人々が自動車に好んで乗るようになると、交通を妨げる存在になっていった。ロンドンやミラノなど人口の多い大都市を走る現在のライトレールは、混雑する通りを避け、なおかつ乗客に便利となる地域を走っている。

嬉しいことに、トラムは電気で走るライトレールとしてふたたび評価されている都市の環境改善と同時に、中心部へのアクセスが良くなることで、街全体の活性化にもつながっている。

サンフランシスコのトラム

在りし日のマナー：貴婦人用の横乗り鞍　上流階級の女性用馬具「横乗り鞍」は、貴婦人たちが高価なスカートをはいたまま馬に乗る習慣を維持するのに一役買った。当時は、女性がズボンをはいて馬にまたがるのは品が悪いと考えられていた。今の女性はほぼ全員が男性と同じくまたがって馬に乗るが、この「横乗り」の愛好者もわずかに残っている。

第7章

ニューヨークで4人の客がもめずにタクシーに乗るには、
近くで銀行強盗でもない限り無理だ。
ジョニー・カーソン（米国のタレント）

マルシュルートカ

　ソビエト崩壊後まもないロシアでは、旧態依然の公共交通システムを補完する目的で、「マルシュルートカ」と呼ばれる乗合バスが生まれた。「マルシュルートカ」とは、「マルシュルートノイェタクシ（決まったルートを走るタクシー）」をひとつにまとめた造語。その名のとおり決まったルートを走行し、最大15人ものお客を詰め込む。

　マルシュルートカに乗るには、タクシーと同じように手を挙げて呼びとめる。立って乗るのはだめで、座席が空いていなければ乗せてもらえないのだが、運転手はたいてい席を埋めてから出発地点を離れるため、手を振ってもやり過ごされてしまうことがある。

　席についたら料金を払う。客から客へ手渡しで運転手へ届けるので、一番前の席に座った場合、乗っているあいだずっと後ろから前へお金を渡して過ごすことになる。途中下車したい場合は、運転手にその旨を伝える。

　料金は公共のバスと比べると少し割高ではあるものの、都市部では1ドル未満、郊外でも1ドル少々と、ふつうのタクシーと比べれば圧倒的に安い。

混雑しがちなキエフの街を運行する、小型バスのマルシュルートカ

海と空の旅

人間は陸を行く生き物だ。だからこそ海と空の世界を神格化した。強力な三つ叉鉾(トリアイナ)を手にした海の神ポセイドンや、太陽の馬車を駆るアポロンなど、恐ろしい海や、超えられない空を統括する力を神話に描いている。

そんな話は現代人の耳には大げさに聞こえる。技術が進歩し、どこでも好きな場所に行けるようになって、私たちはそのことにすっかり慣れてしまった。空飛ぶ機械も海を行く乗り物もあり、それに乗って深い海底からはるか空の上まで、それこそ月へだって行ける。しかし、だからといって、海や空の移動が簡単になったわけではない。ライト兄弟が初めて空を飛んだときや、16世紀の船乗りがマゼラン海峡を渡ったときと苦労は変わらないし、昔の人たちが何日間も船に閉じこめられて不快な思いをしたように、今の私たちも、航空運賃を安くあげようとして、機内でいろいろなことに我慢する。

> その人物を好きか嫌いか知りたいのなら、何よりまず、ともに旅をしてみることだ。
> ——マーク・トウェイン（米国の作家）

すばらしいのは人間が挑戦を続けていることだ。たとえ歴史にあるように、それが試行錯誤の繰り返しだとしても。造船技術で大きく先を行った文明が、その後に没落し、のちにその技術革新が評価されて世界に知られることもある。宇宙に対する理解ははるかに進んだが、実際に足を運んで理解を深めるには、まだまだ高嶺の花の領域だ。それでも、いつか私たちは進歩を遂げる。古の神々にとっては小さな歩みかもしれないが、人類にとっては大きな一歩なのだ。

> 私は嵐を恐れない。なぜなら航海の仕方を学んでいるから。
> ルイーザ・メイ・オルコット（米国の小説家、1832〜1888年）

信号旗

海上で使われる信号旗システムは歴史が古い。現在の船上で使われているシステムができたのは18世紀のフランスだ。のちに19世紀の英国で改訂され、1857年に国際基準になった。18種類だった旗は現在40種類に増え、26枚がアルファベットの26文字、10枚が0から9の数字、3枚がアルファベットが重複したときの代用、1枚が「メッセージを了解した」という回答を表す。

ほとんどの人にとっては、軍艦パレードくらいでしか目にすることのないこの旗、実は国際基準にのっとった重要かつ実用的な機能がある。海上ですばやく簡単に見分けられる色は数種類に限られる。具体的には赤、青、黄、黒、白だ。信号旗は船員がすぐにメッセージを理解できるよう、それらが一番はっきりしたコントラストを成す色合いになっている。

旗を1枚だけで揚げるのは、「われ航行不能」「火災につき離れられたし」「即時停船せよ」「落船者あり」など、特定の緊急事態を知らせるとき。2枚の場合は、「緊急の入港許可求む」「落船者あり、救助願う」のように、もう少し複雑な動きや緊急事態を伝える。3枚は相対方位や針路といった情報、4枚は船の名前、5枚は時間や位置、6枚は緯度と経度で針路を示すのに使う。7枚（7枚も使うことがあるのだ！）は100度以上の経度を表す。

私たちがこうした華やかな旗を見るのは祝祭のときだけかもしれない。しかし嵐などの災害に見舞われてほかの情報伝達手段が断たれた船では、この旗が生死を分けかねない道具になる。

船上でもはっきり見える信号旗

> 船乗りが外洋を見分けるように、女は好きな男の顔を見分ける。
> オノレ・ド・バルザック（19世紀のフランスの作家）

船上結婚式

あなたは愛するパートナーと一緒に船の甲板に立っている。美しい夕日が海面に光を落とす中、船長が2人に誓いの言葉を教え、そして誓いのキスを促す。2人は正式に夫婦となる。

なんて理想的なシナリオ！　だがひとつ注意してほしい。船長は結婚の立会人にはなれるが、立ち会いの下で式を挙げても、2人が法律上結ばれたことにはならないのだ。一般に信じられている内容とは裏腹に、米国でこれまでに結婚を認める権利が船長へ与えられたことは一度もない。もちろん、船長が聖職者も兼ねているとか、法律で認められた資格をもっているというなら話は別だ。

船長が結婚式を執り行うという話があまりにも根強く広まっているので、海軍の規定には、船長による「勝手な挙式」を禁じる文言があるほど。確かにロマンチックではあるものの、この不正確な話をどうして多くの人が固く信じているのだろう？

ひとつの説明としては、船の上というのが、いわば独自の慣習と法律がある一個の島であり、船長はそこで絶対の権威を持つ人物とみなされるからかもしれない。あるいは船長が船上でのあらゆる出来事を記録する立場にあるからかもしれない──誕生も死亡も、そしてもし発生するとすれば、結婚も。

関係者の利便性を考えれば、船長が結婚式を執り行うことができれば合理的だ。だが現実には船長が2人を法律上の夫婦とすることはできない。「夕映えの海」のシナリオを捨てられないなら、必ず船に乗る前に有資格の聖職者、あるいは司法官を手配して控えさせておくこと。

海の上では結婚できない

在りし日のマナー：Poshの語源　しゃれた、高級なという意味の単語「Posh（ポッシュ）」とは、「Port Out, Starboard Home（往路は左舷、復路は右舷）」の頭文字を合わせたものだという説がある。英国とインドを往復する船で、乗客が望む涼しい船室がそちら側にあり、しかも使えるのはお金持ち（＝Posh）だけだったことから来ている。

第 7 章

> あの人の手の爪を見るたび、
> 足のほうを見ないで済んでいることを感謝したくなる。
> アシーニ・シーラー（英国の女優、1889～1990年）

宇宙での衛生

　何十年ものあいだ、宇宙旅行は、高度な訓練を積んだ宇宙飛行士だけの領域だった。それが今では大きく変わり、何百万ドルというお金さえつぎ込めるなら、誰でも星々の世界へ小旅行に出かけることができる。

　宇宙船の中ではあらゆるものが重力の法則を無視するので、マナーを守るのもちょっと厄介だ。重力から解き放たれた場所で何かをこぼしたり落としたりすれば、片付けるのも大仕事になる。

　宇宙船内でルールを作って衛生状態を保つのは、清潔にするためだけの問題ではない。狭い空間で緊張関係にならないためにも必要なことなのだ。飛行機に乗ったり、家族で1台の車に乗って旅行したりした経験があるなら、それがどれほど重要なことかわかるはず。誰かの不潔で無礼な態度を何時間も、何日も我慢させられて、挙句の果てに自分がキレてしまうなんて、誰だってまっぴらだ。もちろん、抜け毛や切った爪まで宙に浮いてしまう環境では、清潔さを保ちストレスなく過ごすのはなおのこと難しい。髪の長い女性宇宙飛行士はシャンプーに1時間以上もかかるし、乾かすにはさらに時間がかかる。切った爪や剃ったひげはガムテープにくっつけないとならない。

　排泄の問題に対しては、バキュームトイレという答えが出ている。身体とシートがぴったり密着していないといけないので、使うときはベルトや持ち手を使って「位置につく」必要がある。想像するだに不便そうだが、宇宙飛行士は「ほかのこともそうだけど、慣れるもんですよ」と言う。

　宇宙産業はまだ誕生したばかりだ。いつかは月へ行く切符にも「エコノミー席」や「ファーストクラス」のようなカテゴリーができるかもしれない。

ディスカバリー打ち上げの瞬間

食べものを拒み、習慣を無視し、宗教を恐れ、
人を避けるなら、もう家から出ない方がいい。
ジェームズ・ミッチェナー（米国の作家）

機内食

ビジネスクラスやファーストクラスの航空券を買えば、機内食のメニューにも期待できる。エールフランス航空の場合、ガラスのタンブラーに入ったジュースに、ワイン数種類、小さなチーズプレートまで出てくることもある。

しかし航空会社にはわかっている。搭乗客がフルに働かせているのは視覚と触覚であって、味覚と嗅覚は機内に入った瞬間から鈍くなっているのだ。機内の乾燥した空気が鼻の粘液を減らし、匂いを感知する機能を弱める。私たちが「味」と思っているものの80％は、実は匂い

容器に入った機内食

なのだ。それに、乾燥した空気は料理にも影響する。キャビアのような水分の多い食べ物は、乗客が味わう能力をなくしているだけでも不利なのに、乾いてしまって見た目にもひどいことになる。

とはいえ、良い知らせもある。エコノミークラスでは肘と肘を突き合わせながら何百人もの「仲間」と空間をともにしなければならないが、鼻が利かなくなっているのだから、悪臭に悩まされる度合いだけは、オフィスにいるときよりも多分少ない。それから上空では地上より酒の味が薄く感じられる。味が強く、アルコール度数の高いワインでも、空の上ではまろやかで飲みやすく感じられる。

一方で悪い知らせは、航空会社もそのことを心得ているということ。だからソフトドリンクと袋入りのプレッツェルだけで済ませようとするのかもしれない。

第7章

国境を越える旅

あなたの家が通り沿いに建ち、通りが別の道とつながり、道の連なりが町を作り、町がやがて都市になり、隣の州との境を作る。この繰り返しが果ては天の銀河になるまで続いている——子どもの頃の社会科の教科書で、あなたもそんなふうに学んだだろうか。人間として生きるということは、線を引いて区分けをしていくことなのかもしれない。

そうした線の中には簡単に越えられるものもある。たとえば5歳か6歳の頃、友だちの家へ行くのに、おそらく両親に見守られながら左右を確認して渡った道。運転ができる年齢になってドライブに出かけるときに、また、少しどきどきしながら越えた町境。しかし、本当に越えるのが大変なのは、国同士を分ける国境だ。

かつて国の領域は河や湖、海、谷、山脈、深い森やジャングルといった自然によって区切られていた。しかし人がそうした場所を行き来できるようになると、今度は人工の建造物、つまり城や砦、城壁、バリケード、柵、堀などで土地を区切るようになった。

たとえば隣人に垣根を越えてパーティに来てもらったとしても、その交流が商取引の問題にかかわってくることはないだろう。それに引き換え、国と国との関係の場合は、境をまたぐ行き来が財の供給を左右する。だからこそ、私たちが一般に「国境」として知る場所を越える行為や、その国境をめぐる法律は、今も昔も極めて重要な問題なのだ。たとえ、越える幅が子どものころ渡った通りと同じ程度だったとしても。

> 旅をしすぎると、
> 視野が広がる
> よりも会話が
> 長びくだけになる。
>
> エリザベス・ドリュー
> （米国のジャーナリスト）

> あの男は、自分が運転席に座っていられさえすれば、
> 車がどちらへ向かっているかなどお構いなしだった。
>
> 英国の政治家ビーバーブルック卿が、ロイド・ジョージ首相を評して1963年に放った一言

外交官用ナンバープレート

　ニューヨークやワシントンD.C.を運転中に、青いナンバープレートの車が隣に並んだら気をつけたほうがいい。その車は外交官の車で、あなたが停めようとした駐車スペースに割りこんでくるかもしれない。そこが許可車専用のスペースであっても、彼らはお構いなしだ。

　厳密に言えば、青いナンバープレートそのものに特権はない。見分けやすい青が使われている理由は、米国国務省によれば、「その車両が外交使節のものであることを示し……また車両の操縦者が外交任務に携わっており、外交免責権を有する可能性があることを、警察官などに示すため」だという。

　だが、マンハッタンのイーストサイドや、ワシントンD.C.のジョージタウン近郊に住む人はこう言うだろう。「青いプレートの車が駐車券を買ったり交通規則を守ったりを免除されてるわけじゃないと言ったって、じゃあときどきは警察官も取り締まるかって言えば、全然そんなことないじゃないか」。この件に関して、当局は回答を拒否している。

　プレートの文字列はランダムな数字と文字のようにも見えるが、そこには外交官のナンバープレート用の暗号システムが使われている。詳しくは明らかにされていないものの、最初の文字は職種だという。外交官、領事館職員、国連事務局員など車の所有者の職種を示していて、これによって車と運転手の外交免責権の範囲が定まる。

　次の2つの文字は国籍。国務省外国使節室が特別に作成したアルファベットの組み合わせが割り当てられている。どれがどの国を指すかを突きとめようとするのは無駄な努力なので、やめたほうがいい。

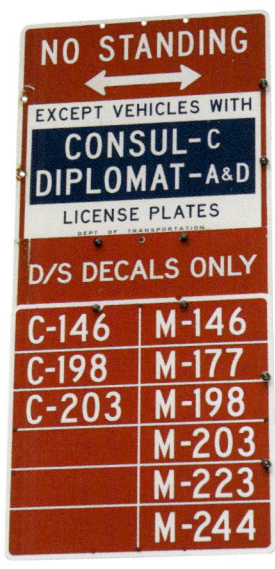

さまざまな優遇措置が受けられる外交官の車

第7章

良い人間であることと良い市民であることが、つねに同じとは限らない。
アリストテレス（古代ギリシャの哲学者）

二重国籍

「汝、ふたたび故郷に帰れず」という表現がある。そういうことはあるかもしれないし、ないかもしれない。しかし、故郷を2つ持つ人に言わせれば、2つの故郷に同時に帰れないことは確かだ。「二重国籍」とは、2つの国の市民権を同時に有する人を指して使う言葉である。

国籍が二重になる状況にも、パターンはいくつかある。米国国籍をもつ両親のもと、米国国外で生まれた子どもは、米国国籍と同時に出生国の国籍を持つ。その場合、成年（18歳）に達した時点でどちらかの国籍を選ぶ必要に迫られる。また、結婚や帰化によって別の国の国籍を得ることもあり、この場合の二重国籍は解消されずにそのまま残る。

米国政府は二重国籍を勧めてはいないが、認めてはいるので、なかには個人的あるいは職業上の理由で二重国籍を持つことを望む人もいる。たとえばスペインとゆかりの深い家族を持つカナダ人が「スペインにいる親戚と現地で長い時間過ごしたい。面倒なビザ申請手続きを省き、出入国の手間や滞在期間の限定といった制限を受けずに2つの国で仕事をしたい」と考えて、二重国籍の取得に踏み切る場合もあるだろう。

二重国籍をもつ人は、忠誠を誓った両国の法律に従う。でも基本的には、過ごす期間が長いほうに優先的に従う必要があるとされている。

石版印刷会社「カリアー・アンド・アイブス」が1870年代に制作したプリント画

> ナショナリズムとは、自己欺瞞という火で鍛えた権力への願望。
> ジョージ・オーウェル（英国の作家）

免税店

　国際線を利用すると必ず見かけるのが、お酒やチョコレートや香水を詰めこんだ買い物袋を手にする旅行客たち。免税店で買い物をした乗客は、高級品や、自国では手に入らない現地の品を格安で手に入れられたことにほくそ笑みながら国へ戻っていく。品物は未開封で持ち出さねばならず、空港内で消費してはいけない。

　人は何世紀も昔から、国境をまたいでお土産を持ち帰ってきたが、現代のような免税店の歴史は浅い。世界初の空港免税店ができたのはアイルランドのシャノン空港。1947年に開店し、今も同空港で営業している。多くの米国人にとって、燃料補給で立ちよるシャノン空港の免税店で買い物をして国に帰るという流れは、もはや定番のお楽しみだ。人気がある店は宅配注文用のカタログを用意するようになったので、最近では航空券がなくても免税店で買い物ができる。

　最初の免税店オープンから間もなく、同様の免税店「デューティ フリーショッパーズ DFS」が世界中でフランチャ

誘惑がいっぱい、ロンドンのガトウィック空港の免税店

イズを展開。もともとは「自国の一番の品を海外にも売りだそう」という試みからスタートした免税店は、やがて大量の酒や煙草を安く買う「抜け道」のようになっていった。近年では規則とセキュリティが厳しくなり、大量販売が難しくなったため、免税店は原点に立ち返り、その国や地域の名産品や人気の品物を目にする最後の機会を提供する場に戻りつつある。「世界一観光客が多い国」フランスの空港では、帰国を前に財布のひもが最高に緩んでいるお客を捕まえようと、スカーフから宝石まで、あらゆるブティックが軒を連ねる。

第7章

> 我が国の国境で犯罪が激化しつつあることを憂慮している。
> エドワード・ブレイク（カナダの政治家）

セウタとメリリャの国境

国境線の引き方に明確な決まりはない。国境が岩塩坑を通ることもあれば（オーストリアとハンガリーの境）、山脈を通ることもあり（キルギスと中国）、そうかと思えば都会の賑わうカフェを通るなんてこともある（オランダとベルギー）。だが、世界でもっとも奇妙な国境といえば、セウタとメリリャという2つの都市を囲む国境だろう。この2都市は地理上はモロッコの沿岸に位置しながら、国としてはスペインに属している。

2都市は、スペイン側の主張では、モロッコ領内におけるスペイン保護領だ。だがモロッコは、北アフリカにおけるスペインの統治権を認めていない。スペインは高さ約3メートルの有刺鉄線付きフェンスで両市を囲っているが、不法入国を試みる人が後を絶たず、たいていは悲惨な結末に終わっている。

2つの国で異なる「この先は通関」の標識

歴史や発展の経過を調べると、両市の文化や人や経済には、長きにわたるヨーロッパとの結びつきが表れている。セウタは地中海と大西洋の両方に面していて、イベリア半島にある英国領ジブラルタルとも非常に近い。再建した15世紀の大聖堂もあれば、造船所も、水産加工場もあり、スペイン本土からはフェリーで90分だ。一方、現在の市中心部に城壁に囲まれた旧市街があるメリリャは、1497年に占領されて以降、スペインの所有になっている。だが実際のところセウタとメリリャは、スペインやモロッコの他都市よりもお互いのあいだに共通点が多いのだ。多様な建築、宗教ごとに分かれた共同体、民族、文化、そして商港として栄えている点などがよく似ている。

国の門番である通関職員

238

境界を越える旅

人が越える境界線は国境だけとは限らない。人は誰でも人権を有しているし、現代は個を尊重する時代で、行動に対する距離感は自分と他人とで大きく異なることがある。ところが、固有のアイデンティティを持って国家をなす多くの文化圏では、家族や個人の価値観や権利よりも、共同体のそれのほうが重要だと信じられている。

今ここでひとつ言えることは、現代においても多くの場面で人間の身体的・心理的境界線は侵害されている、ということ。乗り物や移動手段を扱う第7章にこのテーマを入れたのは、同じ「距離」に関わるテーマだからだ。もしかしたら、ほぼ瞬時に他者とつながり合える世界に生きているからこそ、私たちは自他の区別を前よりもはっきりさせる必要性に迫られているのかもしれない。

> 太鼓を鳴らして悪霊を追い払おうとする先住民のことを、クラクションを鳴らしてさっそうと渋滞をすり抜ける米国人は軽蔑している。
>
> メアリー・エレン・ケリー
> （カナダの）自然療法医

とはいえ、それは今に始まったことではないはずだ。地理の違いは社会に大きな影響を与える。こちらの集団が何千エーカーもの開けた土地に住む一方で、あちらの集団は増え続ける人口を抱えられるようどんどん建物を高くしなければならない。そうした住環境の違いによって、新しい独自のルールが生まれる。地理、宗教、言語、技術、商業の相互作用が人間の作った境界を越え、まるで錬金術のように何かを変えつつ、何かをそのまま残していくのだ。

> ある朝、僕のパジャマに象が入ってたんで撃ったよ。
> どうやって入ったかは永遠に謎のままだね。
> グルーチョ・マルクス（米国のコメディアン、1890〜1977年）

上海のパジャマ事情

　礼儀正しく行動するには、服装に関するルールも見逃せない。しかし、同じルールが別の文化圏で通用するとは限らない。西洋の人間はパジャマ姿を他人に見られるのを避けるが、上海では至るところでパジャマの男性やナイトガウンの女性が通りを渡り、スーパーで買い物をし、家の近所を歩き回っている。

　中国でパジャマを着て外へ出るのが一般的になったのは、1990年代の初め頃から。中国の人々はその頃から人民服にかわって、より着心地が良く、見た目にもおしゃれな服を着るようになった。ところが、パジャマという服を取り入れながらも、それが家の中、わけても寝室などプライベートな空間だけで着るものだとは知らないままだったのだ。

一部の上海人にとってパジャマは普段着

　お金に余裕の出てきた中国人は、西洋のパジャマを高級でおしゃれなものと考えた。中国では家も生活圏もとても狭いので、通りを渡って数メートル向こうへ行くのに服を着替えるなど合理的ではないと考えたのだ。

　中国当局は上海市民（パジャマを着る習慣がとりわけ浸透しているのが上海だ）に、「文化的な市民」は外出の際には着替えるものだと呼びかけているが、パジャマが着るにも楽で見た目にもいいことに気づいた市民は従う様子を見せない。上海ではパジャマを着ることは、お金があり、暮らしぶりも良く、なおかつ「おしゃれ」に対する抜群のセンスが備わっているというサインだ。ちょうど、ニューヨークでは黒を着る人が多いのと同じように。

マナー違反で名を馳せる：レーガン大統領　1984年8月11日、レーガン大統領はラジオ演説前のマイクテストで、こんな話題を口走った。「同胞である米国人のみなさん、今日は嬉しいお知らせがあります。このたび署名した法案により、ソ連は永久に法的権限を失います。5分後に我々の空爆が始まるのです」。この冗談は放送されなかったが、しゃべったという情報が漏れ、当然のことながら、ソ連を不快にさせた。

> 電話をするくらいなら座って手紙を書く。
> 私は電話が嫌いだ。
> ヘンリー・ミラー（米国の小説家）

携帯メール

　現代のテクノロジーは、マナーのルールを次々と書きかえている。たとえばFacebookのような新しいSNS（ソーシャルネットワーキングサービス）には新しいマナーが必要だ。「友達から削除」ボタンを押したらどうなるの？他人の姪の自慢話につきあうべきか？上司からの的外れのメッセージは無視すべき？　WEB（ウェブ）でアクセスする世界には、仕事、家族、本人の過去まで、さまざまな情報がごちゃ混ぜになっている。

　コミュニケーションの形と、そこに必要なマナーが、つながる相手よりも使用する機器によって決まるケースもある。インドではパソコンより携帯電話でインターネットを使う人が多い。パソコンやPDA（パーソナルデジタルアシスタンス）より安いからだ。特に携帯電話のSMS（ショートメッセージサービス）を愛用している。

　インドでは、あらゆる種類の会話と連絡がSMSで交わされるのだ。ビジネスのスケジュール、買い物、果ては離婚話まで。そう、ムスリムのインド人男性はメールで離婚を言いわたす。離婚は夫が妻へ「タラク」という声明を送ることで認められるのだが、必ずしも直接口頭で伝える必要がないのだ。

　SMSは手頃で普及の度合いも高いので、インドの起業家は何とかお金儲けに利用できないかと考えている。たとえば、「ガプシャプ」というSMS対応のツイッター風サービスでは、友人が今何をしているかインターネットに接続せず確認することができる。いつの時代も、友人にまめなのは良いマナーだということだ。

ターバンを巻いてモバイルデバイスを操作するインド人男性

> マナーをちゃんと守っているなら、ほかの欠点はだんだん気にならなくなるものよ。
> ジェーン・オースティン（英国の作家）小説『説得』の台詞

ギリシャの縁故主義

　ギリシャを訪れた人は、しばしば「あの国のもてなしには圧倒された！」と言う。ギリシャ人は、訪問客にできる限りたくさんの食べ物と飲み物を分け与えるのが迎える側の務めだと信じているのだ。ギリシャへ行くなら、ブドウの葉で具を巻いた「ドルマ」や子羊の丸焼きなど、皿に供されるものを残さず平らげる事態を想定しておいたほうがいい。それから「お代わりをください」と（たとえ完全にお腹いっぱいでも）言うことも大切だ。ギリシャではその言葉が、もてなしてくれた人への敬意、さらには料理や客を楽しませる腕前に対する賛辞になる。

　ギリシャの食事へ招かれた人は「家族の一員」とみなされ、とても温かく丁重なもてなしを受ける。だが、食べたり喋ったりしているうちにどれだけ打ち解けたとしても、境界線が消えたわけではないことを忘れてはいけない。ギリシャ人は家族の絆と名誉をとても大事にしていて、何か争いが起こったときには、血のつながった家族をつねに優先する。ギリシャでは「身内びいき」は今も悪いことではない。外国人は、身内というだけで甥や姪が地位を得るという話には眉をひそめるかもしれないが、ギリシャではそれが正しい行いとされる。何よりも親族が第一、というわけだ。

　だから、商用でアテネへ行ったら握手を交わした相手がみんな同じ苗字だったとしても、驚いてはいけない。ギリシャの人はこれをおかしいとは考えず、皆が一致団結した努力のたまものととらえる。親族経営は、一族が真の成功者であることを示すしるしなのだ。

ギリシャでよく使われる優雅なアンフォラ（壺）

> よく喋るのはあまりものを知らない人間だ。知っている人間は多くを語らない。
> ジャン・ジャック・ルソー（18世紀フランスの哲学者）

近接学

ニューヨークのような都市では、やたらと距離を詰めて会話しようとすると、きっといやがられる。しかし世界を見渡せば、会話する際の距離の詰め方は、場所によってかなり異なっている。たとえばオーストラリアの都市部の人は、あいさつは近づいてすべきだと考える。同じオーストラリアでも僻地で農業を営むいわゆる「ブッシーズ」の人たちは、最初はなるべく離れて相対し、それから体を前へ傾けて握手を交わす。この研究分野は文化人類学者のエドワード・T・ホールによって1966年に「近接学」と名付けられ、広く知られるようになった。ホールによれば、一般的な近さの基準は約50センチから80センチ以内で、場合によっては15センチまで縮まる。北米人にとって15センチは、一番近しく愛しい相手、たとえば配偶者や家族、子どもなどだけが許される距離だ。ところが、エチケットに世界一うるさいといわれるトルコ人の街イスタンブールでは、その距離まで顔や体を近づけて会話をする。

もちろん矛盾もあって、この距離感はトルコでもっとも一般的ではあるものの、男性同士でしか通用しない。イスタンブールは世界でも有数の文化の混交と洗練を備えた街だが、長きに渡って敬虔なイスラム教徒を多数抱えてきた街でもある。ムスリムの女性は、自分に一番近い親族を除いて男性に近づいてはならない。トルコも最近では変わってきているが、男性同士は近づいて話し、見知らぬ女性に対しては距離をとる習慣は、今も健在だ。

「境界」を確保して握手を交わす人々

エチケットの小道具：駐輪用ラック 外に自転車を置いておけば、つねに盗難の恐れがつきまとう。その解決法として考え出されたのが、フェンスや樹木のような、地面に固定された丈夫な物体に自転車をくくりつける方法。世界中の多くの都市には歩道に金属の自転車駐輪用ラックが据えられていて、おかげで愛好者は自分の移動手段を盗難から守ることができる。

第7章

マナーに生きた人々

レディ・バード・ジョンソン

米国の街中やハイウェイを車で走っていて、路肩に味気ないコンクリートではなく花畑を目にしたら、それはレディ・バード・ジョンソンのおかげだ。クラウディア・アルタ・テイラーとして生を受けた彼女は、1963年から1969年にかけて、リンドン・ベインズ・ジョンソン大統領の傍らで合衆国のファーストレディを務めた（「レディバード」は子どもの頃のあだ名で、小鳥のようにかわいらしかったことから、子守にこう呼ばれたのだという）。

彼女は環境保護活動家として活躍し、1965年には国の「美化計画」に乗り出している。「美化計画」は法案化もされた社会活動で、田園および都市部の環境保全、国立公園の保護、汚染対策、水質の向上・大気の浄化、景観整備、都市部の改修などの内容が盛り込まれていた。レディ・バード・ジョンソンはまず首都美化計画委員会を立ち上げ、8万3000株の花、5万本の低木、13万7000本の一年生植物、2万5000本の樹木を公共の建物の近辺に植え、「多くが訪れる場所に多くの花を」という構想を実現した。

また、スミソニアン博物館群に建ち並ぶナショナル モールの発展にも尽力した。美術品収集家のジョゼフ・ハーシュホーンが収集品をスミソニアン学術協会へ寄贈したのは彼女の働きかけがあってこそ。「ジョブ コープス（就業訓練プログラム）」に「景観設計」の科目が加わったのも、ケネディ政権時代に発案されたペンシルベニア通りの再開発を継続できたのも、ホワイトハウスのサウス ローンのそばにジャクリーン・ケネディ ガーデンとチルドレンズ ガーデンができたのも、すべてレディ バード・ジョンソンのおかげだ。

夫の退任が決まった後はテキサス州ストーンウォールへの幸せな帰郷を果たし、同地はもちろん、米国全土の固有の植物と野の花に関心を注いだ。1982年には非営利組織ナショナル ワイルドフラワー リサーチセンターを設立。センターは1997年に理事会の全会一致でレディ バード ジョンソン ワイルドフラワー センターと改名された。

ファーストレディ時代のレディ・バード・ジョンソン

旅の荷物

あれこれ持ち運ぶなんてわずらわしい、荷物は多くてもポケットに入るくらいで限界だ、とうそぶく人がいる。

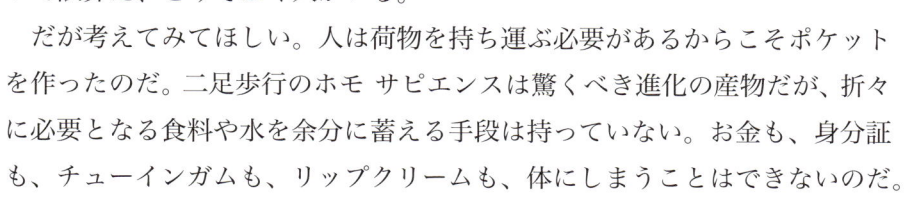

だが考えてみてほしい。人は荷物を持ち運ぶ必要があるからこそポケットを作ったのだ。二足歩行のホモ サピエンスは驚くべき進化の産物だが、折々に必要となる食料や水を余分に蓄える手段は持っていない。お金も、身分証も、チューインガムも、リップクリームも、体にしまうことはできないのだ。

「ハンズフリー」の生き方を好む人でも、買い物袋を手に帰宅したり、荷物を抱えて外出したり、旅行かばんをつめたりする場面は必ずある。荷物が加わることによって、「自分が占める面積」が変わると、自分の行動も、他人からの扱いも変わってくる（妊娠3ヵ月の女性に聞けばわかるはず）。持つ理由も持つ場所（手、腕、背中）も、持ち運ぶ中身もさまざまに違う。

> 行為はどれだけ経っても本人のそばを離れることはなく、ゆえにこれまでの自分が現在の自分を形作る。
> ジョージ・エリオット（英国の作家）

持ち物だってひとつのマナーだ。かばんは持ち主について多くを物語る。デザイナーブランドのかばんなのか、それともジッパーの壊れた中古品なのか。多くの文化が荷物に注意を払う（精神的な荷物も含め）のは、荷物ひとつがきっかけで、ほかのことに何らかの影響がおよぶかもしれないからだ。1本の釘がなかったせいで最終的には国が破滅する——そんな昔話だってあったほど。

第7章

彼女はどんな慣習も、ハンドバッグでぶってみないことには納得しなかった。
サー・ジュリアン・クリシュリー（英国の保守派の政治家）

ブランド物のバッグ

1837年に革製品の店として創業したエルメスは、ブランドの世界でも有数の老舗だ。品質と細部にこだわったエルメス製品は、乗馬や乗車など、移動の機会が多いヨーロッパの上流階級で広く支持された。エルメスが1900年に初めて作ったかばんは馬具を持ち運ぶためのもの。1920年代初頭には、女性用の高級ハンドバッグが品揃えにないことを関係者に指摘され、のちに同社の看板商品となる「サック・デ・ファム」を作った。

現在では、エルメスの「ケリー・バッグ（モナコの公妃で、エルメスのバッグを一躍有名にしたグレイス・ケリーの名前から名づけられた）」や「バーキン・バッグ（1960年代に活躍した英国生まれの女優ジェーン・バーキンからとったもの）」は、世界中のお金持ちやセレブの腕に提げられている。

皮肉なことに、エルメスのバーキン・バッグはフランス人にとっては大きすぎた。フランス人はスペースを取るかどうかをとても気にするので、ぱんぱんにふくらんだ巨大なバッグなど持ち歩かないのだ。フランス人は手提げバッグも薄手を好み、ショルダーバッグもコンパクトなものを体に引きつけて持ち歩く。

モナコ大公レーニエ3世とグレイス・ケリー公妃

シックなエルメスのケリー・バッグ

あらゆるものの何と些末ことか！
家具以上に部屋を満たすものなど、人間の思考くらいしかない！
ウォレス・スティーヴンズ（米国の詩人）

組み立て家具

最近では寝袋にもかばんにもなる面白いジャケットが売られている。こうした便利な工夫をこらして、不便なシチュエーションに文明の利器を持ちこもうという発想は、実際には昔からの伝統だ。たとえば、18世紀から19世紀初頭の英国で流行した「戦場家具」。ジョージ・ヘップルホワイトやトーマス・チッペンデールといった家具作りの名匠が、戦場へ持ちこむためのテーブルや椅子、ベッド、ソファ、さらにはゆりかごといった家具一式を作り、軍隊に提供していた。

それらは見た目はできる限り伝統的な形状に近く作られている一方で、机やソファの足を折って平たくしたり、分解して専用の荷車に積んだりもできるようになっていた。蝶番、ネジ、バネを使って驚くべき革新的技術を可能にしていた。

戦場家具には、「英国軍人は現地の椅子にしゃがみこんだりはしない」ことを示す権威的な意味合いもあったが、兵士の郷愁を満たすという目的もあったに違いない。現代の米国兵は海外へ派遣されるとピザハットやマクドナルドが恋しくなるというが、1825年の英国騎兵は「正しい」食卓椅子に励まされていたのかもしれない。

シンプルながら機能的な折りたたみ椅子

1902年の南アフリカで、戦場家具に座り和平会談を行う

第7章

あなたの訪れを知らせ、別れを引き延ばすものこそ、
目に見えず忘れ得ることもない究極のアクセサリーなのです。
ココ・シャネル（フランスのデザイナー）

ターバン

　西洋人には風変わりかつエキゾチックに見えるターバンも、実はいたって合理的な理由から誕生した。長い布を頭に巻きつけるのは、太陽から頭を守り、熱を持ちすぎないようにするため。中東の一部、北アフリカ、南アジアなどの砂漠の民のあいだで、かなり早くから頭を覆う装身具として採り入れられた。

　現在では、ターバンそのものにも、巻き方にも多くのバリエーションがある。アフガニスタンのルンギーもあれば、インドのパグリ、パレスチナ解放機構の故ヤセル・アラファト議長が巻いていたことで有名なカフィエもある。ターバンを中東と結びつけて考えがちな北米人は、ネイティブ・アメリカンも動物の毛皮などで作った冠をかぶっていたことを思い出してほしい。

　イスラム教ともヒンドゥー教ともまったく異なる信仰であるシク教では、儀式を受けて入信すると、教徒であることを示すためにターバンを巻く。シク教徒は男女を問わず全身のあらゆる毛を切ったり剃ったりしないので、ターバンの下の髪はとても長い。シク教徒は長髪をケッシュと呼び、カンガ（木の櫛）、カラ（鉄のブレスレット）、カチューラ（ゆったりした肌着）、カーパン（ターバンの下に隠す銅の短刀）をいつも身につけるべきと考えている。

　カンガもカーパンも実用のためではなく、自分を精神的に戒めるために持っている。カンガは髪をつねに整えておくことを、そしてカーパンは争いの際に罪なき者を必ず守ることを忘れないためのものなのだ。

シク教徒のしるしであるターバンと伸ばしたひげ

観光客のみなさんが僕を見に来たのではないことを願っています。きっと、セント アンドルーズがただただすばらしい、美しい場所だから訪れただけなんでしょう。
ウィリアム王子

ファニー パック

米国人が愛用するかばんファニー パックは、予備の弾薬や漁師のルアーや釣り針を入れておく作業用ウエストポーチや、盗難を恐れる旅行者が愛用する「札入れ付きベルト」の現代版だ。「ファニー」はこのポーチ風バッグを身につける場所、つまりお尻の上あたりのことを指すが、愛用者はたいていジッパーを閉めて体の前に持ってくる。

ウエストポーチが大流行したのは1980年代と1990年代。このポーチを着用し、足元はもこもこの白い革スニーカー、頭は麦わら帽子という格好は、米国を訪れた旅行者が冗談交じりに真似をする「スタイル」になった。もちろん、この定番のいでたちでディズニー ワー

ニューヨークにて、観光客にしか見えない人物

旅の必需品を詰めこんだファニー パック

ルドやグランド キャニオンへ行くのと、同じ格好でポンペイや万里の長城を訪れるのとでは与える印象が違う。米国人は、ウエストポーチをとても使いやすく実用的だと考えた。他国の人は、格好悪くて使いにくそうだと考えた。やがてメーカーも新しいタイプの小型バッグの製造を始め、そして流行は変わっていった。

とはいえ、一周して戻ってくるのも、流行の常というもの。2011年には『ウォールストリート ジャーナル』紙にウエストポーチのリバイバルを告げる記事が載った。それによると、新進気鋭のデザイナーたちは「ベルトバッグ」という呼び名を定着させようとしているらしい。

お金とビジネス

　お金は人生のすべてを変える。先だつものは金。金は——正確には、お金への偏愛が——諸悪の根源。お金で愛情は買えない。誠意だったら言葉より金で示せ！

　お金をめぐる言い回しはたくさんある。真実をついているかどうかはともかく、そうした表現の多さから、人間がお金という概念をどれほど重要に考えているかが、よくわかる。

　ここまでの章で見てきたように、家族、教育、コミュニケーションなど、人間が大切にする物事には、たいてい何らかの慣習やマナーがある。お金も同じ。そもそも、生きるための必要品をすべて自分で作ったり見つけたりすることは不可能だ。誰かの手には、狩りで捕まえた動物の肉がある。別の誰かの手には、森で集められてきた木の実がある。それなら2人とも肉と木の実を少しずつ食べることもできるんじゃないか、と気づく。そうやって原始の人間は物々交換をするようになった。

　しかし、木の実が手元になかったら？　その場合、たとえば貝殻などを渡すことで、必要な品物を譲ってもらえるようにすればいいのではないだろうか。貝殻自体には本質的な価値がなくても、ほかのものと交換できる通貨とすることを、お互いが了解しあうのだ。

　こうしてお金が生まれ、すべてが変わった。数千年が経つ今も、私たちは「貝殻集め」に必死になっている。

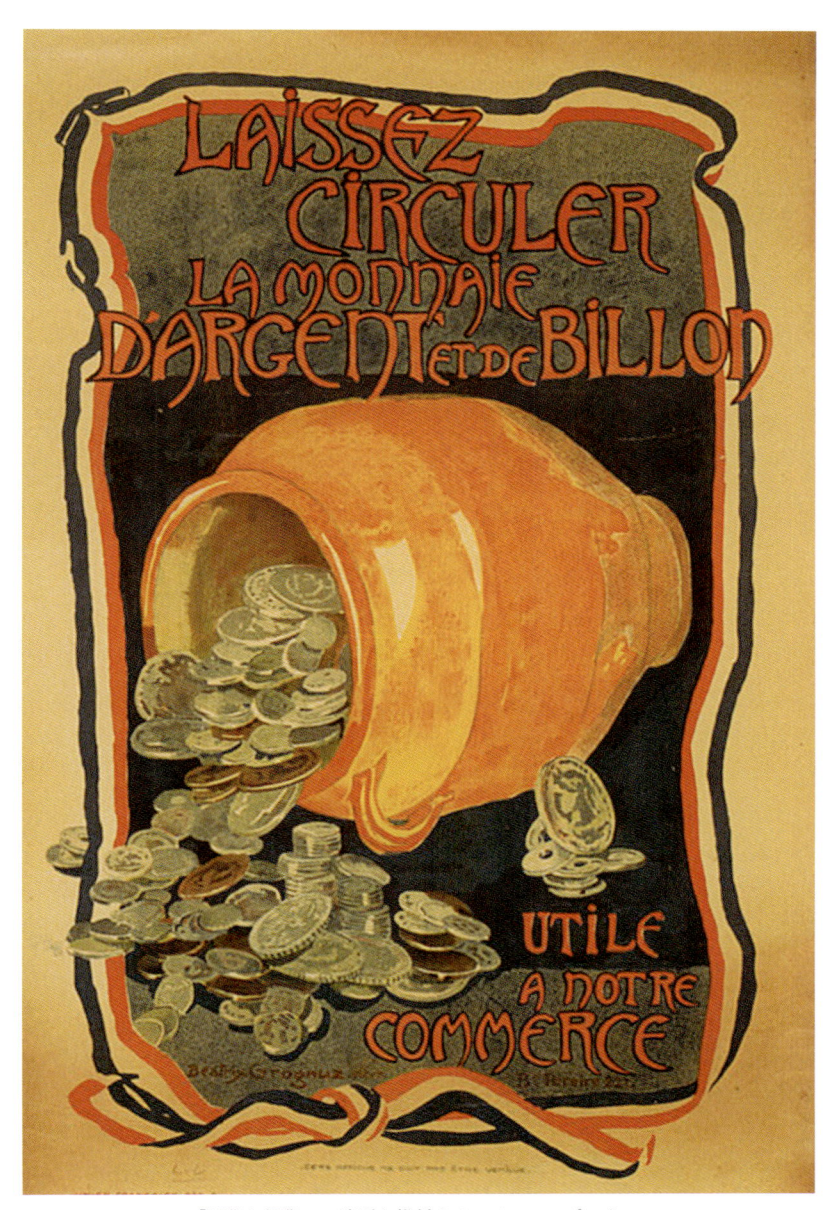

「銀貨と銅貨」の流通を推奨するフランスのポスター

通貨

「お金のことなんて気にしない」。そんな発言をする人は、外出時にほぼ例外なく所持しているものは何か、考えてみてほしい。財布だ。誰もが多少なりともお金のことを気にしている。何しろ電車に乗るにもお金がかかるのだから。飲み物を買う、宝くじを買う、髪を切る、新聞をとるのにもお金がかかる。人間の行動のほとんどが、通貨という、交換媒介物として流通しているモノでの支払いを必要とする。

かつては貝殻や磨いた石やビーズだった通貨は、やがて硬貨と紙幣に発展した。当初の硬貨は金属の実際の価値を表していたが、時代が流れて貨幣制度が整うにつれて、安価かつ大量入手可能な金属が硬貨に使われるようになった。

ヨーロッパに紙幣が広がった理由は、スウェーデン産の銅が豊富に採れ、硬貨の価値が低く、持ち運ぶのにも重かったから。紙幣は数百年にわたり金本位・銀本位制を採用し、発行した紙幣と同等の金・銀を政府が保管する仕組みだった。近代になるにつれ、各国はこの制度から離脱。1971年、米国が最後に金本位制を放棄した。紙幣はもちろん今も存在しているが、最近ではプラスチックのカードにとって代わられつつある。ファストフードのドライブスルーから地下鉄の乗車賃まで、かつて現金が必要だった場所で、クレジットカード、デビットカード、キャッシュカードなどが使われるようになっている。

> 売り買いなしで生きるためには、とても裕福であるか、とても貧しくなければならない。
> ——アルベート・カミュ（フランスの小説家）

自らを発見する最善の道は、自らを捨てて他者に尽くすことだ。
マハトマ・ガンディー（インドの政治活動家、宗教家）

お釣りはいいですよ

　店員や作業者にチップを渡す習慣は、旅行者にとっては不安で厄介なもの。何しろ金額も渡し方も場所によってまちまちなのだ。

　定義としてのチップは、代金に加えて自由意思で渡されるお金であって、法的に必須というわけではない。しかし、渡さなければ重大な過失とみなされるケースもある。特に米国などでは、ウェイター、ウェイトレスの時給が低く、最初からチップで「埋め合わせる」ことを想定している。昨今ではチップが必要なのはレストランだけではなくなった。美容師、建設業者、配達人、ベビーシッター、コーヒーショップのバリスタなど、多くの場面でチップが期待されている。

　一方で、チップを求めない文化圏も多い。アジアと西ヨーロッパの国々では、サービス料が代金に含まれていたり、そんな習慣自体がまったく知られていなかったりする。ドイツでは、代金を「まるめる」という控えめな慣習がある。少しお金を足して切りのいい金額にして、店員に「そのまま受け取ってください」と声をかける。「お釣りはあなたがとってください」という意味だ。フォーマルでない場面なら、「これで1杯やってくれ」という言い方をすることもある。

> 金で幸せは買えないかもしれないが、金が幸せをくれるじゃないか。
> フレディ・マーキュリー（英国のロックバンド「クイーン」のリードボーカル）

マネーダンス

　古い伝統だと思われているが、実はさほど古くはない風習もある。「マネーダンス」または「ダラーダンス」も、そのひとつ。文化圏によって呼び方は異なるものの、結婚披露宴で花嫁ができるだけ多くの招待客とダンスをすることを指している。

　ダンスの相手になった人は、紙幣か、お金を入れた封筒を、ピンで花嫁の衣装に留める。ゆったりとした曲が流れると、会場にいる友人や親戚がこぞって花嫁をつかまえてダンスを踊り、新婚夫婦へのご祝儀を贈る。

　花嫁が持っている容器にお金を入れるパターンや、花嫁と花婿の両方に紙幣をピン留めするパターンもある。イタリア系やポーランド系の結婚式でこの慣習を行うことが多いので、ヨーロッパの古い祖先から伝わる伝統だと思っている人も多い。しかし、実はこれ、米国に渡ったポーランド移民が20世紀はじめに、コミュニティで誕生した若き夫婦の門出を祝して始めたものなのだ。

マネーダンスを終えて嬉しそうな花嫁

　エチケット専門家の多くは、この慣習を品性に欠けると思っている。お金を贈るならお祝いの手紙にこっそり同封するべきだ、と。そうすればほかのパーティ出席者に、金銭的援助の義務があるなどと感じさせずにすむ。贈り物はあくまで招待客の意思で決めることなのだ。

エチケットの小道具：コースター　パブでパブタオルの上にグラスを置くのは、水滴を吸い取るため（バーマットも同様）。一方、コースターの上にグラスを置くのは、木製や布製の家具などに水滴がつかないようにするため。コースターは毛糸を編んだものや、コルクのマット、革、石などでできたものがあり、形は四角や丸で、家具に水のしみがつくのを防ぐ。

お金とビジネス

金銭を与えるなら、金銭と一緒に力も貸すこと。
ヘンリー・デイヴィッド・ソロー（米国の作家）

赤い封筒のご祝儀

中国文化では、赤は幸運の色。悪霊に対抗する色とも考えられている。「紅包（ホンパオ）」と呼ばれる細長い封筒があざやかな赤なのも、そのためだ。結婚式、誕生日、そして特に新年のあいさつでお金を入れて渡すのに使われる。旧正月は中国の一番大事なお祭りで、人々は連休の祝日を盛大に楽しむのだ。

紅包の表面には、たいてい行事に応じた漢字が金色であしらってある。ここ数十年ほどは、漫画のキャラクターや、干支の動物を描いた紅包も多くなった。

旧正月や誕生日なら、中身にそれほど神経をとがらすことはない。でも結婚式の場合は、受け取った金額を巻紙に記録することになっていて、その金額にも意味がある。たとえば特定の数字は避けなくてはならない。最初または最後が4になる金額は、「4（si）」が「死」の発音に近いので、ご法度。奇数よりも偶数のほうが好ましい（ただし4は除く）とされ、特に8は縁起がいい。アジアで小切手を使う人は少ないので、紅包の中身はほぼ必ず現金。硬貨は不衛生と考えられているので、入れてはいけない。ぱりっとした皺のない新札を使わないと、みっともないと思われてしまう。

あざやかな赤い封筒

紅包は両手で渡し両手で受け取る。親や上司のような目上の者から、子どもや部下など目下の者へ渡すことが多いので、これは特に覚えておきたいルールだ。そうした場面では敬意と尊敬を示すことが何より大切になる。紅包をもらう立場と渡す立場は、人生の中でいずれ逆転していくものなのだから。

縁起のよい赤い獅子

第8章

マナーに生きた人々

レティシア・ボルドリッジ

レティシア・ボルドリッジが20世紀のエチケットの権威になった背景には、政府の外交儀礼の世界で築いたキャリアがあった。ボルドリッジはオマハで生まれ、コネチカット州の伝統的な女子校ミス ポーターズ スクールに通い、ヴァッサー大学を卒業。パリの米大使館で個人秘書となり、クレア・ブース・ルース大使についてローマに渡る。その後、ティファニー初の広報企画担当――初の女性幹部となった。

政治と外交の世界にルーツがあることは、彼女の大きな強みだった。1961年にはジョン・F・ケネディ大統領と、若き妻のジャクリーンとともにホワイトハウスに入っている。ジャクリーン・ブーヴィエ・ケネディが、ワシントンD.C.とホワイトハウスに国際的な雰囲気を持ち込もうと考えていたことから、私設秘書となったボルドリッジはそれまでとは異なる状況や人間関係に挑まなければならなくなった。どんな局面にもおおむねそつなく対処していたが、のちの彼女が真のマナーを語る第一人者となった陰には、このときの失敗の数々があった（パキスタン大使をインド大使と紹介してしまったことも）。本人はこんなふうに語っている。

「ナイフとフォークの使い方をご存じでない大手企業のCEOもいらっしゃいますが、そうしたことはあまり重要ではありません――思いやりの心が欠けているほうが心配です。『ごめんなさい』『お願いします』『ありがとう』を言うのがどれほど大切か、人はお互いにどう接していくべきか、それを知らない世代がもう2世代におよんでいます」

今では80歳代になったボルドリッジは、ビジネスパートナーとともにコンサルティング業に携わる。企業幹部、政府高官、学界の著名人などを対象に、公私における真に正しいマナーの基本を教えている。

非凡なる政治家秘書であり、外交儀礼の"女王"レティシア・ボルドリッジ

> 賄賂を渡してはいけません。とんでもないことです。
> マザー・テレサ

どうぞ、受けとって

バクシーシとはペルシャ語で「贈り物」。中東、近東の国々では昔から生活の一部で、部外者が思う以上に複雑かつ意義深い経済システムだ。施しを与えること、喜捨をすることを指していて、イスラム教徒が行うべき五行(ごぎょう)のひとつとされている。路上で施しを求める人は、よく「バクシーシを！」と叫ぶ。物乞いなど褒められた行為ではないと思う西洋文化とは違い、ムスリム社会では、こうした人にお金を渡すことこそ信心深さの表れだ。一方でトルコなどでは「バクシス」という言葉が心付けを指す。チップ習慣のあるほかの社会と同じで、金額の10～15％を心付けにするのだ。

バクシーシは誰かのご機嫌をとることも指す。人目を避けた取引や腐敗も確かに存在するし、汚職が蔓延する地域ではあからさまな賄賂のやりとりもある。標的になるのは観光客だけではない。一般市民でさえ、何かの許可をとったり、特別な計らいを受けたりするためには、役人にお金を渡さなくてはならないことがある。

外国人旅行者は、堂々とバクシーシを求められると嫌悪感を抱くかもしれない。しかし、これは簡単に理解できる習慣ではないし、必ずしも非難すべきことでもない。そこは欧米とは異なる基準をもった世界で、そこでの生活に深く組み込まれている習慣なのだから。

バクシーシとは、施しをすること

サービス

誰だって、ときには他人から何かのサービスを受けるもの。たとえ農場に自前の砥石があったとしても、折に触れてプロの研ぎ師の腕を必要とすることもあるだろう。歯医者や役者など、モノを作らない職業の人たちも、他人には手に負えない商品、簡単に手に入れられない技術を提供する。サービス業を成立させる秘訣は、自分の無形のサービスを買ってくれる顧客を見つけること。サービス業は浮き沈みが大きい。スキーリゾートやビーチタウンはオフシーズンには閉めてしまうこともある。

サービス業に携わる人の多くは、経済学者が「財とサービス」と呼ぶものの中間あたりの仕事をしている。たとえば教育指導は純粋なるサービス。塩などの物品は財（有形財）。しかし、オーダーメイドの洋品店は、採寸と仕立てというサービスと、新しいスーツという財を提供する。カフェは、落ち着ける雰囲気という無形のものと、コーヒーという有形のものを提供する。

医者、弁護士、大学教授など、ホワイトカラーとみなされるサービス業もあれば、ネイリスト、ファストフードのコック、兵士など、ブルーカラーとみなされるサービス業もある。だが世界中の人は例外なく両方のサービスを必要とする——医者の診察を受けたり、自動車のオイル交換をしてもらったり、といった具合に。だとすれば、双方の職業に等しく敬意を払うのが当然ではないだろうか。

> 本からの教訓は誤解を招く。
> 商売が単純なことなど滅多にないし、
> ぴったり合うことなど絶対にない。
> ——アニータ・ブルックナー（小説家）

お金とビジネス

もう行け。二度と俺のタオルを汚したりするな！
グルーチョ・マルクス（アメリカのコメディアン）映画『吾輩はカモである』（1933年）の台詞

ちり紙をどうぞ

ラスベガスの高級クラブやレストランのトイレの前には専門の係がいる。その係から煙草、ブレスミント、コロン、ヘアスプレー、リップグロス、制汗剤など、男女を問わず夜のお楽しみに必要なものを、すべてを買い求められるのだ（お楽しみの定義にもよるが）。トイレ係の時給は、たいてい安いので、収入は客からのチップを当てにしている。トイレに入るときにはこの係からペーパータオルを渡されるので、専用の皿にいくらかお金を残していかなければならない。

トイレ入り口の係は、基本的にはそのエリアを任された掃除係なので、清掃に加えて石鹸やペーパーの補充などを行う。しかし、高級クラブがこうしたトイレ係を配置しているのは、下世話なトラブルの抑止対策であることが多い。お客がトイレでドラッグをやったり、性行為におよんだりしようものなら、ほかの客を不快にさせるだけではなく、経営者の法的な落ち度が問われる危険性もあるからだ。

ウィーンやモスクワなど古風な習慣が残る都市では、フォーマルな場でのサービスが必要だった時代を思い起こさせる。

しかし、入り口のトイレ係が洗面台を拭いたりするためだけでないと知らない利用客にとっては、門番のようで存在が苛立たしく感じられるのも無理はない。それならサービスを利用しなければいい。差し出された紙やミントを受け取らず、トイレ内で消耗品を使わないなら、チップを渡す義務はない。しかし清潔で安全なトイレを使えるのだから、チップを出すのは当たり前なのではないだろうか。

トイレ係は、必要品を渡してチップをもらう

在りし日のマナー：勝手口　昔のお屋敷ではメインの正面玄関に至る入り口と勝手口が区別されている。公爵や富豪の訪問を受ける可能性があったので、煙突掃除人や大工などが使う勝手口を建物の裏手に作った。高貴な客が彼らの存在を目にすることがないように。

第 8 章

「僕が国のためにできることは何ですか」などとたずねるな。
「昼食は何ですか」とでも聞いていろ。
オーソン・ウェルズ（米国の俳優、監督、プロデューサー、脚本家。1915～1985年）

お弁当の配達

ムンバイのお昼どきには、こんな光景が見られる——錫製の器をいくつも重ねた数千個のお弁当が家庭から集められ、繁華街のオフィスに届けられていく。そしてまた回収されて、次の日のお弁当づくりのために自宅に戻っていく。この回収と配達をする仕事が「ダッバーワーラー」。「箱を運ぶ人」という意味だ。

皮肉なことに、この弁当配達システムの由来は、植民地時代の英国人が地元の食べ物を嫌ったことから来ている。1890年にマハデオ・ハバジ・バッチェというインド人起業家が弁当配膳ビジネスを立ち上げ、1950年代から60年代には1日に約20万個のダッバー（弁当箱）を配達するまでになった。

あざやかにペイントされた金属製のダッバー

配達するダッバーワーラー

ファストフード・レストランとフェミニズムの発達とともに、ダッバーへの依存度は低くなったものの、今でもムンバイでは毎日16万個ほどの手作り弁当が配達されている。配達ミスはなんと2ヵ月に1回。600万個に1個という管理力で、経済誌『フォーブス』は、99.9999％以上の品質管理の精度を示す指標「シックスシグマ」を認めている。

これほどの精度を達成している秘訣は、色を使った分類システム。自宅と勤め先の住所、配達と回収に使う鉄道の駅が、色分けした記号や数字で弁当箱の上に小さく手書きしてある。ダッバーワーラーはほぼ全員がムンバイ郊外プネの同じ村の出身で、4世代にわたってこの仕事をしている人もいる。

「僕のせいで相当な砂埃がたってしまったな！」と、馬車の上にとまった蠅が言う。
トーマス・フラー（英国の神学者、歴史家）格言集『グノモロジア』より

煤（すす）をかぶる仕事

　昔、煙突掃除人は小柄な少年が多かった。煙突の穴に入って煤を落とすのにちょうどよかったからだ。悲しいことに、こうした少年たちが仕事の途中で事故に遭ったり、病気になったり、親方からいじめられたりすることも少なくなかった。

　煙突掃除に時代の変化が訪れたのは、18世紀、英国のブリストルに住むジョセフ・グラスという人物が長い柄にブラシのついた掃除道具を考案して以降のこと。ヨーロッパで生まれたロープに球体のブラシがついた道具とあわせて、現代でも使われている。ただし、12歳未満の子どもに煙突掃除をさせることが法律で禁じられたのは、残念ながら1840年になってからだった。

　平均年齢があがった煙突掃除人たちのあいだには、兄弟関係に似た連帯感が育ち、服装や習慣が似通うようになった。彼らがしばしば紳士のようなシルクハットとフロックコートを着用していたのは、葬儀屋から要らなくなった服を下げ渡してもらっていたから。もとから真っ黒なので、都合がよかったのだ。

　結婚式の日に煙突掃除人を見かけると幸運の前触れといわれたのは、礼服と煤だらけの頬という風変わりな組み合わせのためかもしれない。

　煙突は掃除が必要で、煙突掃除が汚れる仕事だというのは、今も同じ。しかし最近の煙突掃除は専門職とみなされていて、従事する人は煤のはらい方だけではなく、煙突の仕組み、建設方法、修理方法などの訓練も受けている。

煙突掃除には、今もこうした道具を使う

予防策を守っていれば、ライフセーバーが水に濡れることは少ない。
アン・ロートン

海岸の守り手

　オーストラリアのシドニーを訪れたら、ぜひしばしの時間を過ごしてみたい場所、それがボンダイビーチ。「南半球のマリブ」と呼ばれ、地元オージーのあいだではマリブのことを「米国のボンダイ」と呼んだりする。美しいビーチで、おだやかなときもあるが、世界でもっとも危険な波が押し寄せる海岸でもある。幸い、ボンダイビーチのもうひとつの名物は、ボンダイビーチ ライフガードとボンダイ ライフセーバーたちだ。

　プロとボランティアという違いはあるものの、この2つのグループはどちらも、海水浴が人気になった19世紀後半から20世紀にかけて誕生した。1907年に結成されたボンダイ サーフベイザーズ ライフセービング クラブが世界初のライフセービング団体だ。あごの下で紐を結ぶ赤と黄色のキャップを現在でも着用し、海水浴客を監視している。

　1938年には、ライフセーバーの必要性を改めて痛感させる「ブラックサンデー」という悲劇が起きた。おそろしい高波が3回も押し寄せ、ビーチにいた数百人が流されたのだ。このとき、ライフセーバーが命を助けた人の数は300名にのぼった。

シドニーのボンダイビーチで、油断なく波の様子を監視するライフガードたち

お金とビジネス

交渉

交渉はあらゆる交流の基本。特にお金が絡むと、とたんに特殊な雰囲気を帯びる。現代のビジネス交渉といえば、食べ物に困らずお金にも余裕のある者同士の商談を指すことが多いが、そもそもは古代の人間が食べ物をめぐって対立したのが、交渉の始まりだ。

富裕国15ヵ国の交渉スタイルを調べたハーバード ビジネススクールの研究によれば、日本人の交渉はきわめて礼儀正しく、中国北部に住む中国人は一番質問の数が多く、イスラエル人は頻繁に話を遮り、ブラジル人はもっとも手厳しく追求することがわかった。ただし、これは国民性の決めつけを生んだり助長したりするためのデータではないし、この本でもそんな決めつけをして紹介しようというわけではない。相互が密接に頼り合う現代世界で交渉していくためには、克服しなければならないコミュニケーション スタイルの溝がどれほど多く深いことか——伝えたいのはそういうこと。

交渉のやり方が違うのは、文化が違うせいとは限らない。重要視しているのは何か、モチベーションの源は何か、その違いによっても交渉方法は異なってくる。たとえば、誰も

> 真実は人気がない。
> 供給過多の需要薄だ。
> エリック・ショーブ（作家）

が知っているとおり、米国人は時間を何よりも大切に思っている。つねに次のこと、次のことへと進みたがる。そのせいで、外国企業と重要な商談をする際、米国人は相手の対応を遅いと思うことが少なくない。一方、中国、フィリピン、メキシコなどの社会では縁故や世襲はきわめて一般的なことなので、面子を守り家族の名誉を尊重することが、物事を進めるうえでのモチベーションになる。

誰だって交渉には勝ちたい。しかし、勝利の意味も国によって違うのだ。成功が誰にとっても同じものだと決めつけてはいけない。

第8章

お金で愛は買えないが、駆け引きのポジションは有利になる。
クリストファー・マーロウ（英国の劇作家、1564〜1593年）

お得な買い物

「値切る haggle」という動詞は、バザーや青空市場といった場面で使われることが多いので、英語圏ではこれを東洋の言葉だと信じている人もいるかもしれない。しかし、実は違う。haggle は中世英語の haggen から来た言葉で、「切る」とか「切り刻む」といった意味だった。時代が流れるにつれ、品物のやりとりで揉めた際に「値段を切り刻む」という表現で使われるようになった。そして品物の値段を駆け引きするという特定の意味ができた。つまり、言葉としても行動としても、「値切る」のは東洋だけの慣習ではないというわけだ。

そう強調しておきたい理由は、欧米人がモロッコなどの市場を訪れたとき、そこで繰り広げられる交渉のやりとりに衝撃を受けることが少なくないからだ。確かに現代の米国やヨーロッパの生活では、買い物の際に値段が変わることは滅多にない。しかしモロッコだけではなく、シリア、中国、タイ、エジプト、トルコなどの市場では、供給内容、購入の量、天候など、さまざまな事情に応じて値段が変わる。袋入りの香辛料でも、カーペットでも、機械でも、あらゆるものに値引き交渉の余地がある。

値引き交渉には不安が伴うこともある。言葉がわからない国に来ている場合はなおさらだ。買い手側として覚えておきたい大事なことは、払いたくない値段には絶対に同意しないこと。金額が折り合ったのに購入をやめたりしないこと。それでは交渉ではなく本当の口論になってしまう。

モロッコの青空市場で、値切りを検討中

> 今いる場所で、今もてるもので、今できることをせよ。
> セオドア・ルーズベルト（第26代米国大統領）

契約締結

　西洋社会におけるビジネスの鉄則は、「つねに背を向ける準備をしておくこと」。契約や役職を勝ち取れなくても、主張を通せなくても、生き残る道を選んでおけば、次は信頼と発言力を高めて先へ進むことができる。そうではないか？

　いやいや、そうとは限らない――少なくともロシアの商談では。昨今のロシアのビジネスエチケットは、その地理的多様性にふさわしく、事務的な手続きや組織を大事にする北欧気質と、議論や連携を愛する南欧気質がミックスされているのだ。

　ロシア人は交渉や商談を非常に深刻に受け止めるため、米国のビジネスパートナーのくだけた雰囲気には嫌悪感を抱くことが少なくない。時間を厳守して、目的をきちんと決めて、規則を徹底するやり方を好むのは、北欧のほうの気質だ。一方で、契約締結にじっくり時間をかけたがるのは、南欧のほうの気質。つまりロシア人は目標を定めるのは好きなのに、契約を固めるのは好きではなく、契約交渉のプロセスを延々と引き延ばすのだ。

　しかも困ったことに、ロシア人にとっては、署名すればそれで終わりというわけではない。契約書を作成して取り交わしたあとでも、まだ有利な条件を引き出そうとする。その作戦がうまくいかなければ、契約条件の一部を無視することもある。卑怯なやり口のように思えるが、実はそんな単純な話ではない。ロシア人はあくまで信頼にもとづいて交渉をする。そして、誰かが誰かを信じたなら、要求には応じるものだと考えているのだ。

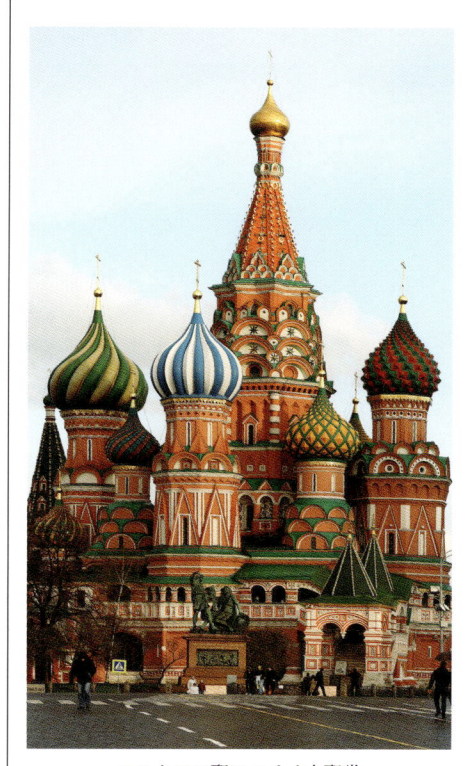

モスクワの聖ワシリイ大聖堂

> 遅刻をする人は、待たされる人より嬉々としている、と気づいた。
> E・V・ルーカス（英国のエッセイスト、作家）

遅いディナー

　スペインでビジネスをする北米人や英国人にとって、フラストレーションがたまるのは、会議や打ち合わせがひたすら延々と続くこと。これにはいくつかの理由があって、そのどれもがスペイン人との交渉の成否を大きく左右する。

　第1の理由は、スペインのオフィスアワーが北米やヨーロッパ北部の時間感覚とは大きくずれていること。真昼にシエスタをとる習慣があるので、勤務時間も人々の持久力も変わってくる。昼食後に休憩をとるスペイン人は、8〜17時間も仕事をする同僚と比べて、疲労を感じにくい。

　第2の理由は、ほとんどのスペイン人にとって会議とは何かを決めるものではなく、議論をして情報収集をするレベルのものであること。慎重に進めているからこそゆっくりになるのだ。この国が前世紀に激動の歴史を経たことを思えば、納得がいく。

　そして、スペインの会議が長びく第3の理由は、かの地の対人関係のスタイルと関連している。スペイン人は一般的に、自分がよく知っている相手とのビジネスを好む。ランチ、ディナーなどで親交を深める機会がなかった場合、新しい仕事相手と気ごころの知れた関係になるために、わざと長めの会議にすることがあるのだ。状況によっては、つきあいやすさと相性のほうが、専門技術や知識よりも重要になる。ディナーの席がかなり遅い時間に始まることもあるが、こうした場はスペインの仕事相手と知り合い、そして究極的には昼間の会議を短くするチャンスでもあるのだ。

スペインのホテルで、夕食を約束した相手を待つ

> ディナーは食べるために作るものだ。話すためではなく。
> ウィリアム・サッカレー（英国の小説家）

割り込みは生産的？

フランス映画でディナーのシーンを観たことがあるなら、早口で熱心でいきいきした会話を交わす光景が記憶に残っているのではないだろうか。

興味深いことに、いつでも早口で会話を交わすフランス人は、ビジネスの席でも、会話のスタイルを変えようとしない。フォーマルな場で礼節を保っていたとしても、直接的にものをたずね、たくさん質問を重ねる。商談も、まるで学術的な意見交換のように、あくまで論理と分析にもとづいて主張をする。

そのためフランス人との商談では、自分の教養を示す能力のほどが評価の対象になる――討論でも、議論が対立しているときでも。しかもフランス人は自分の

フランス人のにぎやかなディナーは、少々騒がしく感じられるかもしれない

意見を矢継ぎ早に繰り出すので、そのたびに何度も説明を中断させられる。男女を問わず、階級を問わず、いつでも議論に割り込んで質問や反論をしてくる。

北米人は基本的には人の話を遮るべきではないと教えられている。相手に最後まで話をさせ、言いたいことをもれなく主張させるのが礼儀だ、と。フランス人の割り込みはこうした感覚を覆すものだ。フランス人は脱線も生産的と見るが、対する外国人がもっとストレートな交渉スタイルを採っている場合、議論の席が混乱をきわめることもある。

仕事人生

「雇用、職業」と言えば、現代では、働ける大人なら誰でも目指せることだと認識されている。ただし、誰かの下で働くことのほうが多い。20世紀後半から21世紀はじめのITブームの頃から、フリーランスでの働き方にも人気が集まるようになったが、フリーや自営業で起業する人も、成功すればたいていは部下をもつようになる。

しかし、誰の下で働くのか、それを選ぶ自由は昔からあったわけではなかった。生まれた赤ん坊は、親の職業と家の財政状態によって、王になるのか哲学者になるのか、それとも小作人になるのか、最初から決まっていた。自分の未来と仕える相手はほとんど選べず、国民の大多数が農民で、生まれた家庭の階級に縛られて暮らしていた。小作人や奴隷が畑を耕し、作物を収穫し、出来がいい作物を地元の貴族に納め、その貴族が王族に税金を支払う。やがて職人も増え、専門職も増えたが、やはり大多数を占めるのは農民たちだった。それだって幸運なほうなのだ。

> 人生で成功する秘訣は、正直さと、公平な取引。それをでっちあげられれば一生安泰だ。
> ——グルーチョ・マルクス（俳優）

選択の余地なく奴隷になるしか道がなかった人々もいたからだ。

その後、職業選択の自由という近代の制度が発展するまで、だいぶ年月がかかってしまった。当然、公正な労働環境と正当な報酬の確立も、一筋縄ではいかなかった。労働現場における礼儀やマナーにも、長年のあいだ多くの誤解があった——多様な組織がさまざまなスキル、さまざまな背景をもった人材を多様な階級で雇用するのだから、手間取るのも無理はないのかもしれないが。

> この世で一番上等な服は皮膚なのだが、当然ながら、社会はそれ以上の服を求める。
> マーク・トウェイン（米国の小説家）

ネクタイの役割

マティーニグラスやゴルフクラブと並んで、父の日のプレゼントの定番と言えば、ネクタイだ。ネクタイのルーツは古くまでさかのぼる。地味なスーツに華を添えるだけでなく、かつてはステイタスを示し、何らかの組織の会員であることを示す意味もあった（近所のゴルフ場ではなく、もっと重要な組織の）。

ネクタイの前身であるネッカチーフが広まったのは、17世紀のヨーロッパで起きた30年戦争の頃。幅の狭いストックタイ、リボンのような形に結ぶソリテール、幅広に折るアスコットといったさまざまなスタイルも発展した。

しかし、現代式のネクタイが誕生し定着した背景にあるのは、実用的な事情だ。ヨーロッパで産業革命が起きていた頃、会社や会議に向かう男性（あるいは、着る服の支度をしてやる女性）にとって、布

クラヴァットの由来はクロアチア

にひだをつけて折ったり巻いたりするのは時間がかかりすぎた。1枚の布を輪にして結べば簡単に身支度が整うことに気づいたのだ。

ウィンザーノット、フォアインハンドなど、結び目でも雰囲気を変えることができる。布地自体も世間に対するサインになり、たとえば英国のレジメンタルタイやスクールタイは左上から右下に流れるストライプ柄が特徴で、軍の特定の部隊、あるいは名門校の卒業生だけに購入と着用が許されるものだった。

第8章

> それゆえに、問うてはならぬ、誰が為に鐘は鳴るのかと。
> それは汝のために鳴るのだから。
>
> ジョン・ダン（英国の詩人、1572〜1631年）

お呼びでしょうか

映画やテレビ番組で、使用人や召使いを抱えるヴィクトリア朝やエドワード朝のお屋敷が描かれるとき、使用人を呼ぶ小道具としてベル、呼び鈴、ブザーがしばしば鳴らされる。当時はたいてい居間や食堂に、紐つきの呼び鈴が吊るしてあった。ダイニングルームには手に持って振る小さなハンドベルが置いてあるか、テーブルの下にひっそりとブザーが設置してあることが多かった。

昔話としては優雅だが、ベルで呼びつけられるなんてまっぴらだ。現代にこの習慣が残らなくてよかった！

ちょっと待って。確かに平民が誰かに

使用人を呼ぶベル

呼び鈴の紐を引く婦人

呼ばれてすっ飛んで行く必要はなくなったとはいえ、現代人は突然の呼び出しから解放されたのだと断言する前に、電話の存在を思い出してほしい。

オフィスの電話、Eメール、インスタントメッセージ、その他社内コミュニケーションツールは、まさに有無を言わさぬ呼びだしのベルと同じ。上司からの電話には、飛びつくように出なくてはならず、メールも優先して返信しなくてはならない。これではベルを鳴らされてすっ飛んで行くのと同じではないか……。

在りし日のマナー：女中部屋　昔、住み込みの女中を抱える家には女中部屋があった。部屋といっても階段下の納戸や屋根裏など、主人が使う華やかな場所とは違い、狭くて簡素なスペースが、女性ひとりの居場所として割り当てられた。最近の住宅で、使用人のための場所を設ける場合は、バスルームつきの広々とした寝室であることが多い。

> なんてことでしょう。近頃ではナニーを雇うのも大変なのですね。
> 匿名の投稿者（ロンドン版『タイム』誌　1975年6月8日　日曜版の誌面より）

一流のナニー

　乳幼児の世話や教育を担当するナニーたちの中でも、英国の伝統ある養成学校ノーランド カレッジを卒業したナニーは人気が高い。特徴的なロングコートに、モノグラムをあしらったフェルトの帽子、そして白い手袋をはめた姿で知られている。

　彼女たちは「ノーランド ナニー」と呼ばれ（カレッジは「ノーランド ナース」という呼び方を好む）、上流階級の家庭で働くための訓練を受けている。卒業生は毎年たったの40人だ。ドイツのフリードリッヒ・フレーベルが考案した乳幼児保育の原則を参考に、幼児教育専門家エミリー・ワードが1892年に設立した。ワードが目指したのは、卒業するナニーを最高の家族のもとに送り出すこと。手を抜かない料理、手縫いのおもちゃ作り、それから薄氷が張った寒い日の車の運転まで、学生は幼児保育にかかわるさまざまな技術を学ぶ。冒頭で紹介したユニフォームに加えて、飾り気のない靴を履き、装飾はシンプルなイヤリングと最低限の化粧にとどめるのも、彼女たちの特徴なのだ。

特徴的なユニフォームに身を包んだノーランド ナニー

> コーヒーがあれば政治家も賢明になり、なかば閉ざした目ですべてを見通す。
> アレキサンダー・ポープ（英国の詩人）

コーヒー豆の栽培地

　かつて野生の木の実だったコーヒーは、今では農園で丹精に栽培されて、時季を問わず世界のどこででも手に入るようになった。こうしたコーヒー農園を「プランテーション」と呼ぶ国もある。米国では、南北戦争が終結して奴隷制が撤廃されたあと、「プランテーション」という名称は時代にそぐわない過去の生活様式を連想させる言葉になった。

　ほかの国では、プランテーションという言葉にそれほどの含みはない。南米、アフリカ、インド、オーストラリアの大型農園の多くが、「作物を栽培する場所」という本来の意味でプランテーションと呼ばれている。こうした広大な土地で働くのは奴隷ではなく、一般的には「プランテーション マネージャー」となった人物が、収穫高から人材管理から気候まで、すべてを管理している。

　現代のプランテーションで、悪事や不祥事、差別的な扱いがゼロというわけではない。しかし、南アフリカの友人がコーヒー プランテーションでマネージャーの仕事を見つけたと聞いても、そこに米国の政治的背景を勘ぐる必要はない。

エルサルバドルのコーヒー・プランテーション

同僚

　隣の席の同僚がひっきりなしに音をたててガムを噛んだり、電話で母親に泣き言を言ったり、コーヒーをずるずる飲んだりするのを聞かされて、憂鬱な気持ちで午前中をつぶした経験がある人なら、同僚の存在が職場における生活の質をどれほど左右するか、よく知っているのではないだろうか。迷惑な騒音の主には「マナーに気をつかってください！」と言いたくなる。

　残念ながら、オフィスという環境では、直接注意をしたせいで大変なトラブルに発展する危険性もある。特に職場が狭苦しい場合はなおさらのこと。同僚にちゃんと風呂に入ってもらうにはどうしたらいいか、悪意に満ちたゴシップをやめさせるにはどうしたらいいか、セクハラまがいの呼び方をしてくる男性社員にどうやり返したらいいか……新聞や雑誌の読者相談コーナーには、昔からさまざまな悩みが寄せられ、コラムニストがさまざまな回答を記している。日々の仕事の中で、常識的な作法と善悪をはっきり区別するのは、誰にとっても非常に難しい。

　たとえ同僚がおとなしいタイプだったとしても、何らかの衝突が起きることはある。性や宗教、政治やお金に関する不用意な発言は、職場のコミュニケーションを損なったり、心情を害したりしかねない。そうなれば仕事にも支障が出る。公私をきちんと分けていたとしても、毎日一日中同じ集団と一緒に過ごすのだから、習慣やマナーの違いでぶつかることは避けられないのだ。

> 市民の健全性と活力を維持するためには、自由が必要であるように、商業の健全性と勢いを維持するためには完全なる自由が必要だ。
> ——パトリック・ヘンリー（米国の政治家）

第8章

> 女性は、この社会において、自らを抑圧する者と
> 親密な関係を築きつつ生きている唯一の被抑圧集団だ。
>
> イヴリン・カニンガム（米国のジャーナリスト、1916〜2010年）

女性の働き方

「オフィスレディ」を縮めて「OL」と呼ばれる日本の女性像は、あまり知られていない。日本の企業には、ほぼ例外なく、このOLさんたちがいる。そして彼女たちにはもうひとつの呼び名もある。「オフィスフラワー、職場の花」だ。

職場の花であるというのは、OLとしてのひとつの役割だ。主に18歳から30歳で、たいていは両親とともに実家暮らしをしており、独身だ。ほとんどが1時間ほどかけて通勤するので、早朝の東京では、電車の駅に若いOLが何千人もあふれている。彼女たちは業務の準備をするために、サラリーマンタイプの会社員（最近では、女性でもサラリーマンタイプの働き方をする人もいる）よりも早い出社を心掛ける。個人的好みに関係なく、出社したらコンサバな制服に着替える。たいていは紺のスカートにベスト、白いブラウス。制服がない場合、慎み深いワンピースやスカートであれば何でもかまわない。

OLの主な仕事は、感じよくしていること。そして会議中に求められるお茶やソフトドリンクを運ぶこと。それだけだ。多少の事務作業をするOLもいるが、真の役割は職場全体の明るい雰囲気を保つことなのだ。数年にわたって同じオフィスに勤め続けることはできるし、そうするOLもいるが、女性が25歳くらいになると、上司や同僚がそれとなく「そろそろ結婚する頃だ」とほのめかす。事態が進まないようなら、社内の誰かと引きあわせたり、仲人を連れてきたりといったことまでする。一昔前の日本のスラングでは、独身のまま26歳になった女性を「クリスマスケーキ」と呼んだ。クリスマスを過ぎてしまえば、そのケーキはもう新鮮ではなく、求めてもらえないものとみなされるからだ。

お金とビジネス

衣服の不思議な点のひとつは、生物学的な身体と社会的な生、
パブリックとプライベートをリンクさせるものであるということだ。

エリザベス・ウィルソン（ロンドン・メトロポリタン大学教授）

隠された場所

　ハーレム、ゼナナ、セラリオ。アラブや中東の世界を旅していると、地域によって呼び方が異なる女性専用の住居がある。語源はほぼ共通して「何かを安全に守ること」。こうした地域に住む人々の多くは、文化的慣習とイスラム信仰を理由に、女性――少女と、ときには男女問わず幼児も含む――を好奇の目から遠ざけることが重要だと考えている。

　ハーレムもゼナナもセラリオも、女性を隔離するための部屋だ。使用する女性の数や、どの程度まで厳重に隔離するかは、状況に応じて変わってくる。男性、特に家族でない男性は、基本的に近づくことはできない。女性たちは女性同士で集まって交流したり、料理や洗濯や育児といった家事をこなしたりする。隔離されているがゆえに、ここに住む女性たちは厳格な制限に怯えずにお喋りしたり、自由に笑ったりすることができる。

　女性のためのこうした特別な住まいは、中東では数百年前から存在している。家族内の女性差別が合法ではなくなった現在でも、女性のステイタスにかかわる慣習が以前と変わらない国もある。サウジアラビアやイランはその一例。こうした国の女性は今も公共の場で分厚いベールをかぶるよう義務付けられていて、当然、隔離住居もいまだに存在する。

ベールをまとい、子どもをあやすアフガニスタンの女性

　中東出身者には、安易に家族のことをたずねてはいけない――特に妻や娘のことをたずねてはいけない。伝統に忠実な考え方をする中東出身の男性は、「家族の話は部外者が踏み込むべきではない」と思っている可能性が高い。

エチケットの小道具：ベルベットのロープ　人を入れないためか、それとも誰かを出さないためか。簡単に場所を区切るものとしてよく使われるベルベットのロープは、秩序の維持という役割を果たすこともある。映画館、劇場、デパートの整列ラインを作り、到着順の列が乱れないようにする。

第8章

米国は面子を守るより魂を守る国であってほしい。
ノーマン・マツーン・トーマス（米国の政治家）

ポーカーフェイス

スウェーデン人作家のミステリー小説に出てくる登場人物たちは、逆境にさらされたときにも滅多に動じない。探偵も、詮索好きなご近所さんも、変わり者の若い犯罪者も、血生臭い犯罪場面や熾烈な法廷バトルでも平静を保てるキャラクターとして描かれている。

実際のところ郵便配達の人にあいさつをするときでも、買い物中でも、職場でも、スウェーデンの人たちはポーカーフェイスを崩さない。この国は世界でも1、2を争う平等主義社会で、職場の男女比率は女性が48％以上を占める。企業風土も敵対的というより協調的と見られている一方で、スウェーデン人の大半は今日でも「組織を構成する者は感情を出すべきではない」と考えている。

スウェーデンのマルメにある高層建築「ターニング・トルソ」

もちろん、集団内で感情を見せないからといって、スウェーデン人に感情がないわけではない。むしろ正反対であることは、この国のパーティやお祭りに参加した人なら誰でも知っているとおり。スウェーデンのビジネス文化における非公式なルールとして、従業員は上司にも部下にも礼儀正しい態度を守ることになっているのだ。同僚に対しては打ち解けた態度で接してかまわないが、傲慢な態度に出ることや、不作法な方法で自分を前面に出すことを、スカンジナビア人は嫌っている。社の方針について文句を言ったり、議論をしたりするのは自分と同じ、または自分と近い立場の従業員同士にとどめておけば、無粋な衝突が起きる可能性は低い。

マナー違反で名を馳せる：アラン・レヴィの失言　2003年3月、レコード会社EMIのCEOアラン・レヴィが、同事務所が抱えているフィンランド人アーティストを減らすと発言した。彼は、フィンランドに歌を愛する人々がどんなにたくさんいるか、考えていなかったのだ。地域担当幹部の指摘によれば、EMIはフィンランドの市場シェアを20％も押さえていた。

> 形は長いが日持ちする期間は短いケーキ。
> クリームが詰まっていて、主にチョコレートのアイシングがされている。
> (『チャンバーズ英英辞典』1993年版の「エクレア」の項目)

宴会の機会

　世界のどの国でも、職場が少しばかり家庭のようになることがある。何しろフルタイムの場合、1日に6〜10時間を一緒に過ごすのだ。ともに働く者同士のやりとりは、いい意味でも悪い意味でも、家族のやりとりに似てくる。荷物置き場の使用範囲をめぐって喧嘩をするのは兄弟のようだし、ランチの約束が守られずに不機嫌になるのは夫婦のようだし、上司に気に入られようと競い合うのは親の愛情を取り合う子どもたちのようだ。

　こうした環境では、パーティを開くのもいささか厄介になる。誰もがパーティの主役にはなりたがる一方で、開催のための労を払いたがる人などほとんどいないからだ。

　数人の仲間内で互いの誕生日を祝うくらいなら、もちろんたいした害はない。しかし、数十人以上の従業員がいる企業や、大会社の部署単位で宴会を開く場合は大変だ。ケーキや皿、ナプキン、フォークなどをそろえるのも一仕事だが、月によって誕生日を迎える人の数が大きく違ったりしたら、それはそれで大変だ。米国の職場では、解決策として、1回のパーティで全員の誕生日を祝うことが多い。全員が集まれば、「ハッピーバースデー」を歌うのも1回で済む。

　社内スタッフの誕生日を把握するのは幹部秘書の仕事である場合が多いが、ときには神経質な人から、自分の誕生日はリストから外してほしいと頼まれることもあるだろう。パーティは単に皆で楽しむためのもの、と割り切る社会人が多い一方で、自分の誕生日は自分だけの大事な日だと考える人もいる。

義務的な社内バースデーパーティ

マナーに生きた人々

「ミス マナーズ」ことジューディス・マーティン

「ミス マナーズ」というペンネームと、特徴的なアップのヘアスタイルから、彼女はこういうキャラクターを演じるタレントだと思っている人もいるかもしれない。しかし、ワシントンD.C.で生まれ育ち、ウェルズリー・カレッジで教育を受けたジューディス・マーティンは、世間に見せる彼女の姿そのままだ。きちんとした躾を受けた上流婦人で、私生活でも礼儀正しい。

マーティンは『ワシントン・ポスト』紙のジャーナリストを何年も務め、芝居や映画の批評に加えて、首都ワシントンの社交シーンを紹介していた。1978年から「ミス マナーズ」というコラムの執筆を開始。すぐに全国版掲載となったこのコラムで、1960年代後半から70年代で伝統的慣習の多くが失われてしまった米国に、古い礼儀作法への回帰を促した。

このコラムに大勢の読者が反応し、サラダを食べるときのフォークの使い方から、恋愛における立ち回り方、職場の悩み、そして病院でのエチケットに至るまで、さまざまな質問が寄せられるようになった。マーティンはどの質問にも冷静かつウィットに富んだ文章で対応し、ユーモアを添えて解決策を示した。同じくジャーナリストのジョージ・F・ウィラーは彼女のことを「歩く規格基準局」と呼んでいる。

21世紀になっても彼女がだらけることはない。2010年には、結婚したばかりの娘ジャコビナ・マーティンと共著で、現代の結婚式という地雷原の切り抜け方を指南する本を出した。育児に関する共著書を執筆する可能性もあるという──2人の子ども（ジャコビナのほかに息子が1人いる）が親になった今、おばあちゃんとして言いたいことがあるに違いない。

1978年以来、米国のマナーの権威とされているジューディス・マーティン

競争関係

見方によっては、人間は生まれたときから競争している。乳幼児期が長い人間は保護者に確実に世話してもらうために、一生懸命に関心を引こうとする。それに、赤ちゃんだってひとりひとり、生きていくための空気と水と食事と場所が必要だ。それらはいずれも有限なのだから、そう考えれば生まれたときから私たちは競い合っていると考えてもおかしくはない。

年齢を重ね、お金を介した取引や商業にかかわるようになると、競争は生存の基本的ニーズの範囲だけにとどまらなくなる。食べるものが充分にあるからといって、さらに上等な食べ物を欲しがらないことにはならない。同様に、生き延びるに充分なお金があるからといって、もうそれ以上は欲ほくないということにはならないのだ。人間の物質的欲望は予測がつかない。それに、たとえ物質的欲望の範囲はわかっていたとしても、人間が仕事をする理由はお金だけではない。この本でもずっと見てきたとおり、交渉に勝つかどうかは名誉の問題でもあるし、家族のためでもあるし、最終的には自分の満足のためでもある。

競争という概念には、礼儀作法と共通点もあるし、異なる点もある。「恋愛と戦争では手段は選ばない」ということわざを考えれば、競争と礼儀作法は相いれないようだ。しかし、今日の敵といつまた会うかわからない。そう思えば、競争と礼儀作法は両立するテーマだろう。

> 米国のビジネスは
> ビジネスではない。
> 戦争もしかり。
> 米国のビジネスとは
> 正義であり、自由の恩恵
> を守ることなのだ。
> ジョージ・F・ウィル（米国のジャーナリスト）

第8章

> 不自然に不快な状況で、人が互いに不作法で無礼な態度をとることが、テレビにとっては飯の種だ。
>
> リン・トラス（英国のジャーナリスト）著書『この手に言って』より

拍手

赤ちゃんは、教えられなくても、何かに喜んで手を叩くことがある。たぶん、それが私たち人間の一番原始的な拍手だ。

古代ローマには、集団で喝采を表現する方法がたくさんあったことがわかっている。指を鳴らす、手のひらをくぼませて別の手の指で叩く、トガ（トーガ）と呼ばれる衣装の裾を振る、などなど。拍手を指示する係もいて、その人が「賞賛と拍手喝采を！」と呼びかけると、それをきっかけに拍手をする。現代のテレビ撮影のスタジオでも、観覧客に「拍手」というカンペを見せる人がいるが、あれとよく似ている。ローマ人の風習はヨーロッパに持ち込まれ、なかでもフランス人がこうした手法を採用し、拍手を仕事とするプロのサクラも登場した。

今はあらゆる場面で拍手をする。あえて拍手を控える場面としては、クラシック演奏会の楽章と楽章のあいだが挙げられる。この伝統は、作曲家のリヒャルト・ワーグナーが自身の作品を上演した際、拍手を禁じたことから始まったと見られている。ワーグナーの楽曲を演奏するバイロイト音楽祭では、「バイロイトハッシュ」とも呼ばれる静寂が重々しく観客のあいだに広がる。

拍手はほとんど万国共通の行為だ。中国人はよく会議の最初に拍手の儀式をする。まだ何もやっていないのに拍手をするのは変だと言えなくもないが、中国の人々は、全員がそろって会議を始められたことに対して拍手を送るのが礼儀にかなっていると考えている。

マナー違反で名を馳せる：特権階級は辛いよ　2001年、当時の大統領ジョージ・W・ブッシュはラジオ演説でこう言った。「長い目で見れば、失業率への正しい対策は仕事を増やすことです」。ブッシュが当たり前すぎることをうっかり口走って、失業や不況に苦しむ多くの米国人の神経を逆なでしたのは、これが初めてではなかった。

お金とビジネス

時間に正確なのは、暇な人のよいところ。
イーヴリン・ウォー（英国の小説家）

根比べ

インドネシアの暮らしは、産業化された西側世界の生活とは大きく異なっている。インドネシアは数千の島々で成り立っているので、日常の些細な用事のために船で移動する必要が生じることも珍しくない。そして、インドネシアは世界で4番目に人口が多い国でもあるので、用事をこなすために移動の順番を待つ人の数も何百万といる。さらにインドネシアはほぼ完全なムスリム国家で、人口の88％がイスラム教の教義を忠実に守っているため、毎日5回の礼拝と、祈りの前後の特別な清めの儀式を執り行わなければならない。電気もなく、上下水道の設備もなく、そのほかの便利なインフラも整わない簡素な生活をしているインドネシア人も多く、彼らはしばしば忍耐を強いられる。

そう考えると、この文化に「ジャム・カレット」という概念がある

インドネシアの革製の影絵芝居人形

インドネシアの精巧な木製人形、ワヤンゴレッ

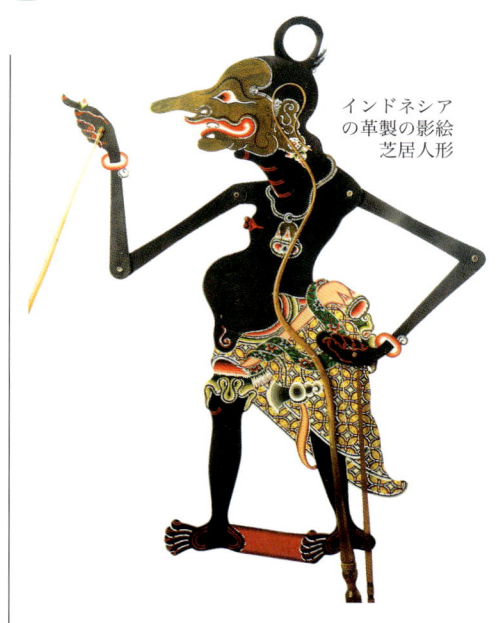

のも不思議ではない。「ゴムのような時間」という意味で、時間とは固形ではなくゴムのように弾力性があるもの、と考えている。インドネシア人とのビジネスを進める人間にとって、これは「会議はいつも開始が遅れる」ことを意味する。商談相手のインドネシア人が決められた時間に姿を見せなかったり、打ち合わせを始めなかったりしても、西洋の人間は時間厳守で、会議室で何分だろうと辛抱強く待たなければならない。この根比べに耐え、信頼関係を築くことができれば、商談もうまくいく。

第8章

勝利こそすべてだ。一番をゆずっていい相手は、妻と飼い犬だけだ。
デイモン・ヒル（英国出身のF1ドライバー）

勝利をめざして

　南アフリカのケープタウン住民は、町の愛称「マザー シティ」の意味についてよくジョークを言う。南アフリカで初めてできた町だからそう呼ぶのではなくて、ここでは何をするにも9ヵ月かかるからだよ、と。この軽口はともかくとしても、確かに南アフリカの人は商売でもひどくのんびりと進める傾向がある。

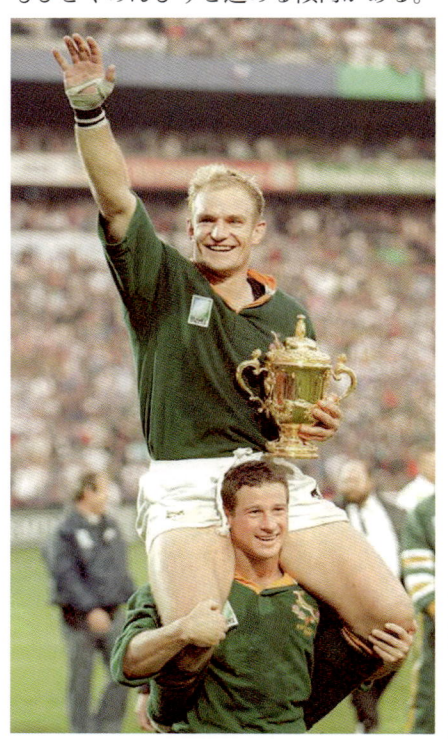

ラグビーワールドカップのトロフィーを持つフランソワ・ピナール

美しい土地のおだやかな空気のせいもあるだろうが、過去数十年間の強烈な政治・文化の変動も原因として挙げられる。

　南アフリカに詳しくなくても、2009年のヒット映画『インビクタス　負けざる者たち』を観た人は多いに違いない。俳優モーガン・フリーマンが南アフリカ共和国の元大統領ネルソン・マンデラに扮し、マット・デイモンが、ラグビーのナショナルチーム「スプリングボクス」の主将フランソワ・ピナールを演じた。マンデラの信頼を受けたピナールが、1995年のラグビーワールドカップでチームを勝利へ導く物語を描いている。このときのマンデラの行動こそ、ビジネスにおいてWin-Winの結果を目指す南アフリカ人の模範例だ。基本的に前向きで粘り強いマンデラは、真の人種的平等こそが国の人々全員に利すると信じて、誰が何を言おうと決してあきらめなかった。「必ずできる」と信じた彼の精神は、南アフリカの政府および産業のあらゆるレベルに浸透した。今日の南アフリカ人が交渉・商談においても長い時間をとるのは、そのためだ。時間をしっかりとることで関係者全員が満足する結果を導こうとしている。

> 銀行というのは、金を借りなくても大丈夫だと証明できる者にだけ、金を貸すところだ。
> ボブ・ホープ（英国出身のコメディアン）

明朗会計

イタリアの文化とビジネスがいかに適当であることか、世界中で多くの人がジョークのネタにしている。しかし、「イタリアでは列車を定刻どおりに走らせるのに暴君が必要だった」という古い冗談は、21世紀の私たちが実践するビジネス慣行の発展にイタリアが果たした重要な役割を無視している。

メディチ家の権力をゆるぎないものにした人物、コジモ・デ・メディチ

イタリア人が20世紀の重要なビジネス革命すべてを生みだしたわけではなく、むしろ長い時間をかけて食事、文化、ビジネス慣行を発展させてきた。しかし、世界の銀行制度を整えたのは、主にイタリアの功績といっていい。銀行を発明したのは数千年前の古代アッシリア人で、ハムラビ法典にも銀行についての記述がある。だが、初めて国際銀行業務が確立したのは1156年のジェノバ。13世紀後半には、イタリアの銀行制度はさらに進化した。強い影響力をもっていたメディチ家が初めて商品や産業に特化した銀行を設立し、これが現在の信用組合の先駆けになったと考えられている。

もうひとつ、イタリアがビジネスの世界に貢献し、現代の市場にも影響を与え続けていることは、複式簿記の概念を導入したこと。借方debitと貸方creditという2つの欄で貸借を管理する。商売人はこれで取引のダブルチェックができるようになった。借方の合計と貸方の合計と一致していなければ、ミスだとわかる。正確な勘定のためには、借方と貸方の合計がゼロにならなければいけない。

欧米で貨幣経済が発展し、通貨を交換する仕組みが成り立った背景には、間違いなくイタリア文化が大きな役割を果たしている。保険という制度もイタリアで進化した。イタリア人は昔からビジネスを心得た人たちだったのだ。

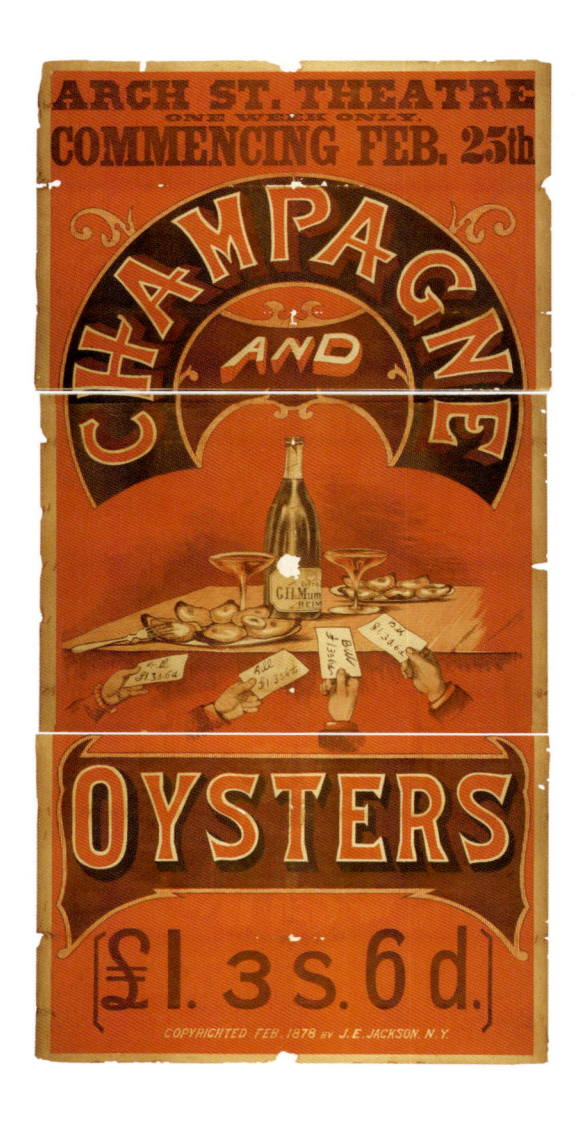

付　録

マナーの権威たち
著書からの抜粋

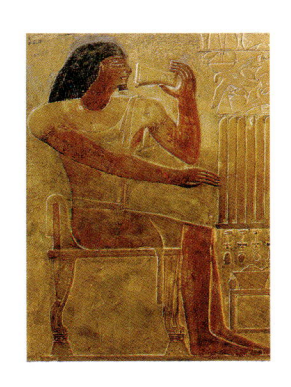

プタハヘテプ
『宰相プタハヘテプの教訓』
プリス パピルスを第一出典とする
ダヴァード版（1916年）より口語訳

そして彼は息子に語った。
知識があるとうぬぼれてはならない。

賢者と議論するように、愚者とも議論せよ。技芸の極みに到達はしえず、能ある者でも、完璧に習得することはない。

知恵の言葉はエメラルドよりも貴重だが、石臼のそばにいる女が見出すこともある。

対立する相手と出会い、相手の立場が上であるなら、腕を差し出し、頭を下げなさい。反抗してはならない、そうすれば怒りが向くことはない。

誤った言説をくじくには、刃向かわぬこと。

おまえが自制心をもって相手の不品行をいさめるのであれば、周囲が相手を愚かと呼んでくれるだろう。

自分より偉大な者の卓に加えてもらうときは、相手が差し出してきたものは、なんであれ受け取りなさい。

相手の前にあるものを注視してはならない。相手の前にあるものを繰り返し見てはならない。しつこい所作は精霊の気分を害する。

求められるまで喋り出してはならない、何が機嫌を損ねるかわからないのだから。問われたときには答えなさい、そうすれば喜んでもらえるのだから。

食事の席に着く偉大な者は彼の精霊の命令に従ってふるまっている。

彼は、自分が目をかける者に知恵を授けるだろう。

寵愛を得られるかどうかは、前日の自分の行動しだいだ。

不満を言うのは愚か者だけである。

孔子
『論語』

衛霊公　第15　21：孔子は言った。
「上に立つ者は威厳をもちながらも、争うことはない。人と交じり合いながらも、群れになることはない」

陽貨　第17　24：子貢がたずねた。
「上に立つ者にも憎しみはあるのでしょうか」孔子は応えた。「憎しみはある。他人を悪しざまに言う者を憎む。低い身分でありながら、目上の者をさげすむ者を憎む。勇ましいだけで礼儀をわきまえない者を憎む。はっきりとした意思が強くありながら、狭量である者を憎む」

季氏　第16　10：孔子は言った。
「上に立つ者には、思いをめぐらすことが9つある。自らの目に関しては、はっきりと見ているかと思う。自らの耳を使うことに関しては、自分は正確に聞いているだろうかと思う。自らの表情に関しては、温和でありたいと思う。自らの容貌に関しては、品性を示していたいと思う。自らの言葉に関しては、誠実でありたいと思う。自らの行動に関しては、慎重でありたいと思う。自らが疑わしいと思うことに関しては、問いかけたいと思う。怒りを感じたときは、その怒りが自らにもたらす面倒に思いをめぐらす。利益を得るときには、公正さについて思う」

エラスムス
『キリスト教の君主の手引き』

　君主たる者と平民の違いは何か、議論され意見が割れている。平民とは烏合の衆であり、願うところも多種多様かつ相反している。衝突が起きることは避けられず、長く分断することもある——君主による統治と権威がそこに介入しない限りは。君主は何も指示せずとも、その存在自体が国民の健全性と利益となる。そのためにこそ、賢い君主が統治する必要がある。君主自身それに従わなければならないし、少なくとも認識あるいは理解しなければならない（中略）。

　君主たる理由は、特定の寵愛や生まれによるものと思うかもしれないが、そのようなものばかりではない。父母に対する自然な敬意、同胞への愛情、不遇にあえぐ者や病に苦しむ者への思いやり、不品行への拒否感。そうした観点から、君主は、君主が治める国民および国家と比較される。王は法律のみに従う。平民における王は理性である。

ジョナサン・スウィフト
『良き作法と良きしつけに関する論文』

よいマナーに必要な第一の要素は、家庭、他人の家、公共の場における時間厳守の慣習である。礼儀作法という面でも、仕事でも、戦争の駆け引きでも、時間厳守は単純な常識的しきたりであるにもかかわらず、私が知るもっとも偉大な聖職者がこれを侵害している。彼はそのために負担が倍になり、慢性的に負債を抱えている。その点について私は折に触れ、マナーの欠如であると進言していた。知識は少なくても、時間に正確で規則正しい力を持つことによって、上首尾かつ賞賛を受けて責務を執行している大使や大臣を、私はひとりならず知っている。礼儀を知らぬことがすなわち不作法とは限らない。礼儀は頻繁に変わるものなのだから。礼儀とは、理屈の上に成り立つのではなく、賢い者の心の根底にある。それに、礼儀は国によっても変わる。短期間で頻繁に変わる。ゆえに旅をする者は、新しい土地を通過するたびに礼儀を知らぬ者とならざるをえない。そして故郷に戻るときには、またその地の礼儀を知らぬ者となっている。礼儀は顔や名前以上に簡単に覚えられ、簡単に忘れられる。

ベンジャミン・フランクリン
『北アメリカの野蛮人に関する考察』

彼ら（先住民）は頻繁に評議会を開いているので、秩序だった品のいい進行方法を心得ている。最前列に長老が座り、次に戦士が座り、一番後ろに女と子どもたちが座る。女たちの仕事は、進行内容に注意深く耳を傾け、記憶に刻み（彼らは文字を持たない）、それを子どもらに伝えていくこと。女たちこそが評議会の議事録であり、100年前の条約条項で決められた伝統を守り伝えている。我々の記録と比べてみると、つねに正確であることがわかる。

発言をする者は起立する。あとの者はじっと沈黙して耳を傾ける。意見を述べ

付　録

終わって着席すると、発言者には5分から6分ほどの時間が与えられる。自分の発言内容を振り返り、言おうとしていたことや、何か付け加えたいことがあった場合は、もう一度起立をしてその内容を述べる。割って入ることは、それが一般的な会話であったとしても、きわめて無礼だとみなされる。お行儀のよい英国下院議会のやり方とは何と違うことか！
英国下院議会では、混乱が起きず、発言者が大声を張り上げて観衆に静寂を求めない日など、ほとんどない。そしてまた、ヨーロッパのお上品な方々の会話とも、何と違うことか。お上品な方々の集まる場では、こちらが大急ぎで言い終えない限り、短気でお喋りな相手によって話の途中で遮られてしまい、最後まで言わせてもらえないのだ！

　会話における礼儀正しさは、過剰でもある。目前でなされた発言に対し、疑問や反論を呈することさえ許されないからだ。彼らはそうやって争いを避けるが、何を考えているか、こちらの発言がどんな印象を与えたか、察するのは困難である。

　彼らをキリスト教に改宗させようとする伝道者は口をそろえて、この特徴が布教の大きなさまたげであると不平をこぼす。インディアンは、福音の真実についての説明を辛抱づよく聞き、同意と賛成を示す。しかし納得したわけではない。それは単なる礼儀を示したにすぎない。

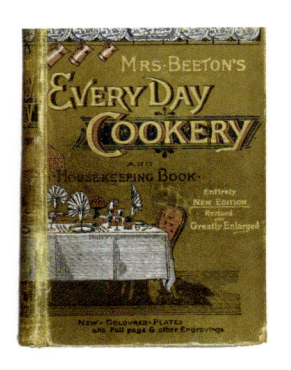

イザベラ・メアリー・ビートン
『ビートン夫人の家庭管理読本』

　会話での些細な失望、つまらない苛立ち、その他よくあるトラブル、取るに足りない出来事を友人に聞かせるのは好ましくありません。こうした行為を繰り返すのは無遠慮のきわみです。納得のいかない議論に終わるばかりで、たいていは非効率的で賛同もできない的外れなアドバイスを大量に引き出すだけでしょう。嬉しいことも、悲しいことも、大切な出来事があったときに、それを友に伝えるべきなのです。そんな状況であれば、友の共感は嬉しいですし、なぐさめにもなるのです。(中略)

　短い逸話や、歴史上の面白い小話などを、記憶しておきましょう。聞いたことのない逸話なら、誰でも熱心に耳を傾けてくれます。一方で、詮索したがる心には往々にして虚栄心がともないます。ある場所で聞き手に甘んじている者が、自分より劣った者の前で、我こそが説いて聞かせる者だと言いたがっているのです。

それでは対話ではなく独演に力を入れることとなってしまいます。ウィットにとんだ洒落や、すばやい切り返しが会話においてとても楽しいものであるのは確かで、仲間内で嫉妬を招くこともあるでしょう。けれども、物語を語るような喋り方をすれば、嫉妬はもちろん、その他いかなる険悪な気持ちも呼び起こすことはありませんし、むしろその場にいる全員を等しく引きつけていられます。賢く取り計らえば、その会話で全員を楽しませ、全員の成長を促すこともできるのです。

サミュエル・グッドリッチ
(通称ピーター・パーレー)
『すべきことと方法：実例から学ぶ道徳とマナー』

日常のよくある触れ合いの中で、人から自分にしてほしいことを、人のために行うということだ。つまり礼儀正しさとは、教養や育ちのよさの表れであると同時に、責務でもある。ささやかなことにも、他人の気持ちに敬意を払うのだ。食事をするときにも、何をするときにも、粗野なこと、下品なこと、その他自分の周囲にいる人を傷つけかねない様子、仕草、言葉、行動はすべて慎むべきである。私たちの生きる社会において最高とされるマナーを取り入れるべきである。特定の決まりがあるときは、たとえそれが気まぐれや表面的なものと思えたとしても、自分の理解のおよぶ範囲でそれらに従い、それらの決まりが誤りでない限りは守らなければならない。その社会の礼儀、作法、きちんとした儀式などを観察するのも拒む心根ほど、不作法で無遠慮な精神を示すものはない。こうしたことはすぐに学べるのだし、無視してよい言い訳など存在しないのだ。

汚い言葉、だらしない格好、その他に目の前の相手に対する敬意の欠如を示すことは、すべて許されない。礼儀正しくあるならば、社会におけるすべての触れ合いに対して、キリスト教のおだやかで思いやりのある精神で臨まなければならない。

ファニー・ファーマー
『ボストン クッキングスクール クックブック』

古い絨毯を掃除する際は、水で濡らした新聞紙をちぎって播いてから掃きましょう。掃き掃除が終わったら、薄めたアンモニア水に浸して絞った布で拭きあげると、色がつややかになります。

消毒剤はプラッツ社の「クロライド」が一番です。ライムの香りがする商品のほうが殺菌効果が高く、しかもはるかに安価です。

口と喉の消毒剤には、「リステリン」が優秀です。

天井に煤がついたときは、洗濯用の炭酸ソーダを少々溶かした水に浸して絞った布で拭けばきれいになります。

やけどには、卵の白身とオリーブオイルを混ぜて塗り広げ、要らない麻布で覆いましょう。早急に塗れば火膨れにはなりません。または即座に重曹を塗り、それから布をあてて、冷たい水で冷やし続けます。痛みが引き、火膨れを防ぐことができます。

フレデリック・ダグラス
ペンシルベニア州カーライルにある
インド人の工業学校で行った講演
「立志伝中の男」

成功の秘密のもうひとつの要素は、一言でいうことができます。秩序です。体系的な努力です。人は、偉大であれささやかであれ、身体的な能力をやみくもに駆使するだけでは成功しません。規則正しく、考えを働かせて、体系だてて行うことで成功するのです。秩序とは天が教える第一の掟であり、それ自体に力があります。方針が整っていなければ、試合に負けたも同然です。規則正しく秩序だった体系的な努力であれば、摩擦や、時間と労力の浪費はありません。秩序にはすべてのものを収める場所があり、すべてがそこに収まります。秩序があれば、どこから着手すべきか、どのように進めるべきか、どこで終えるべきかわかります。余計な労力なしにすばらしい効果を発揮し、目標の達成のみならず、個人の能力向上にもつながるでしょう。仕事とは、往々にして、仕事のために行うものではないのです。働く者は、努力を投じる価値のある目標をしっかりと意識し、その目標のために労を払います。仕事のための自分ではありません。自分のための仕事です。ひとつの目標が全員を動かすわけでもありません。幸せが目標だという人もいるでしょう。富と名誉が目標だという人もいるでしょう。けれど、富と名誉は一般の人間には手が届きませんから、意欲を高める目標とは言えません。幸いなことに、自分、家族、近隣の幸せ

であれば、私たちのすぐそばにあるものですし、ひたむきな努力へとかきたてる気高い刺激に満ちています——私たちが、その力に応えさえすれば。

エミリー・ポスト
『エチケット』
ディナーにお客を招くときの注意

200人を招く大きな晩餐会でも、6人のこぢんまりとした夕食会でも、すべてのディナーに欠かせない内容は次のとおりです。

- お客様。お互いに気の合う人同士を招きます。これが第一に重要なことです。
- お料理。ふさわしいメニューをきちんと準備し、きれいに盛りつけます（温かい食事はさめないように、冷たい食事は温まらないように）。
- テーブルセット。しみひとつなく洗濯したリネン、輝くように磨き上げた銀食器、その他TPOに合わせたテーブルアクセサリーを飾ります。
- サービス。給仕に慣れた使用人を充分な人数でそろえましょう。
- 居間。お客様の人数にあった広さの部屋を選び、座っていただく場所も決めておきます。
- 心をこめておもてなしをする主人。
- 魅力ある女主人。魅力とは、つねに機転がきき、思いやりがあり、物腰がやわらかで、礼儀作法も完璧であることを指します。

どんなディナーでもこうした条件はほぼ同じですが、その場がフォーマルなものであれば、ことさらに完璧に整える必要があります。（中略）

かつては、テーブルに並んだ料理に手をつけないのは侮辱とされていました。現在でも、それは不作法なこととみなされます。用意されたものが気に入らないという意味になるからです。もし本当に気に入らないのだとしたら、なおさら注意を払って、多少なりといただきながら食べるふりをしましょう。手をつけないお皿ばかりでは、主催者の気分を害するのは避けられません。食事制限中で、その条件を伝えたうえで招待を受けたのであれば、食事に手をつけなくても申し訳が立ちます。けれどその場合でも、隣の席で料理を楽しむ人にとって、食事のあいだじゅう空っぽのお皿を前にして座っているあなたは、相席するには不愉快な存在となってしまうことでしょう。

世界の言語別
「お願いします」「ありがとう」

	話されている主な国	話者の数	話されている国の合計
標準中国語	中国	8億4000万	31
スペイン語	スペイン	3億2900万	44
英語	英国、米国	3億2800万	112
アラビア語	サウジアラビア	2億2100万	57
ヒンディー語	インド	1億8200万	20
ベンガル語	バングラデシュ	1億8100万	10
ポルトガル語	ポルトガル	1億7800万	37
ロシア語	ロシア連邦	1億4400万	33
日本語	日本	1億2200万	25
ドイツ語	ドイツ	9030万	43
ラフンダー語（パンジャーブ語）	パキスタン	7830万	8
テルグ語	インド	6980万	10
ベトナム語	ベトナム	6880万	23
マラーティー語	インド	6810万	5
フランス語	フランス	6780万	60
韓国語	韓国	6630万	33
タミル語	インド	6570万	17
イタリア語	イタリア	6060万	34
ウルドゥー語	パキスタン	6060万	23
トルコ語	トルコ	5080万	36

言語別「お願いします」「ありがとう」

　土地の言葉で、「お願いします」と「ありがとう」を言うことができれば、初対面の心もきっと和むことだろう。言葉は単に文法規則と発音構造を示すものではなく、人と人とのあいだに心地よい結びつきを生み出す手段だ。
　ここに掲載した一覧は、世界で多く話されている言語から抜粋して、「お願いします」「ありがとう」の言葉を紹介している。ローマ字以外で表記する言語は、ローマ字での発音も示した。主に丁寧な言い方を選んでいる。口語表現や正しい発音や、性別による使い方については、その言語の専門辞書か、オンラインの発音ガイドを参照のこと。
言語名、国、話者数は、©SIL International, Ethnologue, 16th Edition, 2009 より許可を得て掲載。
注：ローマ字発音上のカタカナでのルビは、日本で判明している読みだけをつけ、確認できなかった発音はつけていません。

「お願いします」	表記	「ありがとう」	表記
チン qǐng	請	シェシェ xièxiè	謝謝
ポルファボール por favor	-	グラシアス gracias	-
プリーズ please	-	サンキュー thank you	-
ミンファドラク／ラウサマハト min fadlak/lau samaht	من فضلك	シュクラン shukran	شكرا
クリパヤ kripaya	कृपया	ダンニャバード dhan-ya-vaad	धन्यवाद
プリーズ pleez	দয়া করে	ドンノバード d'oh-noh-baad	ধন্যবাদ
ポルファボール por favor	-	オブリガード obrigado	-
パジャールスタ pazhalsta	Пожалуйста	スパシーバ spaseeba	Спасибо
kudasai	ください	arigato	ありがとう
ビッテ bitte	-	ダンケ danke	-
kirpā karkē	ਕਿਰਪਾ ਕਰਕੇ	ダンニャバード dhannavād	ਧਨਵਾਦ
ダヤケーン dhayachesi	దయచేసి	ダニャバル dhanyavaadaalu	ధన్యవాదములు
ラムオン làm ơn	-	カムーン cảm ơn	-
クリパヤ krupaya	कृपया	ダンニャワード dhanyawad	धन्यवाद
シルブプレ s'il vous plaît	-	メルシ merci	-
チューバル chebal	제발	カムサハムニダ kamsahamnida	감사합니다
tayavuceytu	தயவுசெய்து	ナンリ nanṛi	நன்றி
ペルファボーレ per favore	-	グラツィエ grazie	-
メヘルバーニー meharbaanii	ی مہربان	シュクリヤ shukriya	یہ شکر
ルトゥフェン lütfen	-	テシェキュレデリム teşekkür ederim	-

言語	話されている主な国	話者の数	話されている国の合計
グジャラート語	インド	4650万	20
ポーランド語	ポーランド	4000万	23
マレー語	マレーシア	3910万	14
ウクライナ語	ウクライナ	3700万	27
マラヤーラム語	インド	3590万	11
カンナダ語	インド	3530万	3
ペルシャ語	イラン	3140万	29
フィリピノ語	フィリピン	2500万	1
ハウサ語	ナイジェリア	2500万	13
タガログ語	フィリピン	2390万	8
ルーマニア語	ルーマニア	2340万	20
インドネシア語	インドネシア	2320万	6
オランダ語	オランダ	2170万	12
タイ語	タイ	2040万	5
パシュトゥ語	パキスタン	2030万	9
ウズベク語	ウズベキスタン	2030万	14
アゼルバイジャン語	イラン	1910万	17
イボ語	ナイジェリア	1800万	1
オロモ語	エチオピア	1730万	4
セルボ語クロアチア語	セルビア	1640万	28
クルド語	イラク	1600万	32
ネパール語	ネパール	1390万	5
ソマリ語	ソマリア	1390万	13
マラガシ語	マダガスカル	750万	4

言語別「お願いします」「ありがとう」

「お願いします」	表記	「ありがとう」	表記
プリーズ pleez	મહેરબાની કરીને	アバール aabhaar	આભાર
プロシェ proszę	-	ジンクイェン dziękuję	-
トロン / シラカン tolong /silahkan	-	テリマカシ terima kasih	-
ブージ ラスカ bood laska	Будь ласка	ジャクーユ diakuju	Дякую
dayavaayi	ಭಯವಾಯಿ	ナンニ nanni	ನನ್ನಿ
dayavittu	ದಯವಿಟ್ಟು	t'ank-you	ಧನ್ಯವಾದ
ロトファン lotfan	لطفا	モタシャッケラン motashakkeram	ممنون
パキ / マキ paki / maki	-	サマラートゥ salamat	-
bismillah	-	ナゴーテ na gode	-
パキ paki	-	サマラートゥ salamat	-
バ ローグ Va rog	-	ムルツメスク mulțumesc	-
シラ Sila	-	テリマカシ terima kasih	-
アルシュトブリフト alstublieft	-	ダンクェー dank u	-
カールナー kawe	กรุณา	コップ クン kawp khun	ขอบคุณ
mehrabani Wokray	ی مهربانی وکرے	manana	مننه
イルツモス iltimos!	-	ラフマト rahmat!	-
ゼフメト オルマサ zähmät olmasa	-	テシェッキュル エデレム täshäkkür ediräm	-
ビーコ biko	-	ンダルウ ndalu	-
gammacciis	-	galatóm fat	-
zadovoljiti	-	フヴァラ hvala	-
memnûn bûm	-	スパース / テシェッキュール spas/ teșekkür	-
クリパヤ kripaya	कृपया	ダンニャバード dhanyabaad	धन्यबाद्
i samah saheb	-	マハド サニド mahad sanid	-
アザファディ azafady	-	ミサウチャ misaotra (indrindra)	-

写真クレジット

Jacket and 2-3: Flowers, Sandra Caldwell/Shutterstock; ring, Pakhnyushcha/Shutterstock; pineapple, Bedolaga/Shutterstock; gift box, Pedro Salaverría/Shutterstock; fan, Katariina Järvinen/Shutterstock; golf bag, Focon/Shutterstock; golf clubs, Trinacria Photo/Shutterstock; drink, Elena Elisseeva/Shutterstock; clock, Alex Staroseltsev/Shutterstock; flower, Stephanie Frey/Shutterstock; hat, kongsky/Shutterstock; cane, ajt/Shutterstock; utensils, Vo/Shutterstock.

1, James Devaney/FilmMagic; 4, Library of Congress, #3f05651; 8, Library of Congress, #3g03103; 13, Library of Congress, #0607; 14 (LE), RetroClipArt/Shutterstock; 14 (RT), Library of Congress, #07118; 15 (LE), EtiAmmos/Shutterstock.com; 15 (RT), Relief depicting King Shalmaneser III (858-824 BC) of Assyria meeting a Babylonian (stone), Assyrian, (9th century BC)/Iraq Museum, Baghdad/The Bridgeman Art Library International; 16, Library of Congress, #3g08085; 17, Dorling Kindersley/Getty Images; 18 (UP), Criag Lassig/epa/CORBIS; 18 (LO), jabejon/iStockphoto.com; 19 (UP), Dkey/Getty Images; 19 (LO), Dragana Gerasimoski/Shutterstock; 20 (LE), Library of Congress, #0963; 20 (RT), Anyka/Shutterstock; 21, Royal elephants, from Voyage du Siam des Peres Jesuites by Guy Tachard, 1688 (litho), French School, (17th century)/Photo © Luca Tettoni/The Bridgeman Art Library International; 22 (LE), Library of Congress, #25907; 22 (RT), Jenny Swanson/iStockphoto.com; 23, Werner Forman/Art Resource, NY; 24, The Bridgeman Art Library/Getty Images; 25, Germán Ariel Berra/Shutterstock; 26, The Kiss, 1907-08 (oil on canvas), Klimt, Gustav (1862-1918) / Osterreichische Galerie Belvedere, Vienna, Austria/The Bridgeman Art Library International; 27, Alfred Eisenstaedt/Time & Life Pictures/Getty Images; 28, Heather Wahl/iStockphoto.com; 29 (LE), James L. Stanfield/National Geographic Stock; 29 (RT), Library of Congress, #3b50799; 30, © The Trustees of the British Museum/Art Resource, NY; 31, Momcilo Grujic/iStockphoto.com; 32, "Shameless Abel" art by Johnny Gruelle, from Rhymes for Kindly Children, P. F. Volland Company, 1916/www.oldbookart.com; 33, Library of Congress, #3g06130; 34, Damian Palus/Shutterstock; 35, Classix/iStockphoto.com; 36, Tanuki Photography/iStockphoto.com; 37, AP Images/Dave Pickoff; 38 (UP), AFP/Getty Images; 38 (LO), Aldo Murillo/iStockphoto.com; 39, Snark/Art Resource, NY; 40 (UP), Mark Stay/iStockphoto.com; 40 (LO), Library of Congress, #22887; 41, Christos Georghiou/Shutterstock; 42, Sean Gallup/Getty Images; 43 (LE), Jiri Hera/Shutterstock; 43 (RT), Howard Sandler/Shutterstock; 44, H. F. Davis/Getty Images; 45 (LE), marekuliasz/Shutterstock; 45 (RT), Igor Golovniov/Shutterstock.com; 47, Library of Congress, #3b48990; 48, Paris Pierce/Alamy; 49 (LE), kycstudio/iStockphoto.com; 49 (RT), Arcady/Shutterstock; 50 (LE), Albert Campbell/Shutterstock.com; 50 (RT), Grafissimo/iStockphoto.com; 51, Tino Soriano/National Geographic Stock; 52, Louis XIV (1638-1715) (oil on canvas), Mignard, Pierre (1612-95) (studio of)/Musee des Beaux-Arts, Orleans, France/Giraudon/The Bridgeman Art Library International; 53, RetroClipArt/Shutterstock; 54, Pavel Svoboda/Shutterstock; 55 (LE), takayuki/Shutterstock; 55 (RT), Library of Congress, #02201; 56, Steven Wynn/iStockphoto.com; 57 (LE), maga/Shutterstock; 57 (RT), Library of Congress, #24297; 58, Front cover from *The Gift of Thanks*, by Margaret Visser, (Boston: HMH, 2009); 59 (LE), Aksenova Natalya/Shutterstock; 59 (RT), Brian A. Jackson/Shutterstock; 60 (UP), B. Anthony Stewart/National Geographic Stock; 60 (LO), Steve Cukrov/Shutterstock; 61 (LE), Andrzej Tokarski/iStockphoto.com; 61 (RT), Judy Watt/iStockphoto.com; 62, W. Robert Moore/National Geographic Stock; 63, Rod MacPherson/iStockphoto.com; 64 (LE), Dorling Kindersley/Getty Images; 64 (RT), erashov/Shutterstock; 65 (LE), X. D. Luo/Shutterstock; 65 (RT), RetroClipArt/Shutterstock; 66, Kharidehal Abhirama Ashwin/Shutterstock; 67 (LE), Kais Tolmats/iStockphoto.com; 67 (RT), Pete Saloutos/Shutterstock; 68, FreezeFrameStudio/iStockphoto.com; 69, Amoret Tanner/Alamy; 70, Valerie Loiseleux/iStockphoto.com; 71, Library of Congress, #19706; 72, Oleg Znamenskiy/Shutterstock; 73, Portrait of Erasmus, 1523 (oil and egg tempera on panel), Holbein the Younger, Hans (1497/8-1543) /Private Collection/The Bridgeman Art Library International; 74, Bryan Busovicki/Shutterstock; 75 (LE), Michael Weber/imagebroker/Alamy; 75 (RT), Library of Congress, #3g12503; 76 (LE), Lebrecht Music and Arts Photo Library/Alamy; 76 (RT), www.BibleLandPictures.com/Alamy; 77, Jules Kitano/Shutterstock; 78 (LE), Eugenia Voskresenskaya/Shutterstock; 78 (RT), Vano Shlamov/AFP/Getty Images; 79, kshishtof/iStockphoto.com; 81, Library of Congress, #3g13506; 82, d_rich/iStockphoto.com; 83, Antagain/iStockphoto.com; 84 (LE), Smit/Shutterstock; 84 (RT), Henry Westheim Photography/Alamy; 85, Lordprice Collection/Alamy; 86, Portrait of Francoise Marie de Bourbon (1677-1749) Duchess of Orleans (Mademoiselle de Blois) (oil on canvas), Gobert, Pierre (1662-1744)/Musee des Beaux-Arts, Orleans, France/Giraudon/

The Bridgeman Art Library International; 87, BW Folsom/Shutterstock; 88, Wilm Ihlenfeld/Shutterstock; 89, Nikita Rogul/Shutterstock; 90 (LE), "Book Jacket" copyright © 2001 by Alfred A. Knopf, a division of Random House, Inc., from *Mastering the Art of French Cooking, Vol. 1* by Julia Child and Louisette Bertholle, Simone Beck. Used by permission of Alfred A. Knopf, a division of Random House, Inc.; 90 (RT), John Dominis/Time Life Pictures/Getty Images; 91, imagebroker/Alamy; 92, Louella938/Shutterstock; 93, Cristi Lucaci/Shutterstock; 94 (LE), Library of Congress, #02536; 94 (RT), Gaja/Shutterstock; 95, Jim Barber/Shutterstock; 96 (LE), J. Baylor Roberts/National Geographic Stock; 96 (RT), stocksnapp/Shutterstock; 97 (LE), terekhov igor/Shutterstock; 97 (RT), Poster advertising Perrier mineral water, c.1980 (colour litho), Villemot, Bernard (1911-89)/Private Collection/DaTo Images/The Bridgeman Art Library International; 98, Bombaert Patrick/Shutterstock; 99, maxstockphoto/Shutterstock; 100, Thorsten Kraska/Getty Images; 101 (UP), Karina Bakalyan/Shutterstock; 101 (LO), Sanzhar Murzin/Shutterstock; 102, Sergey Skleznev/Shutterstock; 103, Doris Rich/Shutterstock; 104 (LE), Miramiska/Shutterstock; 104 (RT), Jennifer Stone/Shutterstock.com; 105, Joe Gough/Shutterstock; 106, Otokimus/Shutterstock; 107 (LE), foodfolio/Alamy; 107 (RT), Evgeny Karandaev/Shutterstock; 108, Portrait of Jonathan Swift (1667-1745) c.1718 (oil on canvas), Jervas, Charles (1675-1739)/National Portrait Gallery, London, UK /The Bridgeman Art Library International; 109, bitt24/Shutterstock; 109, Julián Rovagnati/Shutterstock; 110 (LE), akva/Shutterstock.com; 111, Fedor Selivanov/Shutterstock; 112 (LE), Julián Rovagnati/Shutterstock; 112 (RT), Everett Collection, Inc.; 113 (LE), Bill Koplitz, National Geographic My Shot; 113 (RT), (berni)/Shutterstock; 115, The Print Collector/Alamy; 116 (LE), Darla Hallmark/Shutterstock; 116 (RT), Susan Ashukian/iStockphoto.com; 117, Dan Kitwood/AFP/Getty Images; 118, Oleg Golovnev/Shutterstock.com; 119 (LE), Kate Connes/Shutterstock; 119 (RT), Library of Congress, #07954; 120, Stock Montage/Getty Images; 120, Pulp Photography/Getty Images; 121, RetroClipArt/Shutterstock; 122, Pulp Photography/Getty Images; 123 (LE), RetroClipArt/Shutterstock; 123 (RT), A Merchant's Office, 1789 (pen & ink and w/c over graphite on paper), Rowlandson, Thomas (1756-1827) / Yale Center for British Art, Paul Mellon Collection, USA/The Bridgeman Art Library International; 124, Library of Congress, #1546; 125, Peter Bowater/Alamy; 126, Dani Simmonds/Shutterstock; 127, E. O./Shutterstock; 128, Jeremy Woodhouse/Getty Images; 129 (LE), Robert Churchill/iStockphoto.com; 129 (RT), FotoSergio/Shutterstock; 130 (LE), Jim Hughes/Shutterstock; 130 (RT), Michael D. Brown/Shutterstock; 131, Apic/Getty Images; 132, Library of Congress, #3b49487; 133 (LE), Dani Simmonds/Shutterstock; 133 (RT), Neil Stanners/iStockphoto.com; 134, DEA/G. Dagli Orti/Getty Images; 135, Hulton Archive/Getty Images; 136, Library of Congress, #3c09978; 137, urfin/Shutterstock; 138, Tim Graham/Alamy; 139 (LE), MarinaMariya/Shutterstock; 139 (RT), Luba/Shutterstock; 140, Anyka/Shutterstock; 141 (LE), jaimaa/Shutterstock; 141 (RT), Igor Plotnikov/Shutterstock; 142, Indigo/Getty Images; 143, Svetlana Larina/Shutterstock; 144 (LE), A. W. Cutler/National Geographic Stock; 144 (RT), Brendan Howard/Shutterstock.com; 145, AP Images/Dana Felthauser; 146 (LE), Christopher Futcher/iStockphoto.com; 146 (RT), Jurjen Draaijer/iStockphoto.com; 147, Eric Vandeville-Vatican Pool/Getty Images; 149, "Clap Handies" art by Blanche Fisher Wright from *The Real Mother Goose,* Rand McNally & Co., 1916/www.oldbookart.com; 150 (UP), Natalia Gaak NWH/Shutterstock; 150 (LO), Roxana Bashyrova/Shutterstock; 151, Song Speckels/iStockphoto.com; 152, Lisa Thornberg/iStockphoto.com; 153 (LE), Yvette Chin/iStockphoto.com; 153 (RT), Nenov Brothers Photography/Shutterstock; 154, Joseph F. Rock/National Geographic Stock; 155, jumpingsack/Shutterstock; 156, Library of Congress, #24855; 157 (LE), taelove7/Shutterstock; 157 (RT), taelove7/Shutterstock; 158, Konstantin Sutyagin/iStockphoto.com; 159 (LE), The Bridgeman Art Library/Getty Images; 159 (RT), Title page art by Blanche Fisher Wright from *The Real Mother Goose,* Rand McNally & Co., 1916/www.oldbookart.com; 160, docent/Shutterstock; 161 (LE), Kharidehal Abhirama Ashwin/Shutterstock; 161 (RT), Mary Ann Shmueli/Shutterstock.com; 162 (UP), Wayne Johnson/Shutterstock; 162 (LO), badits/iStockphoto.com; 163, H. Edward Kim/National Geographic Stock; 164, bekir gürgen/iStockphoto.com; 165, Nikola Bilic/Shutterstock; 166, Gema Blanton/iStockphoto.com; 167, Ruth Black/Shutterstock.com; 168, Michael Yamashita; 169, rook76/Shutterstock.com; 170 (LE), Chepe Nicoli/Shutterstock; 170 (RT), AP Images/Eduardo Verdugo; 171, tatniz/Shutterstock; 172, Nancy Louie/iStockphoto.com; 173 (LE), Juanmonino/iStockphoto.com; 173 (RT), Stephen Bisgrove/Alamy; 174 (LE), Vasil Vasilev/Shutterstock; 174 (RT), Chung Sung-Jun/Getty Images; 175, mimirus/Shutterstock; 176, Albert Campbell/iStockphoto.com; 177, clearandtransparent/iStockphoto.com; 178, Mary Evans Picture Library/Alamy; 179 (LE), patty_c/iStockphoto.com; 179 (RT), darios/Shutterstock; 180 (LE), Smart-foto/Shutterstock; 180 (RT), Joe McNally; 181, AP Images/Mark Baker; 183, Library of Congress, #3b48996; 184, TRINACRIA PHOTO/Shutterstock; 186 (LE), Gordana Sermek/Shutterstock.com; 186 (RT), Y. C./iStockphoto.com; 187, art info/

The Bridgeman Art Library; 188, Melissa Carroll/iStockphoto.com; 189 (UP), Milorad Zaric/iStockphoto.com; 189 (LO), vita khorzhevska/Shutterstock; 190 (LE), Attl Tibor/Shutterstock; 190 (RT), pic4you/iStockphoto.com; 191, Debbie Woods/iStockphoto.com; 192 (LE), Molodec/Shutterstock; 192 (RT), Deborah Cheramie/iStockphoto.com; 193, Sean Locke/iStockphoto.com; 194, vizualbyte/iStockphoto.com; 195, Mary Evans Picture Library/Alamy; 195, Elena Pal/Shutterstock; 196, Bob Thomas/Getty Images; 197 (LE), Gustaf Brundin/iStockphoto.com; 197 (RT), Sam Falk/New York Times Co./Getty Images; 198, Jim Jurica/iStockphoto.com; 199, Three Lions/Getty Images; 200, Monkey Business Images/Shutterstock; 201, David R. Frazier Photolibrary, Inc./Alamy; 202 (LE), ranplett/iStockphoto.com; 202 (RT), robootb/Shutterstock; 203, Alena Ozerova/Shutterstock; 204 (LE), Philip Dodd/iStockphoto.com; 204 (RT), Edward Moss/Alamy; 205, RetroClipArt/Shutterstock; 206 (LE), David Berry/Shutterstock; 206 (RT), Becky Stares/Shutterstock; 207 (LE), Flashon Studio/Shutterstock; 207 (RT), Andrzej Tokarski/iStockphoto.com; 208, Troy Kellogg/Shutterstock; 209, Library of Congress, #18449; 210, Library of Congress, #3c15059; 211, Stephen Coburn/Shutterstock; 212, kaarsten/Shutterstock; 213, Poster depicting an Israeli military montage, c.1955 (colour litho), Israeli School, (20th century)/Private Collection/DaTo Images/The Bridgeman Art Library International; 214 (LE), Trinity Mirror/Mirrorpix/Alamy; 214 (RT), Erhan Dayi/Shutterstock; 215, Lucy Baldwin/Shutterstock; 217, Library of Congress, #3g12499; 218, patrimonio designs limited/Shutterstock; 219, Iain Masterton/Alamy; 220 (LE), Lou Linwei/Alamy; 220 (RT), Henry Iddon/Alamy; 221, Emperor Alexander III (1845-94) (oil on canvas), Shilder, Andrey Nikolayevich (1861-1919)/State Central Artillery Museum, St. Petersburg, Russia/The Bridgeman Art Library International; 222, Galerie Bilderweit/Getty Images; 223, Fritz Hiersche/iStockphoto.com; 224, paul prescott/Shutterstock; 225, Stephen Finn/Shutterstock; 226 (LE), ICP/Alamy; 226 (RT), Becky Stares/Shutterstock; 227, Adam Jones/Getty Images; 228, Norbert Derec/Shutterstock.com; 229, Ray Roper/iStockphoto.com; 230, Frances L. Fruit/Shutterstock; 231, viviamo/Shutterstock; 232, Joe Raedle/Getty Images; 233 (LE), Shmeliova Natalia/Shutterstock; 233 (RT), Fedor Kondratenko/Shutterstock; 234, rook76/Shutterstock.com; 235, Steve Broer/Shutterstock; 236 (LE), Library of Congress, #3b50463; 236 (RT), Library of Congress, #03148; 237 (LE), alexmillos/Shutterstock; 237 (RT), Travelshots.com/Alamy; 238 (LE), Mike Hauf/iStockphoto.com; 238 (RT), iStock inhouse/iStockphoto.com; 239, hkeita/Shutterstock; 240, Justin Guariglia/National Geographic Stock; 241 (LE), manley099/iStockphoto.com; 241 (RT), David R. Gee/Alamy; 242, evangelos kanaridis/iStockphoto.com; 243, Tom Merton/Alamy; 244, Hulton Archive/Getty Images; 245, Becky Stares/Shutterstock; 246 (LE), Simon Cowling/Alamy; 246 (RT), AF archive/Alamy; 247 (LE), The Art Archive/Alamy; 247 (RT), Maxim Blinkov/Shutterstock; 248, Roberto Cerruti/iStockphoto.com; 249 (LE), Maximilian Weinzierl/Alamy; 249 (RT), Sam Cornwell/Shutterstock; 251, Library of Congress, #3f04057; 252, Tomislav Forgo/iStockphoto.com; 253, argonaut/Shutterstock; 254, Larry Lilac/Alamy; 255 (LE), HomeStudio/Shutterstock; 255 (RT), Eugene Sim/Shutterstock; 256, John McGrail/Time & Life Pictures/Getty Images; 257 (LE), Tom Freeze/Shutterstock; 257 (RT), Song Speckels/iStockphoto.com; 258, Song Speckels/iStockphoto.com; 259, Roy Botterell/Getty Images; 260 (LE), Wikipedia; 260 (RT), Cbenjasuwan/Shutterstock; 261, Timewatch Images/Alamy; 262, Don Arnold/Getty Images; 263, Dimitar Sotirov/Shutterstock; 264 (LE), SeDmi/Shutterstock; 264 (RT), Gary Yeowell/Getty Images; 265, Dimon/Shutterstock; 266, Krista Rossow/National Geographic Stock; 267 (LE), Filip Fuxa/Shutterstock; 267 (RT), New Year's Eve, fashion plate from "Art, Gout, Beaute," published in Paris, December 1923 (pochoir print), French School, (20th century)/Bibliotheque des Arts Decoratifs, Paris, France/Archives Charmet/The Bridgeman Art Library International; 268, RetroClipArt/Shutterstock; 269 (LE), Tatiana Popova/Shutterstock; 269 (RT), Duncan Walker/iStockphoto.com; 270 (LE), Library of Congress, #3g08784; 270 (RT), Phil Holmes/Shutterstock; 271, Eleanor Bentall/CORBIS; 272 (LE), Luis Marden/National Geographic Stock; 272 (RT), Alan Egginton/iStockphoto.com; 273, rudall30/Shutterstock; 274, amana images inc./Alamy; 275, Lynsey Addario; 276, SecondShot/Shutterstock; 277 (LE), Monkey Business Images/Dreamstime.com; 277 (RT), Katrina Brown/Shutterstock; 278, Photo by Kay Chernush, courtesy United Features.com; 279, Ivan Bajic/iStockphoto.com; 280, Digital Vision/Getty Images; 281 (LE), Andy Green/iStockphoto.com; 281 (RT), sutikno tikno/iStockphoto.com; 282, Philip Littleton/AFP/Getty Images; 283, Portrait of Cosimo di Giovanni de Medici (oil on panel), Italian School/Private Collection/The Bridgeman Art Library International; 286, Library of Congress, #0573.

INDEX

アーミッシュ 205, 208
アーユルヴェーダ医療 **215**
RSVP 50
あいさつの作法 12-45
あいさつの言葉 30-34
　—お元気ですか 68
　—ごきげんいかがですか 69
　—スイス 71
　—ハロー、こんにちは 63-67
　—ヨガ **67**
　—アフリカ 72
アイスランド 40
　—名付け 40
アイゼンハワー、ドワイト・デイヴィッド **222**
相手との距離 243
アイヌ人のひざ留め 111
相乗り、車に乗せてもらう習慣 225
アウトバーン、ドイツ **226**
あえて遅く着く 97
赤ちゃん→誕生、出産
握手 13, 14-18, 119
頭にかぶるもの 142, 147
アダムス、ジェリー 119
アダムス、ダグラス 56
アッシリア人、古代 15
アットホーム デー 56
アブラソ（ラテンアメリカの抱擁）28
アフリカ
　—学校 157, **202**
　—食事のときの座り方 85
　—ダシキ **146**
　—ビジネスエチケット 72
アボリジニ 66
アミン、イディ **119**
アメリカ
　—握手 15
　—アットホーム デー 56
　—贈り物の習慣 89
　—おじぎ 24
　—オリンピック 118
　—外交 119, 120
　—キンセアニェラ 166
　—軍の儀式 78
　—結婚式 254

　—コーヒーのおもてなし **65**
　—葬式 77
　—誕生、赤ちゃんを産む、出産 151
　—チップ 253
　—テーブルマナー 102
アメリカ革命 **24**
アメリカ南部 156
アメリカ北部 156
アラファト、ヤセル 119, 248
ありがとう 53-57, 61, 62, 256
アンデルセン、ハンス・クリスチャン 62
イーヴィル アイ、邪悪な目 43
イースター 34, **179**
イェルバマテ 113
イギリス
　—握手 15
　—衣服、装い **142**
　—王室の儀礼 116, 117
　—おもてなし 65
　—貴族 35
　—ギャップイヤー 206
　—謙遜 56, 124
　—シュロブ チューズデー（懺悔の火曜日） 34
　—スポーツ射撃 191
　—戦場家具 **247**
　—テーブルマナー 102
　—ハイテーブル 124
　—パブ 112
　—褒め言葉 56
　—アットホーム デー 56
　—ボートレース 195
イスタンブール、トルコ 243
イスラエル国防軍（IDF） 213
イタリア
　—タブーの話題 96
　—チャオ 75
　—テーブルマナー 102
　—ビジネスの歴史 283
　—ベファーナ **173**
イヌイット 54
衣服、装い 137-147
　—外套 225

　—ターバン 248
　—テニスウェア 213
　—ネクタイ **269**
　—パジャマ 240
　—晩餐のための正装 85
　—レイバーデーが過ぎたら白い服は着ない 16
イラクの靴に関するエチケット 42
イングランド→イギリス
インド
　—アーユルヴェーダ医療 **215**
　—足を洗う 70
　—頭を振る仕草 133
　—衣服、装い **141**
　—おじぎ **161**
　—火葬の薪 79
　—携帯メール **241**
　—結婚式 **164**
　—ダッバー（弁当箱） **260**
　—テーブルマナー 105
　—ビジネスエチケット 133
　—ヨガ **67**
インドネシアの時間感覚 281
『インビクタス　負けざる者たち』（映画） **282**
ヴィットリオ・エマヌエーレ 3 世（イタリア国王） 115
ウィリアム王子 3, **163**
ウィリス、ブルース 49
ウエサク祭り（仏陀の日） **181**
宇宙旅行 232
運転 222, 224-226
エジプト
　—ビジネスエチケット 123
エチオピアのテーブルマナー 98, 106
エチケット
　—発明 52
　—役目 7
エピファニー、公現祭 173
エラスムス、デジデリウス 73, **288**
エリザベス女王 26, **117**
エルトリアのテーブルマナー 106

エルメスのバッグ	**246**	
煙突掃除	**261**	
黄金律	9	
オースチン、ヘンリー・"バニー"		
	213	
オーストラリア		
―客を見送るとき	74	
―パブ	112	
―ライフガード	**262**	
お金（収入と支出）		
―競争、競争相手	279-283	
―交渉	263-267	
―サービス業	258-262	
―使用人、働く人	268-272	
―通貨、お金	252-255, 257	
―同僚	273-277	
贈り物の習慣		
―アフリカ	57	
―外交	120	
―先生へ	201	
―日本	**55**, 89	
お元気ですか？	68	
おじぎ、頭を下げる		
	19-21, 24, 161, 198	
押し屋（旅客整理係）	**219**	
お茶、紅茶	**84**, **104**	
おつまみ	**106**	
お得な買い物	264	
お願いします	48-51, 61, 256	
オバマ、バラク	**18**, **145**	
オバマ、ミシェル	**18**, 117, **145**	
オバマ一家、大統領一家	145	
オフィスのエチケット→ビジネスエチケット		
親指を立てる仕草	**41**	
オランダ		
―キス	26	
―ねずみのビスケット	151	
オリンピック	118, 186, **196**, 197	
オルレアン公爵夫人	**86**	
カーツィー	19, **22**	
カービン、パット	37	
階級、序列	114-147	
階級の区別	**69**	
外交	116, 119, 120, 235	
買い物、ショッピング	**237**, 264	
会話	132-135, 267	

顔、面子	36, 129	
家具	**247**	
格闘技→フェンシング、武道	198	
カスピドール	186	
火葬場	79	
家族	148-181	
―お祝い	165-168, 172	
―儀式	171-175	
―義務	176-177, 179-181	
―親戚	160-164	
―誕生、出産	150-154	
学校→教育		
勝手口	259	
カッパー プレート	50	
カトリック→ローマカトリック		
「必ずできる」という精神	**282**	
空手	**190**	
カリリ、ハマナ	31	
カルロス3世（スペイン国王）	120	
観光→旅行		
韓国		
―靴に関するエチケット	42	
―言葉づかいの段階	35	
―身体的な接触	163	
―テーブルマナー	107	
―テボルム	**174**	
韓国の茶道	84	
監督生	**204**	
乾杯	110	
寄宿舎制	59, 204	
キス、口づけ	1, 8, 25-27, 29, 163	
義母語	66	
義務	176-177, 179-181	
客、ゲスト	88-92, 95, 97, 107	
客を見送るとき	**33**, 74	
ギャップイヤー	206	
教育	200-212	
競争		
―スポーツの競争	194-198	
―ビジネスの競争	279-283	
ギリシャ		
―オリンピック	118	
―もてなし	242	
キリスト教		
―イースター	34, **179**	
―儀式としての口づけ	29	
―謝肉祭	34, **179**	

―洗足式、足を洗う	70	
―ミラグロ	**61**	
義理の家族	**162**	
キルト	**140**	
儀礼、外交儀礼	116	
キンセアニェラ	**166**	
近接学	243	
クエール、ダン	152	
靴	**42**	
グッドリッチ、サミュエル・グリスウォルド	**136**, 291	
クニッゲ、アドルフ・F・V	**135**	
クリムト、グスタフ	**26**, 27	
クリントン、ビル	119	
グレイス・ケリー（モナコ公妃）	**246**	
グレートブリテン→イギリス		
クロッケー	**188**	
軍隊		
―イスラエル国防軍（IDF）	213	
―ごきげんよう、そして、さらば	78	
―国際連合平和維持軍（UNPKF）	**138**	
敬意と言語	66, 156	
敬称と名前	35-40	
携帯メール	**241**	
競馬	192	
結婚式と結婚		
―インドの結婚式	164	
―乾杯	111	
―キス	1, 163	
―義理の家族	**162**	
―結婚の許しを得る	166	
―座席カード、ネームカード	94	
―皿を割る	**91**	
―招待	32	
―船上結婚式	231	
―マネーダンス	254	
―リボンの内側へ	139	
―ロイヤル ウェディング	163	
決闘	198	
ケニヤッタ、ジョモ	119	
ケニヤのあいさつの言葉	**72**	
ケネディ大統領	142, 256	
ケネディ大統領夫人	120, 256	
ケルヴィン卿、ウィリアム・トムソン		
	221	

INDEX

健康、長生き　　　　　68, **215**
謙遜、謙虚　　　　　　56, **124**
ケンブリッジ公爵・公爵夫人
　　　　　　　　　　　3, 163
幸運のお守り　　　　　　192
幸運の迷信　　　　　　　**192**
公共の場の愛情表現（PDA）
　　　　　　　　　　　27, 163
高校　　　　　　　　　　212
孔子　　　　　　21, **39**, 287-288
香辛料、薬味　　　　　　**105**
香水　　　　　　　　　　**87**
高速道路　　　　　　222, 226
皇帝アレクサンドル3世（ロシア）
　　　　　　　　　　　　221
叩頭　　　　　　　　　　21
コースター　　　　　　　254
コーヒー　　　　　　　　**272**
コーリング カード　　　　64
コーンウォール公爵夫人　147
ごきげんいかがですか？　69
ごきげんよう、そして、さらば　78
国際連合平和維持軍（UNPKF）
　　　　　　　　　　　　138
国籍、二重　　　　　　　236
互恵行動　　　　　　　　48
互恵精神　　　　　　9, 10, 53
小槌　　　　　　　　　　**129**
コティリオン クラス　　　158
言葉→あいさつの言葉
子ども→教育　　　　155-159
　─子どもから大人の呼び方　35
　─面倒を見てやる存在であって、
　　意見を聞いてやる存在ではない
　　　　　　　　　　　　156
　─ナニー　　　　　　　**271**
　─バルミツバ、バトミツバ　**172**
　─マナー本　　　　　73, 136
コペンハーゲン、デンマーク　**223**
ゴルフ　　　　　　　184, **193**
サー／マム　　　　　　　156
サービス業　　　　　258-262
祭事、祝い、祝日
　　　　　　　　　165-168, 170
サインフェルド、ジェリー　152
サウジアラビア
　─公共の場の愛情表現（PDA）
　　　　　　　　　　　　27

　─水着　　　　　　　　187
酒、アルコール飲料、飲酒
　　　　　　　　　109-112, 208
座席カード、ネームカード　92, **94**
サッカー　　　　　　　　194
雑誌『ミズ』　　　　　　37
サティヤ・サイ・ババ　　70
さようなら　　　　33, 34, 74-79
皿に蓋をした料理　　　　177
サリー　　　　　　　　　141
懺悔の火曜日→謝肉祭
ジェイ、ジョン　　　　　120
ジェスチャー、仕草　　　41-45
ジェファーソン、トーマス
　　　　　　　　　39, 120, 187
時間感覚　　　　　126-130, 281
時間を守る、時間厳守　97, 281
シク教徒　　　　　　　　248
死者の日　　　　　　　　**170**
自転車駐輪用ラック　　　243
自動車の旅、車両での移動
　　　　　　　　　222, 224-226
シドニー（オーストラリア）　**262**
シベリア鉄道（ロシア）　　221
ジム　　　　　　　　　　185
シャカのあいさつ　　　　**31**
射撃　　　　　　　　　　**191**
謝罪　　　　　　　　　　55
謝肉祭　　　　　　　**34**, 179
しゃれた、高級な　　　　231
上海、中国　　　　　　　**240**
銃　　　　　　　　　　　191
宗教→特定の宗教
　─儀式　　　　　　171-175
　─義務　　　176-177, 179-181
ジュエリー キャスケット　78
塾　　　　　　　　　　　207
出産、赤ちゃんを産むこと　150-154
小学校、初等教育　　200-204
招待
　─おもてなしの食べ物　65
　─客、ゲスト　　　　88-92
　─ギリシャ　　　　　　242
　─ホスト、主人、主催者
　　　　　　　　82, 83-87, 107
　─もてなし、おもてなし
招待状　　　　　　　　32, **50**
使用人、奴隷　　　　　44, **270**

乗馬　　　　　　　　　　227
ショートパンツ　　　　　**145**
職業訓練校　　　　　211-212
食事→テーブルマナー
食前の祈り　　　　　　　90
女性→ビジネスエチケット
　─日本のOL　　　　　274
　─値段の書かれていないメニュー
　　　　　　　　　　　　83
　─未婚の女性　　　　　37
　─ムスリムの世界　87, 125, **275**
女中部屋　　　　　　　　270
ショルダーバッグ　　　　**246**
ジョンソン、レディ・バード　244
シラク大統領　　　　　　38
シリアのテーブルマナー　107
信号旗　　　　　　　　　**230**
親戚　　　　　　　　160-164
水泳　　　　　　　183, 187, **262**
スイスのあいさつ　　　　71
スウィフト、ジョナサン
　　　　　　　　　108, 288-289
スウェーデンのよそよそしさ　276
スキート射撃　　　　　　191
スコットランドの衣服、装い　140
スタイネム、グロリア　　37
スツール　　　　　　　　162
ストロイエ、コペンハーゲン（デンマーク）にある遊歩道　223
スペイン
　─ビジネスエチケット　266
　─モロッコの街　　　　238
　─二人称　　　　　　　38
　─テーブルマナー　　　102
スポーツ道具、用品　184-188
スポーツと試合　　　182-198
スラッグ（相乗りで通勤する人たち）
　　　　　　　　　　　　225
スレーニー、メアリー・デッカー
　　　　　　　　　　　　196
制服　　　　　　　　138, 202
聖名祝日　　　　　　　　153
席次　　　　　　　85, 92, **94**
先生　　　　　　　　　　**201**
葬式　　　　　　　　　77, 79
ソクラテス　　　　　　　43
空の旅、飛行機での旅行
　　　　　　　　　　229, 233

301

タージマハール　アグラ（インド）		70	仲介者	36	―アウトバーン	222, 226
ターバン		**248**	中国		―ギムナジウム	**212**
タイ			―握手	15	―チップ	**253**
―学校		**201**	―おじぎ	21	―デア クニッゲ	**135**
―靴に関するエチケット		42	―おもてなしの食べ物	**65**	―テーブルマナー	**100**
―仏陀の日		181	―会食の終わり	97	―ビジネスエチケット	**135**
ダイアナ妃		170	―靴に関するエチケット	42	―ファストナハト	**34**
大学		205-209	―自転車とスクーター	**220**	―ポルターアーベント	**91**
体操連盟		185	―出産、赤ちゃんを産むこと	151	トイレ	232, **259**
松明祭り		**168**	―松明祭り	**168**	トイレ係	**259**
ダグラス、フレデリック			―パジャマ	**240**	どういたしまして	58-62
		169, 292	―ビジネスエチケット		道場	190
ダシキ		**146**		36, **129**, 280	同窓会	209
ダッバー		**260**	―ホンバオ（紅包）	**255**	床上げ	151
ダップ（フィストバンプ）		**18**	月のお祭り	174, 214	トップハット、シルクハット	142
ダップをする		**18**	デア クニッゲ	**135**	ドバイ	
食べ物→テーブルマナー		103-107	ディケンズ	62	―公共の場の愛情表現（PDA）	
―足を洗う		70	デイモン、マット	282		27
―おもてなしの食べ物		**65**	テーブル、食卓	93-97	―ビジネスエチケット	**125**
―機内食		**233**	テーブルマナー	80-113	トラム	**227**
―皿に蓋をした料理		177	―客、ゲスト	88-92, 107	トルコ	
―ダッバー（弁当箱）		**260**	―座席カード	92	―イーヴィル アイ、邪悪な目	**43**
―断食		177	―食前の祈り	90	―靴に関するエチケット	42
―分かち合う、分配		54	―座り方の伝統	85	―チップ	**257**
球を転がす遊び（フランスやイタリア）			―食べ物、食事	103-107	トレーニング（スポーツ）	189-193
		188	―テーブル、食卓	93-97	ナイジェリアでのPDA	27
断食		177	―ナイフ、フォーク、スプーンなど		ナイフ	98, 99
誕生、出産、生まれる		150-154		98-102	ナスターゼ、イリ	195
誕生日		**152**, 166, **277**	―飲み物	109-113	ナニー	**271**
男女の分離			―ホスト、主人、主催者など		名前と敬称	35-40, 153
―教育		157		82, 83, 85, 87	ニクソン、リチャード	44
―ムスリムの世界		87, 125	手書き	50	二重国籍	236
―夕食のあと		92	デッカー、メアリー	**196**	日本	
男女別の教育		157	鉄道路線	221	―アイヌ人のひげ留め	111
ダンス		**158**, 254	テニス	195, 213	―ありがとう	55
ダンスカード		204	デビュタント	22, 158	―OL	274
痰つぼ		186	手への口づけ	29	―贈り物の習慣、贈答	55, 89
チェス		**197**	テボルム	**174**	―香道	87
チップ		253, **257**, 259	電車の旅	219, 221	―仕事の現場	274
チベットのガイド		154	電動機付き自転車（スクーター）		―塾	207
チャーチル、ウィンストン		44		**220**	―出産	151
チャールズ皇太子、ウェールズ公			デンマークの歩行者天国、遊歩道		―葬式	77
チャールズ		119, **147**, 170		223	―電車に乗る	219
チャイルド、ジュリア		**90**	電話	64	―ビジネスエチケット	122
チャウシェスク、ニコラエ		119	ド・ゴール、シャルル	38	―もてなし	65
チャオ		75	土居健郎	55	ニュージーランド、マオリの人々	167
			ドイツ		ニューヨーク	235, 249

INDEX

値切る、値切り	264	
ネクタイ	**269**	
ノーランド ナニー	**271**	
飲み物	109-113, 208, 254	
乗合	**228**	
パーカー・ボウルズ、カミラ	**147**	
バーキニ	187	
バーキン、ジェーン	246	
パーレー、ピーター	**136,** 291	
ハイファイブ	18	
バクシーシ	**257**	
拍手	**280**	
箸	**101**	
パジャマ	240	
パシュトゥーンワリ	83	
パシュトゥーン人	83	
橋渡し	36	
旗	118	
バッチェ、マハデオ・ハバジ	260	
バッド、ゾーラ	**196**	
バトミツバ	172	
ババマルタ	**175**	
パブ	112	
バフェット、ジミー	41	
ハブダラの儀式	76	
『ハリー・ポッター』シリーズ	124, 204	
バルミツバ	**172**	
バルカン諸国の食事の伝統	95	
春の儀式	**175, 179**	
ハロー、こんにちは	63-67	
ハワイの「シャカ」のサイン	**31**	
パン	**102**	
ピースサイン	44	
ビートン夫人	178, 290	
ヒエラルキー → 階級		
ビクトリーのVサイン	**44**	
ひげ留め	111	
ビジネスエチケット		
—アフリカ	72	
—インドネシア	281	
—階級と儀礼	121-125	
—競争、競争相手	279-283	
—ギリシャ	242	
—交渉	263-267	
—サービス業	258-262	
—仕事における学び、職業訓練	211-215	
—社内パーティ、宴会	**277**	
—使用人、働く人	268-272	
—スウェーデン	276	
—スペイン	266	
—中国	36, 280	
—同僚	273-277	
—日本	274	
—フランス	267	
—ムスリムの世界	275	
—名刺	122	
—ロシア	265	
ピナール、フランソワ	**282**	
秘密の握手	17	
ヒューズ、クララ	118	
ビリヤード	188	
ビリヤード台	188	
ビルマ	**62**	
ヒンドゥー教		
—足を洗う	70	
—衣服、装い	**141**	
—おじぎ	**161**	
—火葬の薪	**79**	
—テーブルマナー	105	
—プジャ	**180**	
ファーマー、ファニー	199, 292	
ファニー パック	**249**	
フィスト バンプ	**18**	
フィセル、マーガレット	55, 58, 165	
フィッシャー、エルマー・ストルツフース	208	
フィッシャー、ボビー	197	
フィリップ公	66, **117, 142**	
フィンガーボウル	106	
フェンシング	**186**	
フォーク	95, 98, **100**	
フォーマルな二人称	38	
プジャ（ヒンドゥーの祈りの儀式）	**180**	
フセイン、サダム	42	
プタハヘテプ	**23, 287**	
仏教	**181**	
ブッシュ、ジョージ・W	26, 42, 280	
武道	**190**	
ブドウ用のはさみ	101	
ブラジル		
—カーニバル	34	
—キス	26	
フランクリン、ベンジャミン	120,**131, 289-290**	
フランス		
—商談	267	
—フォーマルな二人称	38	
—キス	26	
—マナー	134	
—テーブルマナー	102	
フリーメイソン	**17**	
プリンストン大学	**209**	
ブルガリアのババマルタ	175	
ブレア、トニー	119	
ベル、アレクサンダー・グラハム	64	
ベルベットのロープ	275	
ペンギンスーツ	**142**	
保育唄（ナーサリー ライム）	159	
法王	29	
帽子	142, 147	
抱擁、ハグ	25, **28**	
ボート、船	195, **230,** 231	
ホール、エドワード・T	243	
ボクシング	**198**	
歩行者天国、遊歩道	**223**	
ポスト、エドウィン・メイン	210	
ポスト、エミリー	32, 69, **210,** 292-293	
褒め言葉	56	
ポルトガル		
—衣服、装い	**144**	
—お先にどうぞ	51	
—礼儀正しい	51	
ボルドリッジ、レティシア	**256**	
ホロコースト	79	
ボンダイビーチ、オーストラリア	**262**	
ホンバオ（紅包）	255	
マーティン、ジューディス（ミスマナーズ）		
—握手について	14	
—おいたち	**278**	
—カーツィーについて	19	
—褒め言葉への返し方について	56	
マーフィ、ウィリアム	29	
マオリの人々	167	
マザー グースの唄	149,**159**	

マッカートニー、サー・ポール	92	
マッケンロー、ジョン	195	
待つための列	130, 275	
マナー → エチケット		
魔法の言葉	46-79	
—ありがとう	53-57, 61, 62, 256	
—お願いします	48-51, 61, 256	
—どういたしまして	58-62	
マム／サー	156	
マルディグラ → 謝肉祭		
マンデラ、ネルソン	282	
未婚の女性	37	
ミス マナーズ → マーティン、ジュー ディス		
ミットフォード、ジェシカ	77	
ミドルトン、キャサリン	3, 163	
南アフリカ	57, 282	
ミャンマー	62	
ミラグロ（祈りの象徴）	61	
ムスリム		
—握手	15, 16	
—足を洗う	70	
—イスラム教に対する侮辱	127	
—公共の場の愛情表現（PDA）	27	
—女性専用の場所	275	
—男女の分離	87, 125, 275	
—テーブルマナー	104	
—バクシーシ	257	
—ビジネスエチケット	125	
—水着	187	
—ラマダーン	177	
—離婚	241	
ムハンマド（預言者）	177	
ムンバイ、インド	260	
迷信	192	
免税店での買い物	237	
メイソン リー	17	
メキシコ		
—死者の日	170	
—時間感覚	128	
メディチ家	283	
メヘンディ（ヘナ タトゥー）	164	
模擬裁判（ムート コート）	214	
モナコ大公レーニエ3世	246	
モロッコ		
—値切る、値切り	264	

—スペインの都市	238	
—テーブルマナー	104	
問題ありません、大丈夫です	60	
ヤーン、フリードリヒ	185	
夕食会、晩餐会	92, 95	
ユダヤ教		
—衣服、装い	139	
—火葬についての信仰	79	
—結婚式	91	
—ハブダラの儀式	76	
—バル ミツバ、バト ミツバ	172	
—ホロコースト	79	
—喪に服す	139	
指輪への口づけ	29	
幼稚園	203	
ヨーロッパ		
—握手	15	
—中等教育	212	
—ナイフやフォークの握り方	99	
ヨガ	67, 161, 184	
ライフガード	262	
ラテンアメリカ		
—イェルバマテ	113	
—キンセアニェラ	166	
—時間感覚	128	
—ミラグロ	61	
ラビン、イツハク	119	
ラペ	62	
ラマダーン	177	
ラムジー、ロン	127	
料理本	178, 199	
旅行	206, 216-249	
—異文化との接触	239-243	
—宇宙旅行	232	
—ギャップイヤー	206	
—公共交通機関	218-219, 221, 227-228	
—国境を越える	234-237, 238	
—自動車の旅、車両での移動	222, 224-226	
—空の旅、飛行機での移動	229, 233, 237	
—荷物	245-249	
—値切る、値切り	264	
—船の旅、船舶での移動	230, 231	

ルイ14世	52, 99, 134, 188	
ルイ16世	120	
ルス祭り	208	
レヴィ、アライン	276	
レーガン、ロナルド	240	
レストランのメニュー表	83	
練習、トレーニング	189-191	
レント（四旬節）	179	
ロースクール	214	
ローマカトリック		
—衣服、装い	147	
—儀式としての口づけ	29	
—キンセアニェラ	166	
—死者の日	170	
—ミラグロ	61	
—離婚	147	
—レント（四旬節）	179	
ローマ教皇	29, 147	
ローリング、J・K	204	
ロシア		
—公共交通機関	221, 228	
—伝統	59	
—どういたしまして	59	
—ニクリトゥールヌィ	45	
—ビジネスエチケット	127, 265	
—レーガン大統領の失言	240	
路面電車	227	
ロモン、ロペス	118	
ワード、エミリー	271	
別れの言葉	33-34	
ワシントンD.C.	225, 235, 244	
ワトソン、モード	213	
ワンニヤレット	12	

著者
ベサニー・パトリック　Bethanne Patrick

書評家として、『ワシントン・ポスト』『オプラ・マガジン』などに寄稿している。オンラインエディターやブロガーとしても活動し、現在は愛書家のために隔週ニューズレター『Shelf Awareness』の編集を担当している。マサチューセッツ州スミス・カレッジを卒業し、バージニア大学で英語学の修士課程を修める。夫と、ふたりの娘とともに、バージニア州アーリントン在住。「お願いします」「ありがとう」を欠かさない生活ながら、手紙の返事が遅くなりがちで相手に謝ることが多い。本書は、Uncommon History シリーズ（ナショナル・ジオグラフィック）の2冊目。共著書：『An Uncommon History of Common Things』（2009）

翻訳者
上原　裕美子　Yumiko Uehara

1976年東京生まれ。筑波大学第二学群比較文化学類卒業。主な訳書は、『エコがお金を生む経営』（PHP研究所）、『ヒース・レジャー追悼写真集』（ブルース・インターアクションズ）、『新興国マーケット進出戦略』（日本経済新聞出版社）、『キャス・キッドソンの世界 doll』（主婦の友社）、『すべては「先送り」でうまくいく　意思決定とタイミングの科学』（ダイヤモンド社）など。

An Uncommon History of Common Courtesy

Copyright©2011 Bethanne Patrick. All rights reserved.
Japanese edition Copyright©2013 Bethanne Patrick. All rights reserved.
Reproduction of the whole or any part of the contents without written
permission from the publisher is prohibited.

This translation published by arrangement with National Geographic Society, Washington, D.C.
through Tuttle-Mori Agency, Inc., Tokyo.

訳者あとがき

　本書の原題は『An Uncommon History of Common Courtesy: How Manners Shaped the World（ありふれた礼儀作法の変わった歴史：マナーが作ってきた世界）』といいます。世界のさまざまなマナーやエチケットを、楽しい写真やイラストとともに豊富に紹介している本です。

　同じ場面であっても、国によって、まったく違う礼儀作法を守り続けている例もあります。反対に、まったく違う習慣や行動をしていても、よく似た礼儀の考え方をしていることもあります。読んでいると、世界は広いような狭いような、不思議な気分になってくるのではないでしょうか。

　とはいえ、インターネットで何でも調べられる時代に、こうした本を読む楽しさとは、どこにあるのでしょうか？　検索をすれば、正確かどうかはともかく、もっと詳しく、もっと膨大に、外国の情報が手に入ります。しかし、面白いのは中身の情報を読むことだけではありません。著者が1冊の本をまとめるにあたって、何を考え、どんな基準で載せる内容を選んだのか、その点を想像しながら読むのも、実に興味深いことではないでしょうか。

　1枚の絵をポストカードで見るのと、展覧会でさまざまな作品と一緒に見るのとでは、違った印象を受けるときがあります。テーマを決めて何かを集め、並べることによって新しい楽しみ方や理解を生み出す作業を「キュレーション」といいます。情報だけなら簡単に検索できる時代ですから、何に着目すればいいのか、情報同士にどんなつながりがあるのか、かえってわからなくなることがあります。だからこそ最近では、キュレーションのセンスが重要視されるのです。

　この本の著者はきっと、「このマナーは面白い、ぜひ紹介したい」と思って、ひとつひとつのエピソードを選んだことでしょう。でも、読者にとっては、「なぜそれを面白がるの？　当たり前のことなのに」という感想をもつものもあるかもしれません。そうした感覚の違いにも、文化、社会、時代の違いが表れていると思うと、面白さはページの外にまで広がっていきます。

　正直に言いますと、この本を翻訳していて、ときどき疑問に思う箇所もありました。著者は勘違いしているのではないか……と感じるときもありました。特に、日本に関する記述には、少し驚かされます。たとえば第8章の「女性の働き方」

という章では、日本の女性はオフィスで感じよくしているだけで、25歳になったら結婚するのが当たり前、と説明されています。そういう働き方もないわけではないのですが、「それが今でも日本の常識」という文章には、思わず著者に訂正しにいきたくなります！　そうかと思うと、第6章の「詰め込み教育」という章では、「日本の子どもは塾に通って暗記をするだけ」という文章があり、これには少々ドキッとさせられます。ほかにも、日本の地下鉄や名刺や贈り物など、私たちがよく知っている習慣を著者がどう書いているか、ぜひページをめくって読んでみてください。

「日本のことをよくわかっていない！」と怒るのではなく、「なるほど、外国の人から見たら、日本はこういうイメージなんだな」とか「日本では当たり前のことでも、海外と比べると、変わった習慣に見えるんだな」と考えてみると、これはこれで、私たちにとって貴重な勉強と言えるのではないでしょうか。ふだん何気なく実践している日本のマナーやエチケットを、新鮮な目で見直す機会になるかもしれません。日本以外の国のマナーの話も、調べてみたら違う事実が出てきたり、違う感想をもったりするかもしれません。

礼儀も常識も感じ方も、何かひとつが絶対に正しいということはない、と著者は語っています。誤解や思い込みの部分も含めて、誰かの興味や好奇心のもち方を知り、自分の視点を考え直すということも、読書の楽しさではないかと思います。

翻訳にあたっては、4名の翻訳者（二宮千寿子、保科京子、石垣賀子、高崎拓哉）の協力を得ました。また、心のこもった指導をしてくださった株式会社リベルの山本知子さんと和泉裕子さん、そして丁寧に原稿を見てくださった原書房の永易三和さんに、厚くお礼申しあげます。

著者の単純な勘違いと思われる情報は、可能な限り修正し正確な内容を目指して訳しましたが、至らぬ部分があれば私の責任です。とはいえ、先に書いたような著者のキュレーション全体に注目しながら、この本を楽しんでいただければ嬉しく思います。

上原　裕美子

マナーとエチケットの文化史
世界のあいさつと作法

●

2013年6月30日　第1刷

著者　ベサニー・パトリック

訳者　上原　裕美子

装丁　川島　進　（スタジオギブ）

発行者　成瀬　雅人
発行所　株式会社 原書房

〒160-0022 東京都新宿区新宿1-25-13
電話・代表　03-3354-0685
http://www.harashobo.co.jp　振替　00150-6-151594
印刷・製本　中央精版印刷株式会社
ISBN 978-4-562-04918-9 C0039　Printed in Japan